SENFT / WANDERN IM SALZKAMMERGUT

Hilde und Willi Senft

Wandern im Salzkammergut

Blumenwege und Felsenpfade rund ums Ausseerland

Leopold Stocker Verlag
Graz – Stuttgart

Umschlaggestaltung: Atelier Geyer, Judendorf-Straßengel
Umschlagfoto: Grundlsee mit Dachstein von der Gößleralm (Foto: Willi Senft)
Fotos im Text: Willi Senft
Pflanzenzeichnungen: Manette Mathias
Routenskizzen: Hilde Senft

Die Deutsche Bibliothek – CIP-Einheitsaufnahme

Senft, Hilde:
Wandern im Salzkammergut : Blumenwege und Felsenpfade rund ums Ausseerland / Hilde und Willi Senft. [Pflanzenzeichn.: Manette Mathias]. – Graz ; Stuttgart : Stocker, 1994
   ISBN 3-7020-0681-8
NE: Senft, Willi:

ISBN 3-7020-0681-8
Alle Rechte der Verbreitung, auch durch Film, Funk und Fernsehen, fotomechanische Wiedergabe, Tonträger jeder Art, auszugsweisen Nachdruck oder Einspeicherung und Rückgewinnung in Datenverarbeitungsanlagen aller Art, sind vorbehalten.
© Copyright by Leopold Stocker Verlag, Graz 1994
Printed in Austria
Gesamtherstellung: M. Theiss, 9400 Wolfsberg

Inhaltsverzeichnis

Es wird einem warm ums Herz	9
Die Ausseer Wiesen	11
Auf den Loser	16
Die Loser-Umrundung	19
Hoher Sandling	23
Über das Knerzenstübl zur Vorderen Sandlingalm	27
Der Schönberg	31
Die Ebenseer Hochkogelhütte	35
Eine Maienwanderung durch die Rettenbachklamm	38
Vom Trisselkogel sieht man den Altausseersee und den Grundlsee	40
Vom Loser über das Appelhaus zum Grundlsee	45
Der Backenstein	49
Rund um den Altausseersee	51
Vom Altausseersee über den Wildensee zum Offensee	55
Über den „Hochpfad" vom Offensee zum Almsee	62
Vom Trisselkogel über die Schoberwiesalm zum Grundlsee	63
Rund um den Grundlsee und zur Zimitzalm	66
Zum „tiefgründigen" Toplitzsee, zum Kammersee und zu den Gößlerwiesen	73
Durchs Widderkar zur Breitwiesalm	78
Auf uralten Gebirgspfaden durch das Obere Widderkar zum Appelhaus	80
Die Lahngangseen	83
Die Graswand	87
Der verborgene Dreibrüdersee	89
Die Salzofenhöhle	90
Von der Pühringerhütte auf das Rotgschirr	95
Der Elm	100
Vom Almsee zur Pühringerhütte	103
Auf alten Almwegen	105
Die Weiße Wand	111
Vom Türkenkogel sieht man den Toplitzsee	122
Vom Grundlsee über die Schneckenalm zur Ödernalm	123
Ödernalm – Öderntörl – Tauplitzalm – Schneiderkogel	125

Der Sarstein	127
Der Zinken	132
Der eisendurchsetzte Rötelstein	136
Vom Radlingpaß auf den Kampl	139
„Künstlerwege" im Ausseerland	142
Der „Altausseer Künstlerweg"	142
Der „Bad Ausseer Künstlerweg"	148
Der „Grundlseer Künstlerweg"	152
Via salis	159
Vom Ödensee auf Gsprangalm und Handleralm	164
Zum stillen Finetsee	168
Von Obersdorf zur Kochalm	171
Obersdorf – Seidenhofalm – Kampl – Teltschenalm	173
Von Bad Mitterndorf auf die Simonywarte	177
Das große Tragl	178
Traweng	183
Von Tauplitz über den Schwarzensee auf den Almkogel	186
Tauplitz – Türkenkarscharte – Hochmölbinghütte	188
Der Gwendling	192
Der schroffe Hechlstein	193
Tauplitz – Liegelloch – Bergeralm	197
Über die „Himmelsleiter" auf das Gindlhorn bei Pürgg	200
Spechtensee und Bärenfeichtenalm	202
Das Hochmühleck	205
Der Grimming	208
Von der Rettenbachalm auf den Gamskogel	214
Auf den Predigstuhl und zum Felssturz bei der Hütteneckalm	216
Die Hohe Schrott	219
Hochkalmberg	221
Katrin	224
Über den Roßkopf auf die Katrin	226
Der Rettenkogel am Wolfgangsee	227
Die Postalm	230
Der Sparber	231
Auf die Bleckwand am Wolfgangsee	232
Auf den Leonsberg bei Bad Ischl	235

Dreiseenwanderung auf den Schafberg	238
Zum Falkenstein	241
Auf den Kleinen Sonnstein und Wanderung zu den Langbathseen	244
Zum Großen Höllkogel und Alberfeldkogel im Höllengebirge	247
Erlakogel	250
Auf den Traunstein	252
„Hoch vom Dachstein an…"	256
Vom Krippenstein zum Heilbronnerkreuz	256
Die Wunderwelt der Rieseneishöhle	261
Die mächtige Mammuthöhle	263
Die Koppenbrüllerhöhle	264
Rund um den Hallstättersee	266
Von Hallstatt zur Simonyhütte	271
Hoher Plassen	273
Von Gosau zum Schleifsteinbruch und auf die Plankensteinalm	275
Von Gosau über den „Herrenweg" zu Zwieselalm und Gablonzerhütte	279
Vom Vorderen Gosausee zum Steiglpaß	282
Wunderbar ist die Aussicht vom Großen Donnerkogel	286
Auf das Gamsfeld bei Rußbach	288
Altaussee und Grundlsee im Winter	290
Skilanglauf und Badefreuden zwischen Bad Aussee und Bad Heilbrunn	294
Landkarten	299
Literaturverzeichnis	299
Erläuterung der Abkürzungen	300

Es wird einem warm ums Herz...

Anstatt eines Vorwortes

„Wenn wir uns im Salzkammergut und da besonders im Ausseerland aufhalten", sagte uns kürzlich ein englischer Freund, „wird es einem warm ums Herz!" Und er meinte weiter: „Die Menschen sind freundlich, ohne sich anzubiedern, alles ist so blitzsauber, daß man sieht, wie die Leute ihre Heimat lieben, und die Landschaft ist von einer unglaublichen Vielfalt, die uns immer wieder wie ein Magnet anzieht."

So geht es auch uns beiden, und es ist uns ein Bedürfnis, dieses mit allen Schönheiten gesegnete Land in einem wesentlich breiteren Rahmen darzustellen, als dies in den knappen Beschreibungen von Wanderführern und Fremdenverkehrsprospekten möglich ist.

Besonders hat es uns auch die wunderbare Blumenwelt der „Kalkberge" angetan, denn das Tote Gebirge ist alles andere als „tot"; die meisten Berggipfel sind hier echte „Blumenberge"! So haben wir bei vielen Touren die auffälligsten Pflanzen angeführt.

Einen Bestimmungsschlüssel zum genauen Erkennen der Blumen konnten wir natürlich nicht beigeben – das wäre ein eigenes Buch –, aber kleine Nachschlagewerke sind im Buchhandel erhältlich. Wohl aber haben wir möglichst viele Blumen abgebildet und bei einer Reihe von Kapiteln jeweils eine Pflanze in ihrer volkskundlichen und volksmedizinischen Bedeutung herausgestellt.

Wir haben nicht nur Wanderungen im Kerngebiet des Ausseerlandes beschrieben, sondern sie bewußt um jene Nachbargebiete im umgebenden Salzkammergut erweitert, die man in einem Tagesausflug erreichen kann: Bad Mitterndorf – Tauplitzalm – Hallstatt – Gosau – Bad Goisern – Bad Ischl – Wolfgangsee – Traunsee.

Für wertvolle Hinweise bedanken wir uns ganz besonders bei

Sepp Amon („Haltersepp"), Grundlsee
Erich Gaiswinkler, Altaussee
Hermann Rastl, Grundlsee
Hofrat Dipl.-Ing. Hans Wimmer, Altaussee

Die Ausseer Wiesen

Ein wechselndes Blumenwunder

So etwa um Mitte März, zwei, drei Tage nach der Schmelze der letzten Schneeflecken, sind auf den sonnseitigen Wiesen – regelrecht über Nacht – die ersten Frühjahrsblüher in unglaublicher Intensität da. Die Blumen haben unter der lichtdurchlässigen, schützenden Schneedecke schon das Blattgrün zu entwickleln begonnen und sind auf diese Weise in der Lage, bei der ersten Frühlingswärme sofort aufzublühen. Es ist sozusagen die „erste Blütenwelle", welche die Wiesen und Waldränder in zarte Farben hüllt: die gelben Primeln, die nickenden Köpfchen der weißblühenden Buschwindröschen, der gelbe, dem Boden anliegende Huflattich, das zugleich rot und blau blühende Lungenkraut mit seinen gefleckten Blättern und an feuchten Stellen das zarte, gelblichgrüne Milzkraut und vor allem die dunkelgelbe Sumpfdotterblume. Auf den etwas stärker mit Wirtschaftsdung versorgten Wiesen sind es aber Millionen von weiß und lila blühenden Frühjahrskrokussen, die uns entzücken. Auf sonnigen Waldlichtungen blüht zur selben Zeit die Erika rot auf. Die Ausseer nennen die Erika „Sendl" oder bloß „Besen". Und überall dort, wo zwischen den Fichten und Tannen der Waldboden ausgeapert ist, leuchten schon im März – auch hoch oben im Bergwald – unzählige Schneerosen mit ihren weißen Blüten und den großen gelben Staubgefäßen und zeigen auf wundersame Weise, daß zarte Gewächse auch Winterrückfälle mit Neuschnee unbeschadet überstehen können. Am sonnigen Waldrand zeigt im März das zartgrüne Bingelkraut seine Blätter, begleitet vom intensiven Blau der Leberblümchen.

Der Mundartdichter Gregor Goldbacher (1875–1950) bringt im Dialekt, der an der Ostseite des Toten Gebirges gesprochen wird, seine große Zuneigung zu den „Bleamerln" in seinem Gedicht „A Buschn Almbleamerl" zum Ausdruck:

H o a d a r a (Erika)
*Ganz braun san noh d'Wiesn
Und d'Berg volla Schnee,
Da reckst dein rots Köpfl
Schon lusti in d'Heh.*

Manche Wetterrückschläge gibt es im April, aber die ersten Gräser beginnen zu sprießen, der Bärlauch mit seinem intensiven Knoblauchgeruch – er liefert ja auch das Grundmaterial für ausgezeichnete Lauchsuppen – wächst an sonnigen Stellen und beginnt seine Blätter zu entrollen, der erste Löwenzahn wagt sich ans Tageslicht, und am Waldrand beginnt sich das zarte Immergrün zu entfalten, und die Pestwurz treibt ihre massigen, weißlich-lila Blütenköpfe hervor; ihre Blätter werden schließlich im Sommer so groß, daß die Kinder sie als Regenhüte verwenden.

Anfang Mai zeigen die Wiesen ein ganz anderes Bild: Der Löwenzahn überzieht sie mit einem vollen gelben Teppich, und die Gräser haben Mühe sich daneben und dazwischen zu entwickeln, und ebenso geht es der reizend rotblühenden Kuckuckslichtnelke oder niedrigwüchsigen Pflanzen wie dem Vergißmeinnicht oder dem Gelben Fingerkraut. Am Waldrand blühn zur selben Zeit die hübschen, zartblauen Blüten des Immergrüns, und die weißen Blütchen des Salomonssiegels lassen ihre einseitswendigen Blätter nach unten nicken. Auch der gelbblühende Wundklee mit seinen pelzig behaarten Blättern, das zarte, gelbblühende Fingerkraut, der winzige, nach Äpfeln duftende Zwergbuchs mit weißgelben und rötlichen Blütchen und die grüngelb blühende Zypressenwolfsmilch, aus deren Stengel weißer „Milchsaft" austritt, gedeihen am Rand der Waldungen; etwas tiefer drinnen erfreut uns das Kleeblättrige Schaumkraut mit seinen weißen Blüten und dunkelgrünen, kleeähnlichen Blättern. Selbst auf den Waldwegen sieht man jetzt eigenartige, doppelnierenförmige Blätter mit einer Keimlingsspitze in der Mitte: Auch die Pflanzenkundigen müssen oft ein bißchen rätseln, um welches Gewächs es sich handelt, bis sie sich klarwerden, daß es die Keimblätter der Rotbuche sind, deren große Stammeltern jetzt schon ihr frisches Grün zeigen. Die wunderbaren, gelbgrünen Blütenbüschel der Ulmen leuchten aus den Mischwaldungen und von den Wiesenrändern. Die Kirschen sind in voller Blüte, und auch die Birnbäume haben schon ihre weiße Pracht angesetzt.

Mitte Mai blühen die Äpfel voll auf, und die gelben Köpfchen der Trollblumen, der bodennah gedeihende Kriechende sowie der Pyramidengünsel, das gelbblühende Schöllkraut mit seinem orangefärbigen Pflanzensaft, der Felsenbaldrian am Waldrand und die „nichtbrennende", hübsche Goldnessel sowie das Perlgras bestimmen das Bild mancher Grünflächen. Die meisten Wiesen zeigen sich aber nun wieder in einem anderen Kleid, denn jetzt löst der Hahnenfuß mit seinen zarteren Farbtönen das massive Gelb der Löwenzahnwiesen ab.

Trollblume

Kügerl, gwiß a Million
Ganz aus lautern Gold.
S'wann da Himmel dös allsamd
Mir grad schenken wollt.

Dann aber, so etwa zu Beginn der zweiten Maihälfte, beginnt das große Blütenwunder des Ausseerlandes: Die Narzissen mit ihren strahlend weißen Blütenköpfen und den zarten Blättern überziehen die Bergwiesen und schenken allen Besuchern eine unglaubliche Freude. Auf den sonnseitigen Wiesen zuerst und bis zu Ende der ersten Juniwoche auf den schattseitigen Flächen oder in den etwas höheren Lagen, wie etwa auf der Blaa-Alm, sind sie eine ständige Quelle des Entzückens.

Azisn (Narzisse)

Schneeweiß san dö Sterndl
Wia frisch gfallna Schnee.
A kloans goldas Kranl
Steht mittn in d' Heh.

Wieder wandeln sich nun viele Wiesen: Der Hahnenfuß weicht als „Massenblüher" auf den etwas trockeneren Flächen dem gelbblühenden Klappertopf, dessen Samen während der Reife in der trockenen Blütenkapsel regelrecht klappert, sowie dem grobstengeligen, weißlichblühenden Doldengewächs des Wiesenkerbels. Und aus diesen Flächen leuchten die großen Blütensterne des „sonnenwendigen" Wiesenbocksbartes heraus.

Auf den etwas feuchteren Wiesen beherrschen die weißlich bis leicht lila blühenden Dolden des Kälberkropfs zusammen mit den hübschen blau-lila Blüten des Wiesenstorchschnabels die „Szenerie", und diese Grünflächen verströmen einen wunderbaren Duft. Am Waldrand und auf den Wegrändern blühen die Walderdbeeren, und an steilen, sonnseitigen Böschungen entfaltet der Felsenbirnenstrauch nicht nur seine filzig behaarten Blätter, sondern auch seine reizenden, weißlichen Blüten.

Im schattigen Rotbuchenwald, am Fuß von Felsstürzen, da können wir zu Ende Mai/Anfang Juni aber die wahrhaft „kostbarste" und seltenste Orchideenart unserer heimischen Flora, den prachtvollen Frauenschuh, erleben. Bitte ja nicht pflücken, sondern nur „schauen"!

Ausgesprochene Trockenwiesen zeigen zu dieser Zeit ein völlig eigenständiges Bild als weiße Blütenfläche unzähliger Margeriten mit eingestreuten lila Farbflecken der Witwenblumen und zwischendurch die hübschen Köpfchen der roten Kartäusernelken.

Ja – und dann hat all diese vielfältige Pracht ein vorläufiges Ende, denn Mähbalken und Sense führen die Wiesen ihrer landwirtschaftlichen Verwendung zu…

Narzisse – die Symbolblume des Ausseerlandes

Beiderseits des Toten Gebirges, vor allem im Ausseerland, aber auch im Ennstal, tritt die Weiße Narzisse gehäuft auf und bedeckt dort zum Entzücken aller Besucher große Wiesenflächen. Kein Wunder, daß man dieser Pracht des Spätfrühlings sogar ein eigenes jährliches Fest im Ausseerland widmet. Die Narzisse kommt aber auch in anderen Teilen Europas gehäuft vor, zum Beispiel im Jura oder im Südelsaß, wo es ähnliche Feste gibt.

Der Name „Narzisse" kommt vom griechischen „narkao" = „betäubt werden", was mit dem betäubenden Duft der Pflanze zusammenhängt. Die wissenschaftliche Bezeichnung „Narcissus poeticus" = „Dichternarzisse" wurde schon von Homer verwendet.

Die jährlich in Massen zum Narzissenfest abgepflückten Blumen scheinen diese Prozedur auszuhalten, da ja auch die landwirtschaftliche Mahd keinen wesentlich anderen Vorgang darstellt – bisher sind die Narzissenflächen jedenfalls in gleichem Umfang erhalten geblieben. Die Ausseer nennen die Planze übrigens „Üling".

Narzissenwiese am Grundlsee; im Hintergrund Backenstein (Foto Senft)

Auf den Loser

Heute im Auto – seinerzeit im Tragsessel

Es lohnt sich allemal, den markanten Gipfel des Loser zu besteigen, dessen Name sich wahrscheinlich vom alpenländischen Dialektausdruck „Loser", wie die Ohren bei Wildtieren genannt werden, ableitet. Tatsächlich sieht der Felsklotz von manchen Plätzen des Ausseerlandes mit seinen fast überhängenden Wandfluchten wie ein abstehendes Ohr aus; von Altaussee aus, zeigt er sich aber als mehrzackige „Krone"...

Die für eine Loserbesteigung aufzuwendende Mühe ist verhältnismäßig gering, kann man doch bis zur Loserhütte, beziehungsweise bis zum Endpunkt der „Panoramastraße" auf fast 1600 Meter Seehöhe bis zum „Loser-Bergrestaurant", hinauffahren.

Auch vor hundert Jahren, als es noch keine Straße auf den Loser gab, konnten ihn vor allem „Damen" mühelos bezwingen: „Um 16 Gulden für vier Mann und 40 Kreuzer Trinkgeld pro Mann" konnte man sich im Tragsessel hinauftragen lassen. Unternehmer war damals Alois Sendlhofer, „Tragsesselinhaber und Fremdenführer in Aussee".

Für eine Besteigung wählen wir am besten einen Rundweg, der etwa zweieinhalb Stunden in Anspruch nimmt, wobei wir auch den Hochanger mitbesteigen, der mit seinen 1837 Metern bloß um einen Meter niedriger als der Loser ist. Im Frühsommer führt uns die Wanderung noch manches Jahr über viele Schneefelder, die aber ungefährlich zu begehen sind. Allerdings muß man für die Tour trittsicher sein, weil der Abstiegsweg doch einige steile und felsige Wegstücke aufweist.

Wenn wir vom großen Parkplatz weggehen, kommen wir vorerst zum Augstsee, der Ende Juni oft noch eisbedeckt und ein begehrtes Saibling-Fischwasser ist. Nun queren wir den Talkessel unterhalb des Atterkogels und steigen dann gemächlich auf den Gipfel des Hochanger hinauf. Dabei geht es über viele niedrige Felsstufen, die den Bankungen des Dachstein-

Oben: Der Loser, idealer Startplatz zum Paragleiten und Drachenfliegen
Unten: Im 16. Jhdt. meißelten Strafgefangene diesen Holztriftkanal zwischen Toplitzsee und Kammersee aus dem Fels (Fotos Senft)

kalks entsprechen. An einer Stelle sichert ein Drahtseil eine abschüssige Passage. Vom Hochanger führt uns der markierte Pfad dann in das Scharterl zwischen den beiden Bergen hinunter und drüben sogleich wieder aufwärts. Wir kommen an zwei kleinen, markanten Felstürmen vorbei und stehen bald oben beim Gipfelkreuz des Loser.

Vielfältig ist die Flora am Loser. Neben den bekannten Alpenpflanzen gedeihen hier: Der rotviolett blühende *Alpensüßklee*, die *Alpenmutterwurz*, der violett blühende *Alpenhelm* (Bartschia alina), das *Eberreis* oder *Bärenkreuzkraut*, der *Allermannsharnisch* und – was für das Gebiet sehr selten ist – auch der *Echte Speik*. Unten am Augstsee wächst der *Goldpippau* (auch *Feuerfarbener Pippau* genannt).

Zu unseren Füßen liegt der Altausseersee, und direkt gegenüber im Süden beherrscht der Dachstein mit den ausgedehnten Flächen des Hallstätterglatschers das Bild; auf der anderen Seite grüßt das Gipfelkreuz des Trisselkogels herüber. Im Nordosten reiht sich ein Gipfel des Toten Gebirges an den anderen; Großer Priel und Spitzmauer ragen besonders heraus.

Wollen wir vom Scharterl unterhalb des Gipfels über den markierten Rundweg unterhalb des Hochanger direkt zur Loserhütte gelangen, dann sollten wir trittsicher und der Weg trocken sein. Gehen wir den völlig unproblematischen Aufstiegsweg zurück, dann verweilen wir gerne ein bißchen länger beim sogenannten „Loserfenster", einem großen Loch im scharfen Felsgrat, durch das man genau auf die darunterliegende Gschwandalm schauen kann. Jedenfalls werden wir nach der Wanderung bei der gemütlichen Rast in der Loserhütte oder oben im Bergrestaurant dem Treiben der Paragleiter und Drachenflieger zuschauen, die bei guter Thermik den Himmel regelrecht „bunt" überziehen.

Im Toten Gebirge gibt es sehr viele Höhlen; bisher sind mehr als 600 bekannt geworden. In einigen wurden Spuren frühester menschlicher Besiedelung der Steiermark entdeckt. Am Südfuß des Losers liegt eine der bekanntesten des ganzen Gebietes, das Große Loserloch. Die Höhle weist einen sechs Meter breiten und neun Meter hohen Eingang auf und wurde von den Talbewohnern angeblich bereits im 18. Jahrhundert aus reinem Interesse aufgesucht. Sie ist 390 Meter lang und durch einen Versturz vom benachbarten 75 Meter langen Kleinen Loserloch getrennt. Am Loserstock gibt es auch noch mehrere andere Höhlen; in einigen sind die Höhlenforscher sehr aktiv, und es sind immer wieder neue Forschungsergebnisse zu erwarten.

Karstgeologisch interessant ist auch der 16.500 Quadratmeter große Augstsee, der acht Meter tief ist und keinen oberirdischen Abfluß hat; vielmehr versickert sein Wasser durch den Karstboden. Nach langen Schönwetterperioden können diese Seen im Hochsommer eine Oberflächentemperatur von 18 Grad und darüber erreichen; aber schon in 30 Zentimeter Tiefe sind sie meist bitterkalt.

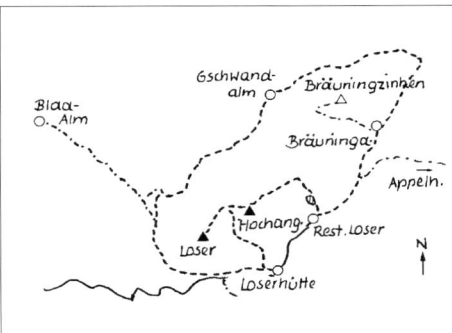

Kurzinformation:
Kurze, mäßig anspruchsvolle Bergwanderung; 2½ Std.; 240 HM; KW Nr. 20
AP: Zufahrt über Loser Mautstraße bis Bergrestaurant auf 1600 m
Vom Parkplatz Markg. 256 gegen Norden zum Augstsee. Über einige Felsstufen (Trittsicherheit), zum Teil versichert, am Rand der Abstürze (Loserfenster!) auf den Hochanger (1837 m). Abstieg in kleine Scharte und auf bequemem Weg zum Loser (1838 m). Rückweg auf gleicher Route oder Markg. 255 zur Loserhütte und auf Straße zurück zum Parkplatz.

Die Loser-Umrundung

Durch den Karst des Toten Gebirges zum Adlerhorst der Gschwandalm

Diesmal soll der Losergipfel nicht erstiegen, sondern etwa in halber Höhe umrundet werden, wobei wir unterhalb der äußerst eindrucksvollen Felsfluchten entlanggehen, die sich auf der Westseite des Loserstocks zwischen Bräuningzinken und Loser in mehr als zwei Kilometern Länge dahinziehen und uns Landschaftsbilder wie aus den Dolomiten vermitteln.

Am besten begeht man die Umrundung gegen den Uhrzeigersinn, weil man dabei die Wegabzweigungen besser findet. Ausgangspunkt ist der

Parkplatz bei der Loserhütte an der Loser-Mautstraße: Von hier müssen wir noch einen Kilometer auf der Asphaltstraße bis zum Bergrestaurant hinaufgehen, das genau 1600 Meter hoch liegt. Schon unterwegs dorthin genießen wir einen Prachtblick über das halbe Ausseerland, auf den Altausseersee und hinüber zum Dachstein, dessen Hallstättergletscher behäbig vor uns liegt; besonders nah grüßt das Gipfelkreuz vom Trisselkogel herüber.

Wir finden die Hinweistafel „Bräuningzinken" und folgen ihr auf einem angenehmen Steigerl fast eben – vorbei an einigen Skiliftstützen – bis zu den hübsch gelegenen Hütten der Bräuningalm. Vorher haben wir schon die Abzweigung zum Hochklopfsattel und zum Appelhaus rechterhand liegengelassen. In einer Dreiviertelstunde könnten wir von hier aus den Bräuningzinken ersteigen, wenn wir die Lust verspüren, zu unserem vierstündigen Rundweg diese „Extraaufgabe" noch dazuzulegen.

Von der Bräuningalm weg haben wir nun vorerst keine Markierung mehr, sondern halten uns an die Steindauben, die ab hier unseren Pfad genauso gut markieren, wie es die Farbflecken tun; man muß nur etwas genauer hinsehen. Von den Hütten gehen wir genau auf den markanten Ausläufer des Bräuningzinken-Stocks zu und finden hier am Berghang bald einen Pfad. Das Steigerl schlängelt sich zwischen niedrigen Felsbankungen und Latschenflecken hindurch, und bald sehen wir auch die Stangen einer Skimarkierung, denen die Tourenskiläufer zum „Rauchfang", einem Nachbarberg des Schönbergs, folgen.

Hier, am Nordostsporn des Bräuningzinkenausläufers, am Schwarzmoossattel, ändern wir aber unsere Gehrichtung nach Westen, wollen wir doch den gesamten Bergstock umrunden. In der Nähe, am Schwarzmooskogel, wurde in den letzten Jahren eine prachtvolle Höhle mit einer riesigen Eishalle erschlossen. Nördlich von uns erstrecken sich latschenbewachsene Flächen, die zwischendurch immer von nackten Felsinseln durchbrochen werden, echtes „totes" Gebirge, das sich hier aber mit sanften Bergformen zeigt. Dafür gehen wir nun an fast lotrechten, wilden Felswänden entlang, die von Bräuningzinken, Greimuth, Atterkogel, Hochanger und Loser gebildet werden.

Unser Steigerl erfordert Trittsicherheit – nicht weil man tief hinunterstürzen könnte –, nein, wir müssen nur über die in Jahrtausenden vom kohlensäurehältigen Niederschlagswasser ausgelaugten Felsbänke, Rillen und

Riefen balancieren; sie sind manchmal fußbreit, dann wieder fast messerscharf ausgebildet.

Wir begehen hier ein Stück lang eine echte Karstlandschaft. Das Steigerl schlängelt sich aber bestens hindurch, und wir finden auch an vielen Stellen Fossilien, versteinerte Muscheln und Schnecken, die oft aus dem Gestein ein wenig herausgewittert sind; besonders die herzförmige „Kuhtrittschnecke", das Leitfossil des Dachsteinkalks, an die 200 Millionen Jahre alt, fällt auf.

Nach einer Dreiviertelstunde ist dieses anspruchsvolle Wegstück aber hinter uns, und wir kommen durch einen lichten Lärchenwald zu den romantischen Hütten der Gschwandalm. Sie liegen direkt unter den Felsabstürzen, Grattürmen und Zacken des Greimuth. Genau in südlicher Richtung können wir ganz oben am Grat das kleine Felstor des bekannten „Loserfensters" erkennen.

Die Alm selbst liegt auf 1500 Metern wie auf einem Adlerhorst oberhalb von eindrucksvollen, lotrechten Felswänden, die zur Rettenbachalm und Blaa-Alm abstürzen. Von hier gibt es einen überraschenden Blick nach Bad Ischl hinaus, und sehens-, aber auch fotografierenswert sind die eigenartig gerieften Karstfelsplatten direkt neben den Hütten. Im Spätsommer erfreuen uns hier die Blüten des *Pannonischen Enzians* mit ihrem Purpurrot sowie im Frühsommer der *Alpen-Süßklee*.

Fast eben, auf sicherem Steiglein, geht es nun rund um den Loser weiter, wobei wir eine Schutthalde queren und wieder Hochwald erreichen. Hier kommt die Markierung von der Blaa-Alm herauf. Über die Augstalm, nun schon wieder an der Vorderseite des Losers, erreichen wir schließlich die „Loserhütte", wo wir unseren Rundweg beenden und sicher gerne den Tag auf der Terrasse des Hauses mit dem Prachtblick nach Altaussee und auf den Dachstein ausklingen lassen.

Wer einen ganzen Tag mit der Wanderung um den Loser ausfüllen und das Auto zur Auffahrt nicht benützen möchte, der beginnt die „Loser-Umrundung" auf der Blaa-Alm (deren Name sich übrigens vom „Aufblähen" des Weideviehs ableitet, denn der Futterwuchs ist hier so üppig, daß es immer wieder zu dieser Erkrankung der Rinder gekommen ist).

Schon an der ersten Almhütte finden wir das Hinweistaferl mit der Bezeichnung „01 Nordalpen-Weitwanderweg", und die Markierung leitet uns auf einem guten Pfad in angenehmer Steigung durch Wald aufwärts. Ein

Forstweg wird gekreuzt, bald gibt es einen Blick auf die Gebäude des Salzbergwerks und den Sandling, und es geht nun steiler im Wald hinauf. Schließlich teilt sich der Pfad: Rechterhand weist ein Schild zur „Loserhütte". Wir wählen aber das links abzweigende Steiglein, das uns direkt in Richtung Gschwandalm führt. Über eine Waldlichtung geht es hinauf, und bald erreichen wir den vorher geschilderten „Umrundungsweg" direkt unter den wilden Loserwänden. Im Frühsommer gedeiht hier am Weg das sogenannte *„Gestutzte Läusekraut",* mit seinen bräunlichen Blüten – eine im Toten Gebirge häufige, sonst aber eher seltene Pflanze.

Ungefähr eineinhalb Gehstunden muß man für die komplett per Fuß ausgeführte Loserumrundung dazugeben.

> **Kurzinformation:**
> Anspruchsvolle Bergwanderung; 4 Std. (ab Blaa-Alm 5½ Std.); 200 HM (ab Blaa-Alm 700 HM); KW Nr. 20
> AP: Zufahrt über Loser Mautstraße bis Loserhütte (1497 m) oder Blaa-Alm (900 m)
> Auf Straße bis Bergrestaurant; Markg. 201, sodann HW „Bräuningzinken" bis Bräuningalm. Von hier unmarkiert, jedoch Steindauben nach NO bis Schwarzmoossattel am Nordostsporn des Bräuningzinkenausläufers. Weiter Steindauben nach W durch Karstgelände (Trittsicherheit) bis Gschwandalm. Guter Pfad an Loser-Rückseite bis Markg. 201 (von Blaa-Alm kommend) und längs dieser bis Loserhütte.

Sieben Kilogramm schwere Enzianwurzeln

Neben den vielen niedrigwüchsigen, blau bis lila blühenden Enzianarten fällt auf unseren Almweiden besonders der hochwüchsige rotviolett blühende Pannonische Enzian auf.

Der Sage nach wurde der Enzian nach dem illyrischen König Genthius benannt, der den Enzian als Pestmittel empfohlen haben soll. Schon seit dem Altertum ist der Enzian eine beliebte Heil- und Bitterpflanze.

Heute ist es streng verboten, die Enzianwurzeln auszugraben, früher einmal war das aber ein bedeutender Erwerbszweig. Bei günstigen Bodenverhältnissen hat man Enzianwurzeln von 25jährigen Pflanzen mit einem Frischgewicht von 6 bis 7 Kilogramm ausgegraben. Die Wurzeln sind wegen ihrer Bitterstoffe bekannt, die in der Volksmedizin ihre besondere Bedeutung erlangt haben. So sind Enzianwurzelextrakte und Tinkturen als Fieber- und Gichtmittel, aber auch gegen Darmparasiten eingesetzt wor-

den. Häufig ist die Enzianwurzel als Geheimmittel gegen Trunksucht empfohlen worden.

Besonders beliebt ist der Enzianschnaps, der auf den Tiroler Almen so hergestellt wird, daß die ausgegrabenen Wurzeln, ehe sie weiter behandelt werden, auf Haufen geworfen und mit Zweigen bedeckt bleiben, bis sie sich durch eine inzwischen einsetzende Gärung braun färben. Diese Gärung kann bis zu zwei Monate dauern. Ein daraus hergestellter Brei wird gekocht und ausgetrestert, und anschließend wird das Gemenge destilliert. Gegen verschiedene Magen- und Darmbeschwerden gilt ein Enzianschnaps noch immer als nie versagendes Universalmittel. Und noch heute hört man: „Wie die Enzianwurzel ist keine andere so stark!" Andere rühmen den Enzianschnaps folgendermaßen: „Im ersten Jahr ist er gut, im dritten nobel und vom zwölften an nimmt er es mit jedem sechssternigen Kognak auf!"

Hoher Sandling

„Hüter des Salzstocks"

Der Sandling birgt den uralten „Schatz" des Ausseerlandes, den Salzstock. Wir können unsere Wanderung direkt am Parkplatz des Salzbergwerks beginnen; vor allem dann, wenn wir nach der Besteigung die etwa einstündige Besichtigung des Salzbergbaues noch anschließen wollen. Ansonsten empfiehlt sich als sehr günstiger und schöner Ausgangspunkt die Blaa-Alm; auf der Sandlingalm treffen sich dann beide Wege.

Wenn wir beim Salzbergbau losgehen, folgen wir der Markierung zuerst ein kurzes Stück längs eines Asphaltstraßerls. Beim alten Stolleneingang des „Kirchbaumberges" (wie eine Inschrift besagt, wurde er bereits im Jahre 1625 „aufgeschlagen") weist uns sodann eine Tafel in Richtung „Sandling-Alm". Genau 1001 Meter liegt dieser Stolleneingang hoch, und wir lassen uns auch hier von den Markierungsnummern 201 und 252 leiten.

Wir folgen vorerst durch Hochwald einem schmalen Pfad hinauf; im

Hochsommer blühen *Türkenbund* und *Mondviole*. Bald stoßen wir auf den von der Loser Mautstelle heraufkommenden Steig und überqueren die hier endende Skilifttrasse. Die Abzweigung zum Gasthof „Sarsteinblick" lassen wir linkerhand liegen. Es geht mäßig ansteigend durch Wald weiter aufwärts, und nach einer Dreiviertelstunde erreichen wir die reizende, auf 1221 Metern gelegene Sandlingalm.

Überall im Gelände bimmelt es lustig, denn jeder der hier aufgetriebenen Jungochsen hat seine eigene Glocke umgehängt; damit können die Tiere auch bei Nebel, oder wenn sie sich verstiegen haben, leichter gefunden werden. An die acht Hütten kann man zählen; die meisten „unbehaust", einige als Wochenendsitz ausgebaut. Eindrucksvoll ist der Blick hinüber zur Loserwandflucht und hinunter auf den Westteil des Altausseer-Sees. Vor uns liegen die steilen Felsgrasfluchten des Sandlings, dessen Gipfelplateau aber von hier noch nicht zu sehen ist.

Ein paar hundert Meter oberhalb der Sandlingalm teilt sich im lockeren Almwald die Markierung; Linkerhand führt uns eine Route durch ein steiles Erlengelände hinauf auf das dem Gipfel vorgelagerte Hochplateau mit Dolinen und Latschenflecken. Oben zweigt dann über Felsstufen ein kurzer Stichpfad zum Gipfel ab. Für alle „Normal-Geher" ist diese Variante die einfachere und empfehlenswerte.

Wer sich aber auf Grund seiner Schwindelfreiheit und Geübtheit einem Klettersteig anvertrauen will, der sollte den Sandling unbedingt vom Westen, von der Hinteren Sandlingalm her, ersteigen. Hier gelangt man durch das sehr steile Schrofengelände und zwischen lotrechten Felswandeln in einer großartigen Hochgebirgsszenerie rasch auf das Plateau und dann zur Abzweigung, die zum Gipfel führt.

Vorerst sei aber der Aufstieg über den „Normalweg" etwas genauer beschrieben: Oberhalb der Sandlingalm geht es also linkerhand steil durch Erlengelände nach oben. Bald schlängelt sich der Pfad aber zwischen Latschenflecken hindurch. Einige kleine Felsstufen sind auch hier versichert, so daß sie für jedermann, der trittsicher ist, begehbar sind. Rasch ist die Karst-Dolinen-Hochfläche mit ihrem typischen, dichten Latschenbewuchs und den zwischengestreuten Gras- und Bergblumeninseln erreicht. An einer Stelle gedeiht hier der große, gelblich-weiß blühende *Allermannsharnisch*, auch *Siegwurz* oder in Tirol *Wilder Knoblauch* genannt. Dieses bei uns nicht allzu häufig anzutreffende, lauchartige Liliengewächs gilt im Volksmund als Zauberpflanze, als „Glücksmännlein" oder „Glücksalraun".

Weiter geht es im leichten Auf und Ab am Plateau ein Stück dahin, bis wir die Abzweigung zum Gipfelstock erreichen. Über ein paar Felsblöcke müssen wir darüberkraxeln, und dann geht es in wenigen Serpentinen über Geröll hinauf zum Gipfelkreuz mit seiner umfassenden Aussicht auf Dachstein, Sarstein, die Südwestteile des Toten Gebirges, auf den benachbarten Loser u. a. m.

Zweieinhalb Stunden sind wir vom Parkplatz des Salzbergwerkes bis zum eisernen Gipfelkreuz heraufgegangen, das 1961 von der Alpenvereinssektion Lambach errichtet wurde. An ihm ist folgender Spruch angebracht: „Verhalte, Mensch, nun Deinen Schritt und lasse Dich zum Schauen nieder! Wenn je der Sinn des Lebens Dir entglitt, hier findest Du ihn wieder!"

Am Gipfel blüht es im Sommer wunderbar: *Almrausch**, *Nordisches Labkraut, Weißer Hahnenfuß, Kugelblume, Alpennelke, Teufelskralle* und andere. Weiter unten im Kalkschutt gedeihen *Trollblume, Gelber Eisenhut, Kälberkropf, Storchschnabel, Weißer Germer* und *Alpendost..*

Sind wir als „Geübte" über den versicherten Steig zur Sandlingalm mit ihren Hütten, von denen eine bewirtschaftet ist, abgestiegen, dann präsentiert sich uns der Sandling als unerwartet wilder Felsberg mit Gratzacken und Türmen. Ein gewaltiger Felssturz liegt mit seinen Trümmern zu Füßen der Wände: Im Jahre 1920 geschah hier ein Bergsturz, wie er nur mit dem berühmten Felssturz am Ankogel in den Hohen Tauern des Jahres 1932 verglichen werden kann.

Nach einer spätsommerlichen Regen- und Überschwemmungskatastrophe, die besonders das Salzkammergut heimgesucht hatte, löste sich am Nachmittag des 12. September, nach permanentem Steinschlag, ein zweihundert Meter hoher Felsturm, im Volksmund „Pulverhörndl" genannt, vom Berg los und stürzte in sich zusammen. Er begrub Teile der Sandlingalm mit mehreren Hütten unter sich, was man sehr gut heute noch ausnehmen kann. Gleichzeitig lösten sich an die sechs Millionen Kubikmeter Schutt und Erdreich und rutschten langsam, aber unaufhaltsam als Mure zu Tal. Am

---

* Die Ausseer nennen den Almrausch (im Hochdeutschen als „Alpenrose" bezeichnet) „Almröserl".

13. September war die Mure einen Kilometer lang, am 10. Oktober war sie fünf Kilometer weit vorgedrungen. Als sie endlich zum Stillstand kam, hatte sie 45 Hektar Wald vernichtet, war an ihrem Ende zehn Meter hoch und lag im Zlambachgraben; die Ortschaft St. Agatha an der Auffahrt zum Pötschenpaß war wochenlang bedroht gewesen.

Die Wurzel des Allermannsharnisch ist eine „Alraune"

Mit ihren „Lilienblättern", dem schnittlauchähnlichen Stengel und dem gelblichen Blütenköpfchen kommt die immer in Gruppen auftretende Pflanze nur in Höhen über 1500 Meter vor.

Der Name „Allermannsharnisch" bezieht sich auf die vermeintlichen, zauberkräftigen Eigenschaften der Wurzel. Aus der netzfaserigen Umhüllung der Zwiebel, die vielleicht Anlaß gab zu dem Glauben, daß deren Träger hieb- und stichfest sei, machte das Volk neun Hüllen, weshalb die Pflanze in Tirol auch „Neunhäuterwurz" heißt.

Der Allermannsharnisch gilt bereits seit dem Mittelalter im Volksaberglauben als eine Zauberpflanze. Wie bei der Mandragora (einem Nachtschattengewächs) dient auch ihr Wurzelstock als „Alraun". Sein Träger sollte unverwundbar sein, gefeit nicht nur gegen Hieb und Stich, sondern überhaupt gegen alle bösen Einflüsse. (Daher auch die lateinische Bezeichnung „Allium victorialis" = „Siegwurz".) In die Wiege der Kinder gelegt, hält der Wurzelstock die schlimmen Geister von diesen fern. Auch das Vieh schützt er vor Verhexung, daher vergräbt man die Wurzel unter der Stalltür. – Wichtig ist, daß die Wurzel am „Großen Frauentag", dem 15. August, gegraben wird...

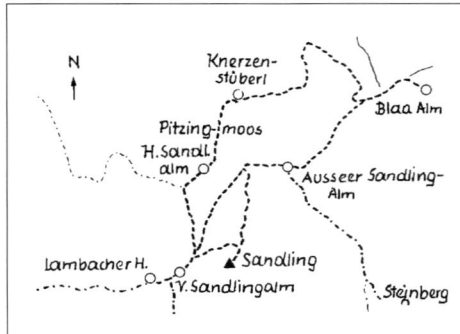

Kurzinformation:
Normalweg: Anspruchsvolle Bergwanderung; Trittsicherheit; 4½ Std.; 800 HM; KW Nr. 20
Variante über Klettersteig: Nur für Geübte, Schwindelfreiheit erforderlich
AP: Altaussee – Blaa-Alm (900 m) oder Salzbergwerk am Steinberg (942 m)
Von Blaa-Alm Markg. Nr. 201 bis Ausseer Sandlingalm (1300 m) oder vom Steinberg Markg. Nr. 252 bis A. Sandlingalm. Von dort gemeinsam nur einige hundert Meter, bis links Abzweigung Nr. 251 (Normalweg) zum Gipfel (1717 m) oder weiter bis Vordere Sandlingalm (1390 m) und dort Klettersteig Markg. Nr. 250 zum Normalweg.

Über das Knerzenstübl zur Vorderen Sandlingalm

Fieberklee und Wilder Schnittlauch

Ausgangspunkt für unsere gemächliche Rundwanderung ist die auf 900 Meter Seehöhe gelegene Blaa-Alm, die man von Altaussee aus über die Loser Mautstelle erreicht. Der Platz bei der Mautstelle heißt übrigens seit uralten Zeiten „Ramsau", was sich vom altdeutschen Ausdruck „Ramasar" für die knoblauchähnliche Pflanze „Bärlauch" ableitet, die hier in Mengen gedeiht. Solche „Ramsauplätze" gibt es im Salzkammergut, zum Beispiel in Gosau, mehrere, und besonders bekannt ist ja die Dachsteiner Ramsau, jene von Berchtesgaden und so weiter.

Die Blaa-Alm mit ihren vielen Hütten ist ein reizender Platz: Die riesige, grün leuchtende Fläche ist von hohen Ahornbäumen umgeben, und das gesamte Areal wird von der eindrucksvollen, dolomitenähnlichen Felsbergkette, vom Loser über Atterkogel, Greimuth und Bräuningzinken im Osten, Schönberg im Norden und dem nahen Sandling im Westen, begrenzt. – Eine prachtvolle „alpine Parklandschaft". Positiv erwähnt soll auch der vor einigen Jahren großzügig neuerbaute Gasthof werden, der dem Ausseer Baustil sehr gut gerecht wird.

Von der Alm ausgehend, wollen wir diesmal nun nicht direkt den Hohen Sandling besteigen, sondern die Vordere Sandlingalm über das „Knerzenstübl" und das interessante „Pitzingmoos" ansteuern.

„Stübl" nennt man im Ausseerland häufig die Jagd- oder ehemaligen Holzknechthütten; eine liebe Spracheigenheit der Ausseer, Gedanken an einen gemütlichen, gut beheizten Aufenthaltsort aufkommen zu lassen.

Wir folgen, von der Blaa-Alm zuerst auf einem Forstweg, ein kurzes Stück dem Weg mit der Markierung; bei der ersten Kreuzung lassen wir uns dann aber vom Hinweisschild „Knerzenstübl – Hintere Sandlingalm" leiten. In angenehmer Steigung geht es längs eines praktisch überhaupt nicht befahrenen, teilweise sogar grasbewachsenen Forstwegs in einer großen Schleife in Richtung Knerzenkögerl aufwärts. Rechterhand fällt das Gelände sehr steil einige hundert Meter zum Fludergraben – hier wurde offensichtlich seinerzeit Holz getriftet – beziehungsweise zum Rettenbachtal ab; darüber erheben sich Schönberg, Scheiblingkogel und Rinnerkogel, die westlichen Teile des Toten Gebirges.

Dann haben wir auch schon die etwas versteckt im Wald liegende Knerzenstübl-Jagdhütte erreicht. Sie liegt auf 1258 Meter Seehöhe, und zu ihren Füßen erstreckt sich das interessante Pitzingmoos, durch das nun unser Weiterweg führt, der manchmal ein Stück als Prügelpfad angelegt ist. Das Pitzingmoos hat stellenweise echten Hochmoorcharakter mit *Moorbirken,* den verkrüppelten *Zwerg-Moorfichten* und *Moorlatschen* sowie den klassischen niederigwüchsigen Moorpflanzen: Hierbei dominiert ganz besonders der *Wilde Schnittlauch,* der zu Anfang Juli mit seinen unzähligen Blütenköpfchen dem Moos eine ganz eigene Stimmung verleiht.

Zwei Wochen früher – etwa um Sonnenwend – blüht an einigen Stellen prächtig der seltene *Fieberklee* mit seinen attraktiven weiß-rötlichen Blüten, denen man es bei genauerer Betrachtung ansieht, daß die Pflanze zu den Enziangewächsen gehört. Man findet das entzückende Gewächs, das den Beinamen „Klee" wegen seiner dreizähligen Blätter führt, sonst eher nur im anmoorigen Bereich am Ufer von Alpenseen, so wie etwa am Sommersbergersee. Zwischen Mitte und Ende Juni ist das Pitzingmoos auch von unzähligen *Trollblumen* eingerahmt.

Beim Weiterweg taucht dann vor uns recht eindrucksvoll die westseitige Felskante des Hohen Sandling auf.

Nach der etwas „feuchten Moorstrecke" gelangen wir bei den nicht bewirtschafteten Hütten der Hinteren Sandlingalm (sie wird auch Pitzingalm genannt) wieder auf „festen Boden" und steigen nun in einer guten Viertelstunde zur Vorderen Sandlingalm auf, die angesichts der Sandlingabstürze prachtvoll daliegt. Quer über die Vordere Sandlingalm verläuft übrigens auch die steirisch-oberösterreichische Landesgrenze und 20 Minuten oberhalb liegt die Lambacherhütte.

Knapp zweieinhalb Stunden sind wir von der Blaa-Alm bis hierher gegangen und können nach entsprechender Labung – eine der Hütten ist im

Von links nach rechts:
Oben: Seidelbast, Bärlauch, Petergstamm (Aurikel)
Mitte: Berganemone, Frauenschuh, Narzissenblättrige Anemone
Unten: Raute, Wald-Storchschnabel, Zwergalpenrose (Fotos Senft)

Sommer als Jausenstation bewirtschaftet – in Form eines sehr lohnenden Rundweges über die Ausseer-Sandlingalm zu unserem Ausgangspunkt zurückkehren. Besonders ambitionierte Bergsteiger werden sich aber vielleicht den versicherten Klettersteig auf den Hohen Sandling nicht entgehen lassen, wofür allerdings zusätzliche zwei Stunden zu veranschlagen sind.

Der Fieberklee ist ein Enziangewächs

Auf anmoorigen Flächen, ständig nassen Wiesen und am Uferrand von Bergseen gedeiht diese besonders hübsche Pflanze, die wegen ihrer großen dreizähligen Blätter den Beinamen „Klee" führt. Meist steht sie direkt im seichten Wasser und man kann sie in der Steiermark an geschützten Stellen sogar bis in 1700 Meter Seehöhe finden.

Besonders hübsch ist die weißliche Blüte. Für die Volksmedizin werden aber die Blätter getrocknet und seit altersher als „Bitterklee-Extrakt" gegen Verdauungsbeschwerden, aber auch als Fiebermittel verwendet. In Skandinavien wurde früher der Bitterklee dem Bier als Geschmacksverbesserer beigegeben.

Kurzinformation:
Leichte Wanderung; $4\frac{1}{2}$ Std.; 500 HM; KW Nr. 20
AP: Blaa-Alm bei Altaussee
Zuerst kurzes Stück Markg. Nr. 201; bei der ersten Kreuzung HW „Knerzenstübl – Hintere Sandlingalm" und Markg. 241. Auf Forstweg in großer Schleife bis Knerzenstübl – Jagdhütte (1268 m). Über „Pitzing Moos" weiter Markg. 241 bis Hintere Sandlingalm und Markg. 240 bis Vordere Sandlingalm. Entweder am selben Weg zurück oder besser über Ausseer Sandlingalm zum AP.

Der Schönberg

Seine Gipfelkuppe ist wie ein Alpengarten

Im äußersten Nordwesten der Steiermark, in der Nähe der steirisch-oberösterreichischen Grenze, liegt die Ischlerhütte auf der Schwarzenbergalm am Westfuß des Schönbergs, wie er von den Ausseern genannt wird. Die Ischler und Goiserer nennen den mächtigen Bergstock auch Wildenkogel. Der Name „Schönberg" beruht übrigens auf einem der vielen klassischen Irrtümer der seinerzeitigen Kartographen, die bei richtigem Hinhören „Schelnberg" hätten hören müssen – genauso wird der Name von den Einheimischen nämlich heute noch ausgesprochen und ist vom hochdeutschen „Schellenberg" (Form einer umgedrehten Schelle oder Glocke) abzuleiten. Ihn als besonders „schön" zu bezeichnen, dazu hatten die Ausseer wohl keine Ursache.

Unser Ausgangspunkt ist die Blaa-Alm bei Altaussee, zwischen Loser und Sandling gelegen, ein reizender Platz zum Spazierengehen und im Winter zum Langlaufen. Wir folgen der Markierung in Richtung „Ischlerhütte", und es darf uns nicht verdrießen, daß es von der 902 Meter hoch gelegenen „Niederalm" zuerst an die einhundert Höhenmeter bergab geht, wobei wir auf einem Forstweg in die Rettenbachklamm mäßig absteigen.

Der Rettenbach entspringt an der Loser-Nordwestseite und fließt durch das schattige, klammartige Waldtal hinaus bis Bad Ischl; gleichzeitig verläuft hier die Soleleitung vom Ausseer Salzberg nach Ischl. Gleich am Anfang der Rettenbachschlucht führt beim sogenannten „Nagelbründl" ein Steg über den Bach, und hier beginnt der nicht markierte, aber gut zu findende „Nagelsteig" hinauf auf den Sattelkogel in die Nähe der Ischlerhütte, eine beträchtliche Abkürzung des Normalweges. Der Pfad läuft durch eine wilde Felslandschaft, man muß für seine Begehung jedoch absolut trittsicher sein; einige heikle Stellen sind versichert. Der Steig empfiehlt sich also vor allem für den Aufstieg und nur für Geübte.

Der markierte „Normalweg" zur Ischlerhütte führt zuerst noch an die zwei Kilometer durch die Rettenbachklamm flußabwärts und zweigt dann unvermittelt rechterhand ab: Im schattigen Rotbuchenwald geht es in vielen Kehren nach oben. Wir kommen an einem verfallenen Blockhaus, mitten im Wald, vorbei, und nach einigen hundert Höhenmetern ist die Fichte nun die Hauptbaumart. Ein paar Felsblöcke beleben die Landschaft, und in der Nähe des Sattelkogels, am 1434 Meter hohen Beerensattel, dort wo auch der „Nagelsteig" heraufkommt, treten wir überraschend auf die erste Almfläche hinaus.

Nun geht es, mäßig steigend, im lockeren Almwald weiter; hier gedeihen der weißbühende *Platanenblättrige Hahnenfuß,* der *Brandlattich, Adlerfarn* und viel Heidelbeeren. Wir erreichen eine Geländekante und stehen oberhalb der malerischen Mulde der Schwarzenbergalm mit ihren zehn Hütten. Hier entspringen auch zwei gefaßte Quellen, der „Rudolfsbrunnen" und die „Leanderquelle".

In fünf Minuten sind wir unten auf der Alm und haben damit auch schon die an ihrem oberen Rand liegende „Ischlerhütte" (1369 Meter Seehöhe) erreicht und an die zweieinhalb Stunden bis herauf benötigt. Die Hütte wurde 1927 erbaut und präsentiert sich nach völliger Umgestaltung im Jahre 1984 als formschöner, achteckiger, rundum mit Holzschindeln verkleideter Bau, der von Juni bis Oktober und im Winter an den Wochenenden geöffnet ist und vom Alpenverein betreut wird. Die Hütte ist überaus geräumig, und einer der Geräume ist sogar mit Zirbenholz getäfelt. Nach einer Stärkung und ausgiebigen Rast wandern wir in Richtung unseres Gipfelzieles weiter. Zuerst geht es über die schöne, mit lockerem Wald bestandene Almfläche, und der Pfad führt durch ein begrüntes, von Felswandeln gesäumtes, kleines Tal aufwärts. In 1526 Meter Seehöhe kommen wir zu einer Teilung der Wegmarkierung: Geradeaus führt der Steig zur „Ebenseer Hochkogelhütte", rechterhand, in nördlicher Richtung, über das „Altarkegerl" zum Schönberg. – Reizend schlängelt sich der Pfad zwischen Felsbänken aufwärts, und überall im Kalkgestein blüht es im Hochsommer wunderbar.

Wir gelangen bald in ein von Felsen eingerahmtes, latschenbewachsenes Hochkar und folgen der Markierung nun über die Flanken des Schönbergs weiter hinauf. Der Pfad windet sich durch eine ausgedehnte Latschenzone, in die sich die Sonne gegen Mittag ganz schön hineinlegen kann. Man muß hier genau auf den Pfadverlauf und die Markierung achtgeben, denn jeder „Verhauer" wird zum „Latschensechser". Schließlich haben wir aber auch diese Dickung überwunden, immer mehr Almwiesenfleckerln erfreuen unser Auge; im Juli stehen unzählige *Kohlröserln**, diese reizende, streng geschützte Orchideenart, direkt neben unserem Wegerl. Die Latschen sind nun nur noch kniehoch, und eine herrliche Bergwiese zieht sich bis zum Gipfel hinauf. Ein erfrischendes Lüfterl weht hier oben an heißen Tagen. Sandling und Loser sind zum Greifen nah, und dann taucht – noch etwa fünfzehn bis zwanzig Gehminuten entfernt – auch das Kreuz über der runden Gipfelkuppe des Schönbergs auf.

An die zwei Stunden haben wir von der Ischlerhütte herauf benötigt und werden mit einer großartigen Rundsicht auf die unzähligen Gipfel und Kuppen des Toten Gebirges belohnt. Wir blicken aber auch auf Traunsee, Wolfgangsee und Attersee hinaus, und die „Nase" des Schafbergs scheint recht nahe zu sein. Sehr interessant ist auch der Blick genau nach Norden, hinunter zur „Ebenseer Hochkogelhütte", die auf einem Absatz, hoch über dem Tal, steht. Vor und neben ihr bauen sich die bizarren Felstürme des Rauhenkogels auf.

Das große metallene Gipfelkreuz des 2091 Meter hohen Schönbergs ist den „Toten Traunviertler Bergkameraden" gewidmet, und am Gipfelbuchbehälter steht zu lesen: „Berge, Dome der Beschaulichkeit!"

Der Schönberg besitzt einen Doppelgipfel, und der Nachbargipfel ist vom Standort des Kreuzes durch eine kleine, im Juli oft noch schneeerfüllte Doline getrennt und zwei Meter höher: er ist durch einen Steinmann markiert.

Ehe wir absteigen, müssen wir uns aber nochmals der Hochsommerflora am Gipfel zuwenden. Die Gipfelkuppe ist ein reines „Alpinum": Da blüht das *Niederliegende Leimkraut* mit seinen rosafarbenen Polstern, das leuchtendgelbe *Sonnenröschen*, die blendendweiße *Silberwurz*, die beiden „lebendgebärenden" Pflänzchen *Knöterich und Rispengras*, der *Schnee-Enzian*, das *gelbe Fingerkraut*, die hübsche rote *Alpennelke*, die *Alpenmutterwurz* und viele andere mehr.

Es lohnt sich, nicht denselben Weg zurückzugehen, sondern zuerst in nordwestlicher Richtung der Markierung zum Hochkogelhaus zu folgen: Wir steigen dazu über den breiten Rücken des Schönbergs in eine kleine Einsattelung hinunter und drüben ein paar Meter über die gerieften Felsbänke hinauf. (Sehr schöne Bestände der zartrosafarbenen *Zwergalpenrose*

---

* Die Ausseer nennen die Kohlröserln „Männlan".

gedeihen hier.) Und dann steigen wir gemächlich über den Kamm weiter ab, um schließlich, nun schon wieder in der Latschenzone, die breite Einsattelung zu erreichen, wo die Markierung zur Hochkogelhütte abzweigt. Wir folgen aber der Markierung zur Ischlerhütte, die uns zuerst ein weites, sehr romantisches Felsenrund, unterhalb von beachtlichen Felsabstürzen, ausgehen läßt. Schließlich, in der Nähe des „Altarkegerls", stoßen wir wieder auf unseren Aufstiegsweg und haben so eine sehr schöne Rundtour hinter uns gebracht.

Nicht weit von unserem Pfad, etwa fünfhundert Meter von der Ischlerhütte entfernt, liegt die „Raucherkarhöhle", eine der längsten Höhlen Österreichs; 47 Kilometer wurden bisher bei einem Höhenunterschied von 747 Metern in mehreren Ebenen übereinander und bei einer maximalen Horizontalerstreckung von 1545 Metern erforscht. In den fünfziger Jahren ahnte noch niemand, daß sich unter den weiten Latschenfeldern des Rauchers eine Höhle von solchen Ausmaßen befindet. In 1523 Meter Seehöhe liegt der unscheinbare Eingang zu einer Wunderwelt, die ihresgleichen sucht. Leider ist ein Befahrung der Höhle nur wirklichen Experten und Kletterspezialisten vorbehalten.

Herrliche Eisgebilde von ungeahnter Schönheit zieren den nur in schwieriger Eis- und Felskletterei zugänglichen „Großen Eissaal" und den „Eiswalldom". Der „Glitzerdom" mit seiner mächtigen Baumeissäule und den wunderschönen Rauhreifbildungen ist ein Glanzstück ganz besonderer Art. Die schönsten Tropfsteine, von denen man inzwischen mehrere entdeckt hat, sind weit von den Eingängen entfernt. Allen voran steht die mächtige Tropfsteinsäule des „Eremiten" im „Märchengang". Es gibt aber auch ein „Tropfsteintor", prachtvolle Perlsinterrosen, den interessanten „Herzmuschelschacht" bis zum „Götterquergang" und vieles, vieles andere mehr!

Aber auch die Zoologen können hier mit einer Sensation aufwarten. In der Raucherkarhöhle gibt es nämlich den 1961 drüben beim Backenstein in der Almberg-Eis- und Tropfsteinhöhle entdeckten und im Toten Gebirge endemischen Höhlen-Pseudoskorpion (Neobisium Aueri).

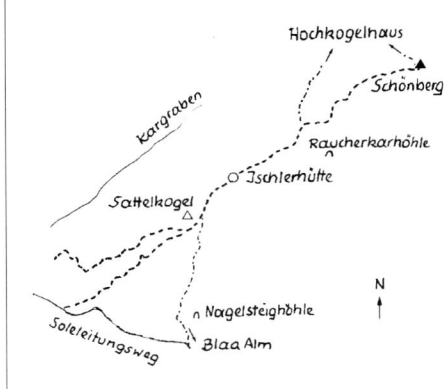

Kurzinformation:
Anspruchsvolle Bergtour; 7–8 Std.; 1300 HM; KW Nr. 20
AP: Blaa-Alm bei Altaussee
Vom AP auf Forststraße ins Rettenbachtal HW „Ischlerhütte". Nach gut 1 km zweigt rechts unmarkierte, beträchtliche Abkürzung über den „Nagelsteig" (teilweise versichert; nur für Geübte!) zum Beerensattel. – Der Normalweg zweigt erst nach weiteren 2 km über Markg. 226 zum Beerensattel (1434 m) ab. Kurzer Abstieg zur Ischlerhütte (1369 m; Juni bis Okt. geöffnet); 2½ Std. vom AP. – Über Markg. 226 weitere 2 Std. bis zum Gipfel (2091 m). Rückweg zur Ischlerhütte als Rundweg: Zuerst Markg. 227, dann Markg. 211.

Die Ebenseer Hochkogelhütte

Prachtvoll gelegen

Eine Wanderung zur Ebenseer Hochkogelhütte und auf den direkt daneben liegenden Hochkogel ist schon ein sehr lohnendes Bergziel für sich. Prachtvoll liegt die Hütte auf einem begrünten Sattel, überragt von den wilden Felstürmen des Möselhorns und des Hangenden Kogels, zwischen denen der abgerundete Gipfelaufbau des Schönbergs hervorlugt.

Von Bad Ischl kommend, biegen wir vor Erreichen des Traunsees in Richtung „Offensee" von der Bundesstraße ab, fahren ca. zweieinhalb Kilometer taleinwärts bis „Dielleiten" und können nun nochmals eineinhalb Kilometer bis zum Parkplatz dem Schwarzenbach aufwärts folgen.

Nun wandern wir neben dem wild schäumenden Schwarzenbach taleinwärts. Er wurde stellenweise im Zuge der Wildbachverbauung gezähmt, weist aber auch natürliche Wasserfallstufen auf. Romantisch wirkt dieser Talzugang, der manchmal richtigen Schluchtcharakter hat. Nach mehr als einer halben Stunde gelangen wir zum kleinen Talkessel der Niederen Mitterecker Alm mit dem alten Alm-Jagdhaus und der nur fünf Minuten entfernt liegenden Jausenstation „Mittereckstüberl", von der die Materialseilbahn (Rucksacktransport möglich) zur Hochkogelhütte hinaufführt. Diesen Platz kann man auch über den zehn Minuten längeren „Winterweg" erreichen, der der Wildfütterung beim Jagdhaus ausweicht.

Wir folgen noch ein kurzes Stück der Markierung im flachen Talboden, dann geht es aber bald im engen Taleinschnitt zwischen Hochkogel und Grünberg steiler in den Wald hinauf. In vielen Serpentinen führt der Pfad aufwärts; oft ist er durch Holzstaffeln sehr angenehm begehbar gemacht. Beim „Eiblbründl" quert der Steig aus dem Wald in die danebenliegende, weite begrünte Rinne hinein, und über Steinstufen und immer wieder auch Holzstaffeln leitet uns dieser „gepflegte" Hüttenanstieg nach oben. Im oberen Teil wird die Rinne flacher, hier gedeihen die ersten Latschen sowie auch Almrausch, und ober uns erstrecken sich interessante Felsbänderungen. Wir gelangen in ein weites, voll begrüntes Hochkar mit einzelnen riesigen Felsblöcken, zwischen denen sich unser Pfad romantisch hindurchschlängelt. – Hier blüht es auch ganz prächtig: *Bärenklau, Türkenbund, Alpendost, Ziest, Katzenminze, Berganemone* ergeben mit anderen Gewächsen eine große Blumeninsel in der rauhen Felsenwelt.

Weiter führt unser bestens angelegter Steig unter schräg stehenden Felsplatten und zwischen groben Felsblöcken nach oben. Möselhorn und Hangender Kogel bauen ihre bizarren Felstürme wuchtig vor uns auf, und weiter östlich blicken wir schon zu den im obersten Teil „zahmen" Flanken des Grünbergs hinüber.

Schließlich windet sich der Pfad nach rechts auf einen schrofigen, aber dazwischen immer wieder begrünten, mit lockerem Lärchenwuchs bestandenen Geländeabsatz hinauf, und schon steht auch die schmucke Ebenseer Hochkogelhütte vor der Kulisse eindrucksvoller Berggestalten vor uns. Wir sind 1558 Meter hoch und haben für den Anstieg zweieinhalb bis drei Stunden benötigt.

Bevor wir uns in der Hütte laben, gehen wir noch die paar Minuten hinüber zum dreißig Meter höheren Hochkogel mit seinem kleinen holzgeschnitzten Gipfelkreuz. Fast lotrecht schauen wir hinunter auf unsere Anstiegsroute und zur anderen Seite, hinauf zum abgerundeten Gipfelklotz des

Ebenseer Hochkogelhütte (Foto Senft)

Schönbergs, dessen Gipfelkreuz heruntergrüßt, sowie zur benachbarten Hohen Schrott und zum dahinterliegenden Feuerkogel.

Wenn wir auf der Hütte nächtigen, dann können wir natürlich auch ohne weiters den Schönberg, den die Ebenseer Wildenkogel nennen, von hier aus besteigen: Wir benützen dazu den in Richtung Ischler Hütte führenden Pfad, der zuerst steil durch Latschenhänge in die Senke hinauf leitet, die hinter den Rauhen Kögeln liegt. Geradeaus geht es zum langen Kammrücken, der bis zum Gipfelkreuz hinaufführt. Im letzten Teil ist der Steig zwar drahtseilgesichert, aber an sich harmlos. Interessant beim Aufstieg ist der Blick hinunter ins Feuertal. Gute zwei Stunden müssen wir für den Aufstieg rechnen.

Von der Hochkogelhütte kann man auch in fünf bis sechs Stunden – vorbei am Großen Scheiblingkogel – zur Rinnerkogelhütte hinüberwandern.

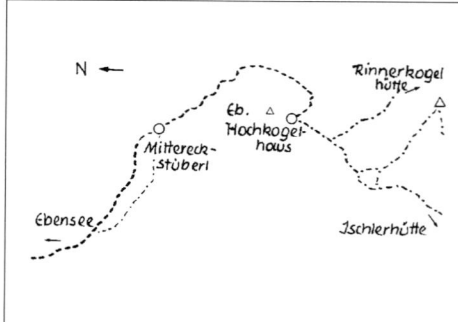

Kurzinformation:
Mittlere Bergwanderung; 5 Std.; 1060 HM; Freytag & Berndt WK 282
AP: Anfahrt über Offenseestraße bis Dielleiten und noch 1½ km entlang Schwarzenbach bis Parkplatz
Eine gute ½ Std. entlang Markg. 211 bis Mittereckstüberl (Talstation Materialseilbahn; Rucksacktransport ab 5 Pers.). Kurzes Stück noch im Talboden, dann weiter 211 in angenehmen Serpentinen auf sehr gut instandgehaltenem Pfad bis zur Hütte (1558 m) und in weiteren 5 Minuten zum Gipfel des Hochkogels (1591 m).

Eine Maienwanderung durch die Rettenbachklamm

An einem schönen Maientag sollte man als gemächliche Tour eine Wanderung durch die Rettenbachklamm ohne weitere große Bergbesteigungen einplanen. Für den Hinweg von der Blaa-Alm zur Rettenbachalm benötigt man eine Stunde und für den Rückweg einschließlich eines Abstechers zur Ausseer Rettenbachalm zwei Stunden.

Wir wollen den Weg in umgekehrter Richtung, von der Rettenbachalm zur Blaa-Alm, schildern: Beim gemütlichen Almgasthäusl auf der Rettenbachalm läßt sich's angenehm einkehren oder im Schatten unter der Hauslinde sitzen. Im Taleinschnitt haben wir direkt vor uns die mächtige Kuppe des Schönbergs, und auf der Alm umgeben uns mehrere urige, alte Almhütten.

Wir folgen nun, zuerst völlig eben und erst später mäßig ansteigend, dem Weg durch das Rettenbachtal aufwärts, unter dem auch die Soleleitung vom Ausseer Salzberg nach Bad Ischl und weiter nach Ebensee geführt wird. Die Soleleitung ist frostsicher im Boden verlegt, und nur unter den Brücken wird sie „über Tag" geführt. An drei Stellen kommen wir an den kleinen Holzgebäuden der ehemaligen „Solewärmstuben" vorbei, in denen früher, als die Leitungen noch aus Holz gefertigt waren, im Winter die Sole aufgewärmt wurde.

Bald, nachdem wir den weiten, ebenen Boden der Rettenbachalm verlassen haben, kommen wir an der ersten Abzweigung zur Ischlerhütte vorbei und gelangen gleich nachher zum wildesten Teil der Rettenbachklamm: Hier hat sich der Rettenbach sein Bett in eine tiefe Schlucht geschnitten, durch die er als Wasserfall stürzt. Knapp oberhalb stehen noch die Reste der Wehrbauten einer Klause zur Holztrift. Hier ist die Klamm so eng, daß Soleleitung und Straße durch einen Tunnel geführt werden müssen. „1908, im 60. Jahr der glorreichen Regierung Seiner Majestät" wurde der Tunnel eröffnet.

Nun folgt bald die zweite Abzweigung zur Ischlerhütte, und es ist ein herrliches Wandern durch das erste frische Grün der Buchenwälder links und rechts des Weges, ständig begleitet vom Rauschen des wilden Rettenbaches. Manchmal liegen noch Lawinenschneereste am Weg, und an den beiderseitigen glatten Felsabstürzen sind häufig interessante Gesteinsfaltungen zu sehen. Es folgt wieder eine kleine Wasserfallstufe, wir kommen an der Einmündung des steilen Fludergrabens vorüber, und vor uns bauen sich die Wandfluchten von Loser, Greimuth und Bräuningzinken auf.

Schließlich wird das Bett des Rettenbachs breiter und seine Strömung sanfter; hier überquert auch der Steg beim sogenannten „Nagelbründl" das Gewässer. Kurz geht es nun ein Stück steil bergauf, und knapp vor der Blaa-

Alm zweigt linkerhand ein Weg zur Ausseer Rettenbachalm ab. Es lohnt sich, diesen einen Kilometer fast eben zu ihren sieben Hütten hinüberzuwandern. Die grüne Almfläche liegt romantisch unterhalb der fast lotrechten Nordabstürze des Loserstocks mit dem Geländeabsatz der Gschwandalm, über dessen Felsen drei Wasserfälle herunterstäuben – ein sehr reizvoller Platz.

Nicht unerwähnt soll bleiben, daß der Weg durch die Rettenbachklamm auch als „Radwanderweg" zugelassen ist.

> **Kurzinformation:**
> Leichte Wanderung; 3 Std; 300 HM; KW Nr. 20
> AP: Blaa-Alm bei Altaussee
> Von der Blaa-Alm zuerst HW „Ischlerhütte" und sodann weiter durch die Rettenbachklamm bis zur Rettenbachalm (636 m). Beim Rückweg vor der Blaa-Alm kurzer Abstecher zur Ausseer Rettenbachalm (846 m) = 2 km hin und zurück.

Vom Trisselkogel sieht man den Altausseersee und den Grundlsee

Wer sich einen Überblick über das Ausseerland verschaffen möchte, der „muß" auf die Trisselwand steigen. Natürlich nicht durch die lotrechte Wand, das ist den Extremkletterern vorbehalten, sondern über den Wanderweg hinauf zum Gipfelkreuz am breiten Plateau oberhalb der Trisselwand, auf den Trisselkogel.

Der direkte Ausgangspunkt für unsere Wanderung ist der Tressensattel, zwischen Altausseersee und Grundlsee gelegen. Wir erreichen ihn auf einem guten Zufahrtsstraßerl von Mosern bzw. Grundlsee; oder zu Fuß über den „Sattelsteig" von Puchen am Altausseersee ausgehend. 953 Meter liegt der Tressensattel hoch.

Oben: Altausseersee vom Trisselkogel
Unten: Ausseer Sandlingalm mit Loser (Fotos Senft)

Hier, beim „Gasthof Trisselwand", steht die Hinweistafel „Trisselkogel", und ihr folgen wir in nordöstlicher Richtung über eine Bergwiese hinauf. Wenn wir uns umdrehen, liegt bereits der Dachstein mit dem Hallstättergletscher in unserem Blickfeld. Steil führt uns die Markierung durch schönen Mischwald, und bald erreichen wir im Wald eine urige Landschaft mit zwanzig Meter hohen, bewachsenen Felsblöcken, kleinen Schluchten und umgestürzten Baumriesen – hier fehlt nur der Büchsenknall des „Freischütz"!

Etwas später verflacht sich der bewaldete Kammrücken. Der Pfad wendet sich in die Nordwestseite des Bergrückens und ist frühmorgens angenehm schattig. Von hier gibt es einen ersten Blick auf den Altausseersee, auf Sarstein und Sandling. Vor uns, über den glatten Felsen der Trisselwand, sehen wir bereits das Gipfelkreuz.

Das Gelände wird nun felsig, und der Pfad weicht auf die Ostseite aus. Geröllpartien sind mit Holzstaffeln angenehm begehbar gemacht, und nun gibt es auch einen Prachtblick auf den Grundlsee. Eine Felspassage ist mit in den Stein gehauenen Stufen leicht zu begehen, und jetzt kommen wir zu einer Stelle, wo beide Seen zu sehen sind. Weiter oben, beim Höhersteigen, schaut man abwechselnd einmal auf den einen, dann auf den anderen See. – Über diese Steinstufen werden übrigens jedes Jahr unter beträchtlichen Mühen Rinder auf die Schoberwiesalm aufgetrieben.

Weiter geht es über den mit Latschen bewachsenen Felsrücken mäßig steigend höher; ein Hinweisschild führt uns – bloß zwei Minuten abseits des Hauptpfades – zum 1687 Meter hohen Ahornkogel mit einer Vermessungsstange und schönem Blick auf die imposante Trisselwand sowie auf den Dachstein. Sodann geht es fast eben durch eine Latschen-Dolinenlandschaft weiter.

Der Hauptpfad führt zur Schoberwiesalm und zum „Albert-Appel-Haus"; das bedeutet aber weitere drei Stunden Wanderzeit. – Wir wählen die Abzweigung zum großen metallenen Gipfelkreuz am Trisselkogel und zum atemberaubenden Tiefblick auf den Altausseersee. 1755 Meter sind wir hier hoch. Der Loser mit der Loserhütte gegenüber ist zum Greifen nah, und linkerhand vom majestätisch vor uns ausgebreiteten Dachstein mit all seinen Gipfeln der Nordseite sehen wir Hochwildstelle und Höchstein.

Am Gipfelkreuz lesen wir den Spruch: „Berge, ihr leuchtet ein Ziel uns vor: Treu sein, nicht wanken, zum Licht empor!" – Ja, an einem solchen

Platz fühlen wir, daß wir unserer Heimat treu sein und sie – das ist wohl zeitgemäße Treue – von allen schädlichen Umwelteinflüssen frei halten sollen!

Ferdinand *Kraus,* der große Künder der Schönheit der steirischen Bergwelt, beschrieb vor hundert Jahren in seinem Werk „Die eherne Mark", wie man von Altaussee die Trisselwand erlebt:

„Vor uns dehnt sich ein blumiger Wiesengrund von üppig grünen, mit zahllosen reizenden Villen geschmückten Geländen umsäumt, zu den Ufern des herrlichen Seespiegels aus, über dessen mächtige, grünklare Flut hinblickend unser Auge den hellgrauen Felskoloss der Trisselwand erschaut, die wie ein gigantischer Felsblock 1000 m über dem leuchtenden Wasserspiegel gegen NO. aufragt. Von dem Ungeheuerlichen dieser Scenerien schweift der Blick über den Wasserspiegel weiter an dunklen Waldhängen der Uferumrandung dahin, um sich bald wieder an dem wunderbar lieblichen Bilde des Dörfchens Altaussee am W.-Ende des Sees, welches sich mit seinen zierlichen Holzbauten und der stattlichen, aus röthlichem Sandsteine gebauten Kirche an die Hänge des Loserstockes schmiegt, zu erfreuen. Rückschauend erfasst unser Auge aber noch den dritten Glanzpunkt der Rundschau, das riesige Gletschermeer des Karleisfeldes (heute „Hallstätterglescher"), welches in glitzernder Farbenpracht mit seinen blendend weißen Hängen über das herrliche Grün der Gelände Altaussees gegen SW. aufstrebt."

Spätestens Mitte bis Ende Mai, wenn der Pfad auf den Trisselkogel völlig schneefrei geworden ist und nur oben am Plateau noch eine geschlossene Schneedecke liegt, die aber dann schon „sommerzäh" ist und gut begangen werden kann, sollte man das erstemal im Jahr den Berg besteigen. Genau in diesen Wochen blüht nämlich links und rechts des Pfades im felsigen Teil des Aufstieges die prachtvolle, goldgelbe und betörend duftende *Felsenaurikel,* der „Pedagstam", wie die Einheimischen sagen, mit seinen mehlig bestaubten Blättern.

Pedagstam*
Goldkern und Edelstoan
Wachst nöt in unrö Wänd
Und sö leuchtn doh so hell,
Wer dö Platz kennt.

---

* Aus: „A Buschn Almbleamerl" von Gregor Goldbacher.

Goldanö Sterndl som's,
Angstaubt mit Mehl ganz fein.
D' Wurzn, dä grabn sö tiaf
In dö Stoan ein.

Auch die tiefblauen Glocken des *Echten Enzians,* die ersten lilablühenden Köpfchen der *Kugelblumen* und die letzten „*Erika* – Frühjahrsboten" gedeihen zu dieser Zeit, und da und dort sieht man an sonnigen Standorten die ersten *Zwergalpenrosen.*

Oben beim Gipfelkreuz ist gegen Ende Mai alles voll mit den feinen weißen Blütchen des *Schneehahnenfußes,* apert doch der Gipfel schon relativ früh aus den umgebenden Schneemassen heraus. Später finden wir hier auch den violett blühenden *Alpenhelm* (Bartschia alpina) und das *Bärenkreuzkraut* (auch Eberreiskreuzkraut) mit seinen gelben Blüten und zartgeschlitzten Blättern.

Die Alpenaurikel heißt im Salzkammergut „Pedagstam" oder „Grafbleaml"

„Aurikel" kommt vom lateinischen „auris", was „Ohr" bedeutet, weil die Blätter ohrähnliche Formen aufweisen. Viel lieber würde man den Namen von „Aureum = Gold" ableiten, weil diese prachtvolle Primelart goldgelb blüht und einen wunderbaren Duft verströmt.

Auf extremen Felsstandorten kann man sie finden, und so wird sie in manchen Gebieten auch „Schwindelblüh" genannt, weil sie auch in „schwindelerregend" steilen Felsen wachsen kann. Ein wie Mehlstaub aussehender Wachsüberzug schützt die Blätter auf solchen Plätzen vor langdauernder Trockenheit.

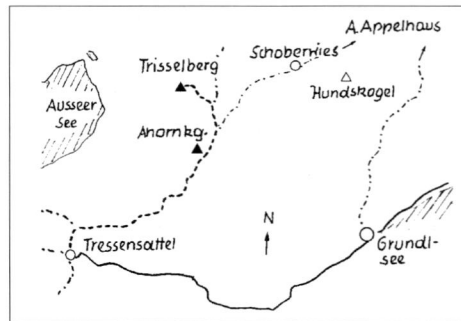

Kurzinformation:
Mäßig anspruchsvolle Bergtour; 4 Std.; 800 HM; KW Nr. 20
AP: Tressensattel (953 m); über Grundlsee erreichbar
Markg. Nr. 233 steil aufwärts; an einigen Stellen Trittsicherheit erforderlich. Einige Minuten abseits des Hauptpfades Ahornkogel (1687 m). 20 Minuten vor Trisselkogel (1755 m) Abzweigung zum Appelhaus über Schoberwies.

Vom Loser über das Appelhaus zum Grundlsee

Über die Blumenalmen des Toten Gebirges

Das Tote Gebirge ist nur an manchen Stellen, und zwar über 2100 Meter Seehöhe, eine verkarstete, wenn man so will, „tote" Kalkfelsfläche, wo nur noch das blanke Gestein steht. Denn an vielen Stellen blüht, wächst und duftet es zwischen den Latschen und Felswandeln auf ungezählten Wiesenfleckerln, und auch der Wald, der hier am Kalkboden durch die verhältnismäßig hohen Niederschläge sehr gute Wachstumsbedingungen vorfindet, reicht erstaunlich hoch hinauf. Er besiedelt, wenn auch oft sehr schütter, ausgedehnte Hochlagen, die forstlich kaum genutzt werden können.

Bei dieser Wanderung wollen wir den Hochklopfsattel oberhalb des Altausseersees nicht vom See aus erreichen, sondern uns die 800 Höhenmeter ersparen: Wir fahren die Loser Mautstraße, die zurecht auch Panoramastraße heißt, über neun Kilometer und mit fünfzehn Kehren, hinauf zum Loser-Bergrestaurant, das bereits auf 1600 Metern liegt. Von hier gibt es einen großartigen Blick über die Niederen Tauern hinweg bis zum gleißenden Dachsteingletscher und in die Hohen Tauern hinein bis zum Großvenediger. Wir folgen der Markierung in ständigem Auf und Ab knappe zwei Stunden bis zum Hochklopfsattel; die Route ist gleichzeitig die „alpine" Variante des Europäischen Fernwanderweges 04 beziehungsweise des Nordalpinen Weitwanderweges 01.

Wir gehen also vom Parkplatz am Loser weg, lassen die ersten Skiliftstützen bald hinter uns und genießen den Blick zu den eigenartigen Felsformationen von Greimuth und Bräuningzinken, die mit ihren Felsbarrieren als echte „Inselberge" (auch der Loser selbst ist ein solcher) den begrünten Dolomit-Schuttkegeln aufgesetzt sind; das Ausseerland ist das einzige Gebiet in der Steiermark, das solche Anblicke vermittelt. – Nochmals gelangen wir in eine freie grüne Senke bei der Bräuningalm, wo wir die letzten Skiliftstützen endgültig hinter uns lassen.

Nun beschreiten wir rauhe, durchlöcherte und gerifte Felsplatten; waagrechte Felsbänke sind mit Latschen und Fichten bewachsen. Die Fichten zeigen alle die auf viel Schnee im Winter hinweisende Spitzform – am Loser können ja bis zu sechs Meter Schnee liegen.

An kleinen und größeren Trichterdolinen schlängelt sich unser Pfad vorbei. Vereinzelt bereichern Lärchen das Vegetationsbild, und Heidelbeeren gibt es in Fülle. Einige harmlose Querpassagen sind versichert, und so geht es sehr abwechslungsreich dahin.

Großartig ist die vielfältige Blumenpracht: Die lila Köpfchen der *Kugelblume,* das zarte *Gelbe Veilchen,* der kräftig violette *Storchschnabel,* das *Gelbe Fingerkraut,* das zartblaue *Alpen-Vergißmeinnicht* mit seinen unzähligen Blütchen, der dunkle *Salbei,* die *Waldrebe* mit ihren großen blauen Bütenglocken, *Knöterich,* der *Dreischnittige Baldrian,* der im Herbst leicht ordinär nach einer Mischung von Käse und Baldrian riecht und von den Einheimischen auch treffend „Kaskraut" genannt wird, der *Zwergbuchs* mit seinen gelben und violetten Blütchen, die so wunderbar duften, die großen gelben Bauschen der *Trollblume,* die attraktive *Mandelblättrige Wolfsmilch, Wundklee* und *Hornschotenklee,* das zarte *Nordische Labkraut,* die *Teufelskralle,* die *Berg-Schafgarbe,* die auch *Schwarzer Speik* genannt wird, die kornblumenähnliche, großblütige *Flockenblume, Wolfszahn,* der hochwüchsige *Weiße Germer, Pyramidengünsel, Seidelbast, Berganemone,* der reizend tiefblau blühende, fast staudenförmige *Milchlattich, Almrausch* und sogar *Heckenrosen.* – All das haben wir, uns nur an zwei Rastplätzen kurz umschauend, im Handumdrehen notiert!

Schließlich, nach knapp zwei Stunden Aufmerksamkeit und Trittsicherheit erfordernder Wanderung, erreichen wir den Hochklopfsattel, zu dem auch ein direkter Weg vom Altausseersee herauführt (siehe Kapitel „Vom Altausseersee über den Wildensee zum Offensee"). Einen kleinen verlandeten See und eine Quelle gibt es in der Einsattelung, und das Dachsteinkalk-Leitfossil, der „Megalodon", mit seiner charakteristischen Herzform ist auf Felsplatten gut zu erkennen. Nun schauen wir auch schon hinüber zu den Hütten der Augstwiesenalm, wohin unser Steig weiterführt. Fast am Weg liegt der nur schwierig erreichbare, kleine, schwarzgrüne Augstwiessee, danach gelangen wir in die weite Almmulde der Augstwiesenalm.

Achtzehn Dächer zählt der Hüttenbestand auf der Alm; Stall und Wohnraum sind übereinander in einer Hütte untergebracht – so wie fast überall im Toten Gebirge. Das hat seinen Grund im relativ kleinen Besitzstand der

Ausseer Bauern, die alle nur einige Stück Vieh auftreiben können. Die Almflächen stehen ausschließlich im Besitz der Bundesforste; die Bauern haben allerdings seit alten Zeiten ihre verbrieften Weide- und Auftriebsrechte. Heute werden leider auch auf der Augstwiesenalm sehr viele Weiderechte nicht mehr voll ausgenützt, weil die Personalkosten für die Almbewirtschaftung einfach zu hoch sind.

Nun ist es nicht mehr weit zum „Albert Appel-Haus" des Österreichischen Touristenvereines: Durch lockeren Almwald erreichen wir bald das in 1660 Meter Seehöhe gelegene Haus mit seiner großen Veranda, auf der es sich so gut rasten läßt. Von Mitte Juni bis Ende September und an den Wochenenden im Mai und Oktober ist das Haus geöffnet, das auch über 120 Schlafstellen verfügt. Bis 1977 mußte der Hüttenpächter vom Grundlsee aus mit Haflingerpferden die Versorgung der Hütte bewerkstelligen; seither tut dies eine Materialseilbahn. Vor wenigen Jahren fand die Sechzig-Jahr-Feier der Hütte statt. 1928 wurde das Haus feierlich eröffnet und nach dem verdienstvollen Obmann des Touristenvereins „Albert Appel" benannt. Das gesamte Baumaterial wurde von Trägern heraufgetragen. Man erzählt heute noch am Grundlsee von bis zu 60 Kilogramm schweren Lasten…

Aber wieder zu unserer Wanderung zurück: An die dreieinhalb bis vier Stunden benötigt man vom Loser herüber oder vom Altausseersee herauf bis zum Appelhaus. Wenn wir auf der Hütte nächtigen, dann gibt es rundum schöne Wanderziele: Etwa in einer Dreiviertelstunde hinüber zur Wildenseehütte; in einer Stunde stehen wir auf dem „Hüttenberg" des Appelhauses, dem „Redenden Stein", und drei bis vier Stunden nimmt der Weg hinüber zur Pühringerhütte am Elmsee in Anspruch.

Wir aber wollen über den sogenannten „Almbergweg" direkt nach Grundlsee absteigen und dabei allenfalls den Backenstein „mitnehmen": Vorerst geht es an den Hütten der Henaralm vorbei; an manchen Stellen verdichtet sich der an sich lockere Lärchen-Fichtenbestand fast urwaldartig; und dann geht es über die teilweise latschenbewachsene Hochfläche weiter. An den flachen Erhebungen von Großem Gsollberg und Breitwiesberg geht es in stetem leichtem Auf und Ab vorüber. Rechterhand mündet der markierte Pfad von Trisselwand – Schoberwiesalm in unseren Weg, und linkerhand baut sich die latschenbestandene Gipfelkuppe des von dieser Seite ganz „harmlosen" Backensteins auf, der zum See mit einer gewaltigen Felswand abbricht und so zum markanten Wahrzeichen des Grundlsees wurde.

Wir gelangen zu einer Engstelle, die auch mit einem Weidetürl abgeschlossen werden kann. Zu unseren Füßen liegt der Grundlsee, wie wir überrascht feststellen.

Wenige Meter vorher zweigt der beschilderte und gut markierte Steig auf den Gipfel des Backensteins mit seinem großen metallenen Gipfelkreuz ab. (Näheres dazu und über den Weiterweg bzw. Abstieg nach Grundlsee siehe Kapitel „Backenstein".) Drei bis vier Stunden, je nachdem ob wir den Backenstein „mitgenommen" haben oder nicht, benötigen wir vom Appelhaus bis hinunter zum Grundlsee.

Seidelbast – wohlriechend, aber giftig

Einer der ersten Frühjahrsblüher in lockeren Bergwäldern ist der niedrigwüchsige, hübsche Seidelbaststrauch. Die purpur- bis rosaroten Blüten entwickeln einen betäubenden Duft und locken so jede Menge Insekten an. Die leuchtendroten Früchte werden von Vögeln gerne gefressen, sind für den Menschen aber wegen ihres Gehaltes an „Daphnin" sehr giftig. Auch die Pflanzenteile sind giftig, wurden jedoch in alten Zeiten in der Volksmedizin in kleinen Mengen gegen Syphilis angewendet.

Der „Bast", die Rinde, kann leicht abgezogen werden und dient bei verschiedenen hochwüchsigen Arten, wie sie zum Beispiel im Himalaya vorkommen, zur Papierherstellung.

Der Name „Seidel" kommt möglicherweise daher, daß die Blüten früher besonders von den Bienenzüchtern, den „Zeidlern", wie sie seinerzeit genannt wurden, sehr geschätzt wurden.

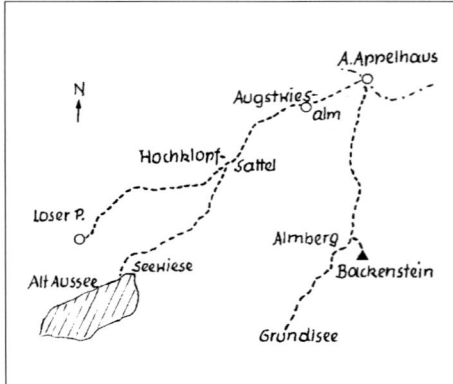

Kurzinformation:
Anspruchsvolle Bergwanderung; 7 Std.; 240 HM (bzw. 950 HM von Altaussee); KW Nr. 20
AP: Altaussee – Loser Bergstraße – Bergrestaurant (1600 m) oder direkt vom Altausseersee (723 m)
Wer sich den Aufstieg vom Altausseersee über Markg. Nr. 212 zum Hochklopfsattel (1498 m) ersparen will, folgt vom Loser-Bergrestaurant der Markg. 201 über Felssteig (Trittsicherheit erforderlich!) zum Hochklopfsattel = 2 Std.
Weiter Markg. 210 zur Augstwiesenalm (1420 m) und zum Appelhaus (1660 m, von Juni bis Oktober geöffnet) = 1½ bis 2 Std., über „Almbergweg" Markg. Nr. 235 Abstieg zum Grundlsee.

Der Backenstein

Imposantes Wahrzeichen von Grundlsee

Vom Gasthof Schraml in Bräuhof am Grundlsee leitet uns schon eine Markierung zum Appelhaus beziehungsweise auf den Backenstein. Ein kurzes Stück begehen wir den „Panoramaweg" nach Gößl, zweigen aber dann sogleich linkerhand in den Hochwald hinauf ab. Ein angenehmer Pfad führt mittelsteil nach oben, und wir kommen an einer Quelle vorüber, die nach starken Regenfällen und im Frühjahr bei der Schneeschmelze einen regelrechten Wasserschwall von sich gibt; etwas oberhalb entspringt eine weitere ergiebige Quelle in Wasserkaskaden. Es geht auf einem Forstweg in mäßiger Steigung weiter aufwärts, der Weg schwenkt nach rechts, und nun taucht die scharfe Felskante des Backensteins vor uns auf.

An einem Felswandl, oberhalb der Abstürze, die sich bis in den Talschluß von Gaiswinkel ziehen, endet der Forstweg, und hier beginnt der alte, gut ausgebaute Saum- und Almtriebweg, über den auch heute noch das Vieh auf die oberhalb liegenden Hochalmen getrieben wird. Auf einem hübsch gemalten Marterl werden die heilige Maria und der Schutzpatron des Almviehs, der heilige Leonhard, um Beistand für die sichere Bewältigung des manchmal schrofigen Weiterweges angerufen. Beim Drängen und Stoßen der Tiere kann wohl gelegentlich ein Unfall geschehen.

Nun geht es im alpinen Gelände in angenehmen Kehren in die Buschvegetation des oberen Waldgürtels hinein. Wir kommen am Hinweis zu einer Quelle vorüber, die man – wenige Meter vom Hauptpfad entfernt – auch unbedingt aufsuchen sollte. An diesem romantischen Platz entspringt das Wasser dem Fels und kommt in dünnem Strahl über die Steinplatten herunter.

Die Wald- und Strauchvegetation bleibt nun endgültig zurück, und eine Unterstandshöhle neben dem Weg könnte bei einem plötzlichen Gewitter angenehmen Schutz bieten. – Um Sonnwend lassen sich hier auf „grünen Inseln" zwischen den Latschen ganze Gruppen von *„Frauenschuh"* finden.

Weiter geht es in Kehren im Schutt Richtung Wandabstürze des Backensteins aufwärts, und dann zieht oberhalb unseres Steiges der riesenhafte

Höhleneingang des sogenannten „Almberglochs" unsere Aufmerksamkeit auf sich. Er ist nur über eine Schuttfläche etwas mühsam erreichbar und kann ohne Spezialausrüstung und Erfahrung nicht begangen werden. Unser Pfad schlängelt sich nach oben, wir kommen ganz nah an die Backensteinfelsen heran, folgen aber dem Weg bis zu einem Weidetörl auf der ersten oberen Geländestufe, wo nun auch der sogenannte „Almbergweg" in Richtung Appelhaus weiterverläuft. Hier zweigt rechterhand, gut beschildert und markiert, der Pfad zum Gipfel des Backensteins ab.

An schwer zugänglichen Stellen gedeiht am Backenstein eine sehr seltene Pflanze, das *Duftende Steinröslein*, eine Verwandte des Seidelbasts.

Steil, aber ungefährlich geht es im latschenbestandenen Rasengelände hinauf, und in zwanzig Minuten sind wir oben am Plateau und am höchsten Punkt des Backensteins (1771 m). Das Gipfelkreuz steht aber weiter südwärts, am Rand der Abstürze zum Grundlsee, und man sollte sich den viertelstündigen Weg dorthin nicht entgehen lassen. Ein markierter Steig führt uns durch zerklüftetes, latschenbestandenes Gelände problemlos hinüber, und es gibt einen Prachtausblick über den Grundlsee hinweg zum Dachstein sowie auf Grimming, Kammspitze, Stoderzinken, Lawinenstein, Sturzhahn und Tragln, aber auch auf eine ganze Reihe von Nachbargipfeln im Toten Gebirge; auch der Ort Bad Aussee ist gut einzusehen.

Im Gipfelbuch sind einleitend zwei Sprüche vermerkt:
Oh Lust vom Berg zu schaun, weit über Wald und Strom!
Hoch über uns der blaue,
tiefklare Himmelsdom!
Und dann der Leitspruch für jene, die sich ins Gipfelbuch eintragen:
Daß doch ein kleiner Geistesblitz
und keinesfalls ein fader Witz
hier oben Euch den Bleistift führe!
Fällt Euch nichts ein, laßt das Geschmiere
und tragt statt dessen, schlicht und rein
hier Namen nur und Datum ein!

Ja, nach viereinhalb- bis fünfstündiger Gesamtgehzeit steht dann an einem Hochsommertag einem erfrischenden Bad im Grundlsee nichts mehr im Wege...

Der prachtvolle Frauenschuh hat viele Namen

Sicherlich die schönste und auffallendste Orchideenart unserer heimischen Flora ist der wunderhübsche Frauenschuh.

Die Volksbenennungen dieser prächtigen Orchidee beziehen sich ausnahmslos auf die auffällige Blüte. Meistens ist es ein Schuh, der zum Vergleich herangezogen wird: „Pantoffelblume" in Westfalen, „Holzschüali" in St. Gallen, „Maipantöffelchen" in Erfurt, „Pfaffaschüali" in Schaffhausen. „Kapuzinerschüäh" in Würzburg, „Marienschuh" in Schwaben. Verbreitet sind allerdings auch Vergleiche mit den Hoden von Haustieren: „Bullsack" und „Ochsebüdel" in Westpreußen, „Schafsack" in Freiburg, „Sausack" im Fränkischen Jura. Auch mit einem „Hoselätz" oder mit „Schlotterhosen" findet das Volk in Teilen der Schweiz eine gewisse Ähnlichkeit heraus.

Kurzinformation:
Mäßig anspruchsvolle Bergtour; 5 Std.; 1040 HM; KW Nr. 20
AP: Grundlsee, Ortsteil Bräuhof (Gh. Schraml)
Der Markg. 235 in Richtung HW „Appelhaus" folgend, durch Wald ziemlich steil aufwärts, später auf Forstweg und dann auf gut angelegtem Steig in Einsattelung unterhalb des Backenstein. (Für Geübte gibt es eine Abkürzungsvariante.) Bei Weidetörl Markg. 236 zum Gipfelplateau und 10 Minuten mäßig absteigend zum Gipfelkreuz (1771 m). Höchster Punkt schon vorher am Gipfelplateaurand linkerhand (Steinmann).

Rund um den Altausseersee

Schönster Promenadenweg des Ausseerlandes

Wir sind uns nicht ganz sicher, ob wir einen siebeneinhalb Kilometer langen Weg noch als „Promenadenweg" bezeichnen dürfen, aber da die Wegstrecke völlig eben ist und absolut zur Beschaulichkeit einlädt, meinen wir, richtig zu liegen.

Hunderte kleine Saiblinge stehen im Frühsommer bei der Seeklause im klaren Wasser der dort ausfließenden Traun, und so beginnen wir unsere zweieinhalbstündige Wanderung gleich recht „beschaulich" mit dem Beobachten der Fische. – Der Loser grüßt wie eine riesenhafte Krone herunter, und jenseits der grünen Wasserfläche baut sich, alles beherrschend, die Trisselwand auf.

Bootshütten stehen gedrängt am Ufer, und viele Bankerl laden zum Rasten und zum Schauen ein. Wir schlendern aber doch gemächlich weiter und erreichen bald das sehr hübsch gelegene „Strandcafe". Daneben weist ein bemaltes Marterl auf eine Tragödie hin: Am 1. Jänner 1862 ist hier auf der Fahrt über das Eis zum nachmittägigen Gottesdienst der 37jährige Franz Grill, vlg. Bartler, mit seinen siebenjährigen Zwillingstöchtern und dem sechsjährigen Sohn ertrunken.

Beim Weitergehen genießen wir einen schönen Blick auf Altaussee und den Loser und erfreuen uns am hellen Kiesstrand und den Farbschattierungen des Sees von Hellgrün bis Grünschwarz. – Ende Juni steht am Seeufer bereits der *Almrausch* in voller Blüte, und auffallend sind auch die hübschen weißlichen Blütenköpfchen der *Sterndolde* und der reizende *Türkenbund*. Auch die seltene *Felsenbirne* gedeiht hier.

Das Gipfelkreuz vom Trisselkogel grüßt herunter, und je näher wir der Trisselwand kommen, umso schmäler wird unser Wegerl.

Hier liegen auch riesige Felsblöcke im See, die irgendwann einmal in alten Zeiten von oben herabgestürzt sind. Holzgeländer sichern einige steile Uferstellen, und an vielen Stellen kommen bergseitig kleine Rinnsale herunter. Bald haben wir den See zur Hälfte umrundet und kommen an der berühmten „Fischerhütte" vorbei. Gleich darauf tritt der Dachstein mit der weißen Pracht des Hallstättergletschers beherrschend ins Bild.

Jetzt kommen wir zum romantischsten Wegabschnitt: Viele große Felsblöcke in Wald sind von einem Fichtenbäumchen gekrönt; manche dieser Blöcke liegen auch im See und geben ein schönes Fotomotiv vor „Seiner Majestät", dem Dachstein, ab. Gleich daneben befindet sich der neue Anlegeplatz für das Motorschiff „Möwe".

Von der Hauptwasserfläche etwas abgesetzt, liegt hier ganz in der Nähe eine kleine, tiefgrüne, algenbesetzte Lacke, der sogenannte „Ostersee". In diesem Bereich führt der Pfad etwas vom Seeufer weg durch Hochwald; wir überschreiten eine Brücke und sehen oberhalb vom Weg in den Loserwän-

Altausseersee mit Dachstein (Foto Senft)

den, denen wir nun ganz nahe gekommen sind, große braune Streifen im Fels. Nach stärkeren Regenfällen schießen hier gewaltige Wassermengen herunter – es sind die berühmten „Liager" in der Seewiese, wie dieser Platz auch heißt.

Schon Erzherzog Johann berichtete in seinem Tagebuch über die Liager bei Altaussee, die bei lang anhaltendem Regen „zum Gehen anfangen". (Der Name Liager ist ein Abwandlung des althochdeutschen „Luag", was angeblich soviel wie nicht immer fließende Riesenquelle bedeutet.) Es handelt sich bei den „Liagern" um eine Überlaufquelle des unterirdischen Zuflusses des Altausseersees, die bei andauerndem Regen unter großem Druck im Berginneren etwa 70 Meter hoch steigt und unter Fauchen und Pfeifen zutage tritt. Wasserstaubfontänen künden den nachfolgenden „Wasserausbruch" an, und sodann stürzen stundenlang gewaltige Wassermengen von bis zu 3000 Liter pro Sekunde aus 70 Metern Höhe in Kaskaden herunter. Drei- bis fünfmal pro Jahr kann man dieses Schauspiel erleben.

Hier zweigt auch die Markierung hinauf zum Hochklopfsattel und zur Augstwiesenalm ab, doch unser Weglein führt uns an einer Mariengedenksäule aus dem Jahre 1900 für eine verewigte Maria Fürstin Hohenlohe-Schillingsfürst vorbei. Der Hauch der alten Monarchie liegt ja besonders auf dem gesamten Gebiet von Altaussee…

Wir setzen unsere Umrundung fort und kommen an einem Marterl vorüber, das an eine Sennerin erinnert, die hier beim Viehtrieb von einem Tier in den See gedrängt wurde und ertrunken ist. Sehr malerisch verläuft der gut gesicherte Weg zwischen Felswand und Ufer. Auch hier steht eine Fischerhütte mit dem Kälter direkt über einer Quelle, die aus dem Gestein tritt. Das flache Wasser bildet eine wichtige Laichstätte, so daß an dieser Stelle das Tauchen vom 15. April bis 31. Dezember verboten ist.

An der warmen Loserwand gedeiht auch der seltene *„Sebenstrauch"* (Juniperus sabina), eine wärmeliebende Wacholderabart. Früher gab es hier ein Marterl, zum Gedenken an einen, der beim Sammeln von „Seven" abgestürzt ist. Auch der bei den Burschen so begehrte *Petergstamm* (die „Felsen-Aurikel") wächst in den Loserwänden in Mengen; besonders die allerersten Blüten wurden immer wieder unter großem Risiko gepflückt, wobei schon mancher den Tod fand!

Bald wird das Weglein wieder breiter; reizend blaublühender *Natterkopf* steht am Weg. Wir gelangen zur „Jausenstation" mit angeschlossenem

"Schwimmbad", wenn man die Liegewiese und den angenehmen Wasserzugang an dieser Stelle so bezeichnen will. Schon nähern wir uns wieder dem Ort, der gleich mit seinem ersten Haus, der bekannten „Wassermann-Villa", ein großzügiges Besitzstück präsentiert. Daran schließt der Friedhof, auf dessen Kreuzen manch bekannter Name zu lesen ist.

Wir bleiben aber noch am Uferrand, gehen am „Seehotel Frischmuth" und der ehrwürdigen Altausseer Kirche vorüber und kommen in Nähe der „Fischerndorfer Wiesen" nochmals zu einem freien Uferstück, an dem wilde, gelbblühende *Schwertlilien* in Mengen gedeihen. – Unser Kreis hat sich geschlossen, und beim schön gelegenen Hotel-Restaurant „Seevilla" an der Seeklause haben wir unsere Promenadenwanderung beendet.

Der Türkenbund

Diese hochwüchsige, auffallende Pflanze mit den nach außen gerollten purpurroten Blütenblättern erhielt ihre Bezeichnung, weil die Blüte einem Turban ähnlich sieht. Weitaus die meisten Volksbenennungen beziehen sich aber auf die goldgelbe Zwiebel, sodaß sie in vielen Gegenden „Goldwurz" oder „Goldapfel" heißt.

In der Volksmedizin wurde die Türkenbundzwiebel zahnenden Kindern als Amulett umgehängt. In früheren Zeiten wurde sie aber auch häufig gegen Hämorrhoiden verwendet.

Vom Altausseersee über den Wildensee zum Offensee

Eine Überquerung des Toten Gebirges

Bei der schönen alten Kirche von Altaussee beginnt der besonders reizvolle Weg, dem stillen Wasser entlang, angesichts der mächtigen Trisselwand, bis nach hinten, wo der markierte Pfad hinauf zum Hochklopfsattel seinen Anfang nimmt. Ehe man dort in den Bergwald eintritt, verweilt wohl jedermann, um den selten romantischen Blick – über den Altausseersee hinweg – zum Dachstein mit seinem breit vorgelagerten Hallstättergletscher zu genießen.

Im Auwald am See-Ende finden wir schon die Markierung und folgen ihr – direkt vor uns die Trisselwand – im felsblockdurchsetzten Wald mäßig aufwärts. Ein Stück geht es dann noch auf einer Forststraße eben dahin, und erst jetzt gelangen wir in den Felstalkessel des hintersten Talschlusses. Bei einer kleinen ehemaligen Almhütte auf der Stummernalm verlassen wir den Forstweg und steigen nun auf einem gut angelegten Pfad durch den Bergwald hinauf. Oft windet sich der Steig zwischen hausgroßen Felsblöcken hindurch, die von einem lange zurückliegenden Felssturz stammen. Heute sind viele dieser Felstrümmer von mächtigen Fichtenwurzeln netzartig umsponnen; manche krönt sogar ein Fichtenbäumchen.

Noch immer gehen wir im Schatten der Trisselwand, was im Hochsommer sehr angenehm sein kann. Bald gibt es einen ersten Prachtblick über den See hinweg auf Sarstein und Dachstein, und schließlich erreichen wir die „Bilderbuch-Almhütte" der Oberwasseralm, auf 1182 Metern gelegen, mit ihrem leider schon verfallenden Gebälk; ein malerischer Platz zum Rasten. Heute sind hier nur noch spärliche Weideflächen erhalten; das meiste hat der Wald schon längst wieder zurückerobert. Man kann sich kaum vorstellen, daß in diesem unwegsamen Gelände einmal mehr als zwei Kühe ihr Futter finden konnten; vielleicht war es aber früher auch nur eine „Geißenalm", oder die Oberwasseralm diente nur als Rastplatz beim Auftrieb zur Augstwiesenalm.

Am Marterl für einen verunglückten Bauernsohn geht es vorüber, und immer wieder gibt es Ausblicke auf Altaussee und Dachstein. Ein kurzes Stück weiter oberhalb, bei den Mauern der Bärenwand, gibt es eine große Unterstandshöhle, und auch hier finden sich mehrere Marterln und Bildtafeln; eine davon ist besonders einprägsam und zeigt drei kniende „Almdirnen", wie die Sennerinnen im Ausseerland heißen, die die Muttergottes von Mariazell um Schutz vor Unglück bitten. – In der Nähe dieses Ortes führt der Pfad an abschüssigen Stellen vorbei, wo wahrscheinlich schon das

Augstwiesenalm (Foto Senft)

eine oder andere Stück Vieh „abgewalgt" ist; auch heute werden dort beim Almauf- und Almabtrieb Sicherheitsseile gespannt.

Dann sind es nur noch ein paar Minuten zum Hochklopfsattel (1498 Meter Seehöhe), unter dessen kleinem Klippenrand sich häufig bis spät in den Sommer hinein ein Schneefleck hält. Hier oben, am Rand des Hochplateaus, gibt es auch eine Quelle; die Trinkwasserstellen im Toten Gebirge sind allesamt erwähnenswert.

Zum „Hochklopfsattel" (gelegentlich auch als „Hochklapf" bezeichnet) führt vom Loser ebenfalls ein markierter Steig herüber. Obwohl der Weg, am Augstsee und der Bräuningalm vorbei, fast der Höhenschichtlinie folgt, ist er durch sein ständiges Auf und Ab zwischen den Felswandln und Karenstufen doch recht zeitraubend und erfordert auch besondere Achtsamkeit; viele ziehen daher den an sich anstrengenderen, 700 Höhenmeter zu bewältigenden Aufstieg vom Altausseersee vor.

Herrlich blühen im Sommer hier: *Almrausch, Storchschnabel, Gelber Eisenhut, Teufelskralle*, die rosafarbene zarte *Raute, Dost*, das *Alpenvergißmeinnicht*, der gelbblühende *Wundklee, Goldnessel, Katzenminze*, die kornblumenähnliche *Flockenblume, Bärenklau*, das leuchtendgelbe *Sonnenröschen* und der zartgelbe *Ziest* – um nur die wichtigsten „Farbtupfen" aufzuzählen.

Weiter geht es zur Augstwiesenalm (nicht zu verwechseln mit dem Augstsee am Loser); zuerst kurz absteigend, vorbei an einem kleinen See, der recht unzugänglich etwas abseits des Weges liegt. Und dann wandert man, vom Muhen der Rinder und vom Bimmeln der Almglocken begleitet, über die weite Almfläche, vorbei an der markierten Abzweigung zum Appelhaus, in nordöstlicher Richtung weiter. Rechts drüben liegen die vielen Hütten der Augstwiesenalm, die alle, im „Salzkammergutstil" erbaut, Stall und Wohnraum unter einem Dach vereinen. In den letzten Jahren war wenigstens eine der Hütten immer durch eine „Almdirn" mit mehreren Kühen bewirtschaftet. Bis zum Zweiten Weltkrieg und kurz nachher gab es aber hier, wie in den anderen klassischen Almhüttendörfern des Toten Gebirges, ein reges Almleben mit Sänger-, Gstanzl- und Jodlerwettstreit der Almleute und ihrer Besucher. Mit Wehmut muß man heute feststellen, daß diese Zeiten unwiederbringlich vorbei sind.

Rechterhand schaut das Gipfelkreuz vom „Redenden Stein" herüber, wir gehen aber geradeaus neben dem „Schottsuppenbichl" über den ebenen

Almboden dahin. („Schotten" ist der Topfen der Buttermilch, und eine Schottsuppe ist eine delikate Speise.) Der *Pannonische Enzian* mit seinen großen lilafarbenen Blüten gedeiht hier sehr zahlreich; seine Wurzeln können ein Gewicht von mehreren Kilogramm erreichen und wurden früher zum Schnapsbrennen eifrig gesammelt; heute ist die Pflanze streng geschützt.

Wir steigen auf einem alten Almsteig mäßig zum Rand der weiten Almdoline an. Einzelne uralte Lärchen stehen hier zwischen den Latscheninseln, und oben am kleinen Kammrücken liegt die „Wildensee-Jagdhütte", ein wichtiger Jägerstützpunkt für das Revier „Altaussee". (Dreieinhalb bis vier Stunden haben wir vom Ausgangspunkt bis hier herauf benötigt.)

Unterhalb von Augsteck und Rauchfang, wie die Berge hier heißen, folgen wir der Markierung fast eben dahin, über eine Stelle, die auf der Landkarte mit „Füchsleins Not" bezeichnet wird, womit ein „mageres Brünnlein" gemeint ist. Und bald schon erreichen wir die heimeligen Almhütten der Wildseealm. Reizvoll ducken sich die Gebäude in die begrünte Mulde; die meisten Hütten sind so mit der Landschaft verwachsen, daß man vermeint, sie seien schon immer hier gestanden.

In den letzten Jahren war wenigstens auf einer der Almhütten sommersüber ein Student als „Halter" anwesend, der das aufgetriebene „Galtvieh", die Ochsen und Kalbinnen, betreute. – Die „Wildseehütte", wie sie in den Landkarten bezeichnet ist, gehört dem Bad Ausseer Alpenverein und ist nur Selbstversorgern zugänglich. – Wie auf allen Almen gibt es auch hier eine Quelle, an der man seinen Durst stillen kann.

Auch auf der Wildseealm war früher einmal „viel los", und so werden heute noch lustige Bräuche von dort erzählt: „Die Almdirn, welche die Wildseealm zum erstenmal befährt, mußte beim ‚Fichtenkar', in der Nähe der Jagdhütte, eine Fichte mit einem kropfähnlichen Auswuchs umhalsen und küssen. – Beim ‚Lekinkar' liegt ein großer Stein, die sogenannte ‚Truhe'; die Almdirn mußte hier niederknien und den Stein anbeißen. – Während der Rast am ‚Jungfernbründl' unmittelbar beim Wildsee, wurden die jungen Knechte, welche die Ochsen aufgetrieben hatten, gefüllten Hutes ‚getauft'; der Täufer war Pate (‚Göd') und konnte einen neuen Namen geben."

Durch lockeren lärchen- und zirbenbestandenen Almwald geht es in nördlicher Richtung, immer in 1500 Meter Seehöhe, weiter in Richtung

Wildensee, auf den man plötzlich hinunterblickt. In eine weite Gründoline eingebettet, wird das blaugrün schimmernde Gewässer vom mächtigen Rinnerkogel überragt, dessen Gipfelkreuz heruntergrüßt. Interessant ist der Seeabfluß, der nach wenigen Metern mit beträchtlicher Wasserstärke im Kalkschutt versiegt. Hübsch windet sich unser schmales Steiglein das Ufer entlang, und an einem heißen Sommertag hindert nichts die abgehärteten Bergwanderer, sich im kristallklaren Wasser zu erfrischen. Im Hochsommer finden sich hier viele Exemplare des rotblühenden *Goldpippaus*.

Nun folgt ein landschaftlich besonders reizvolles Wegstück, dem plötzlich wieder austretenden Seeabfluß entlang, mit Gumpen und flach überronnenen Steinplatten, auf denen Moosteppiche und Algen grün bis orange glänzen. Mäßig fallend, geht es weiter abwärts bis zur kleinen „Rinnerhütte" des „Ebenseer Bergsteigerbundes", eine im Sommer bewirtschaftete Unterkunft mit Matratzenlagern. Diese Hütte liegt direkt unter den Ostwänden des Rinnerkogels.

Von dieser letzten „Raststation" bei unserer insgesamt sieben Gehstunden dauernden „Überquerung" geht es nun stetig steil, aber in angenehmen Serpentinen abwärts. Gleich nach der Hütte gibt es einen überraschenden ersten Prachtblick auf den zu Füßen liegenden Offensee, dessen smaragdgrüne Fläche verheißungsvoll heraufglänzt. Es sind aber noch 800 Höhenmeter zurückzulegen, bis man im Juli und August Badefreuden genießen kann. – Es geht in einem Schuttkar abwärts, einige Steilabbrüche sind mit Treppen und Drahtseilgeländern leicht begehbar gemacht, und schließlich geht es in vielen Kehren im Wald hinunter.

Sobald der weite Talboden erreicht ist, nimmt ein Forstweg für eine Viertelstunde die „müden Wanderer" auf, und dann heißt es nichts wie: „Badehose aus dem Rucksack!" Der wunderschöne, malerische Offensee, auf 651 Metern gelegen, darf wohl als Geheimtip unter den Salzkammergutseen gelten!

Um die etwas mehr als 50 Kilometer nach Altaussee zurückzugelangen, muß man sich ein Taxi zum Offensee bestellen, oder man wird von Freunden abgeholt.

Die zarte Katzenminze löst Berserkerwut aus

Häufig finden wir längs der Almwege und im Schrofengelände die niedrigwüchsige Katzenminze (auch „Quendelkraut" genannt) mit ihren blauvioletten Blütchen. Die Pflanze gehört zu den Lippenblütlern, die unter anderem an ihren vierkantigen Stengeln leicht zu erkennen sind. Der Zusammenhang mit den „Katzen" ist dadurch gegeben, daß diese auf das Gewächs ähnlich wie auf Baldrian reagieren. Beim Zerreiben der Blätter macht sich jedenfalls ein starker, aber nicht unangenehmer Minzengeruch bemerkbar.

Ein Schweizer Arzt des 17. Jahrhunderts hat von der Katzenminzenwurzel jedoch berichtet, daß ein damals weitum bekannter Scharfrichter, der an sich ein sehr mitleidsvoller Mensch mit weichem Herzen gewesen sei, vor Hinrichtungen immer ein Stück Wurzel gekaut habe. Nur dann habe er sein Amt mit „Wut und Grimm" ausüben können. Gleiches wird vom Fliegenpilzgift berichtet, das im Altertum zur Erzeugung der „Berserkerwut" gebraucht worden sei.

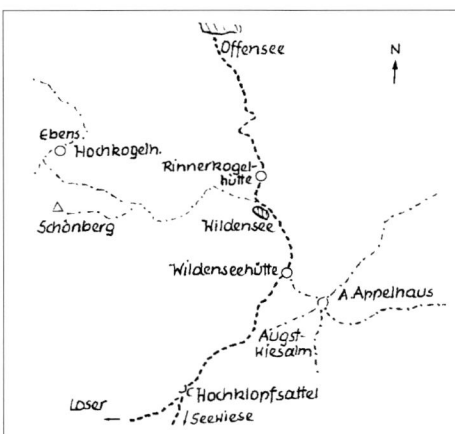

Kurzinformation:
Anspruchsvolle Bergwanderung; 7–8 Std.; 800 HM; WK Nr. 20 („Dachstein – Südliches Salzkammergut")
AP: Altaussee; Taxiabholung am Offensee notwendig
Längs Altausseersee bis Seewiese und Aufstieg Markg. 212 zum Hochklopfsattel (1498 m) und über Augstwiesen weiter Markg. 212 zu den Wildenseehütten (1521 m; nur Selbstversorgerhütte des AV) und über Wildensee zur Rinnerkogelhütte (1470 m, von Juni bis Okt. geöffnet) und Abstieg zum Offensee (655 m).

Über den „Hochpfad" vom Offensee zum Almsee

Vom Parkplatz am Seeende, wo ein Schranken den Weiterweg sperrt, gehen wir etwa zehn Minuten längs des Seeufers und folgen linkerhand dem Hinweisschild „Hochpfad – Almsee".

In einem niedrigen Rotbuchenwald geht es aufwärts, später neben einem ausgetrockneten Bachbett, und bald überqueren wir bei einer großen Schuttsperre der Wildbachverbauung das Kalkgeröll. Steil führt unser Pfad, der einen wichtigen alten Übergang vom Offensee ins Almtal darstellt, durch Mischwald neben einer gewaltigen Steinriese aufwärts. Aber schon nach einer Dreiviertelstunde wird das Gelände flacher, und wir wandern nun auf einem bequemen Karrenweg im Hochwald weiter.

Auch im Spätsommer blüht es hier noch bunt mit *Gelbem Eisenhut, Schwalbenwurz-Enzian, Hanfblättrigem, Gemeinem* und *Alpendost* sowie dem hübschen gelben *Fuchs-Kreuzkraut*.

Zwischen Himmelsteinkogel und Gschirreck erreichen wir in 1021 Meter Seehöhe schließlich den höchsten Punkt und in südöstlicher Richtung wandert unser Blick am Großen Woising vorbei bis zum Zwölferkogel südlich des Almsees.

Hier beginnt nun ein Forstwegenetz, dem die Markierung mehr oder weniger weiter folgt. Im ausgedehnten Waldgebiet, das sich nördlich des Toten Gebirges ausbreitet, führt unser „Voralpiner Weitwanderweg 04", der hier mit dem „Hochpfad" ident ist, im wesentlichen mäßig fallend dahin. Wir kommen an der Gschirrhütte und anschließend an der Weißenegg-Jagdhütte vorbei, die noch fast 900 Meter hoch liegt. Der Grabeneinschnitt des Nestelbaches wird überquert, und weiter geht es durch die Wälder des Almsee-Reviers. Zuletzt führt uns eine markierte Abzweigung in einigen Serpentinen hinunter zum hübschen Almsee.

Kurzinformation:
Leichte Wanderung; 3–4 Std.; 300 HM; KW 20 und 19
AP: Parkplatz Offensee
Markg. 404 zuerst ein Stück dem See entlang, dann in östl. Richtung über den sog. „Hochpfad" zur Gschirrhütte (951 m) und ständig mäßig abwärts zum Almsee.

Vom Trisselkogel über die Schoberwiesalm zum Grundlsee

Ein Gang über die hohen Almen

Imposant und fast abweisend begrenzt der mächtige Bergzug vom Trisselkogel über den Hundskogel bis zum Backenstein die Nordseite des Grundlsees. Hier oben verläuft ein reizvoller markierter Pfad, der aber an die Ausdauer einigen Anspruch stellt. Am Weg liegt auch eine der einsamsten Almen des gesamten Bereichs, die Schoberwiesalm, auf der vor 25 Jahren noch gekäst und gebuttert wurde. Heute wird dort freilich nur noch Jungvieh aufgetrieben, was mühsam genug ist, denn der Zugangsweg über den Trisselberg ist steil und an einigen Stellen für das Vieh absturzgefährlich.

Wir haben also ein Fahrzeug am Tressensattel zwischen Grundl- und Altausseersee auf dem hübschen Wiesenplateau mit dem reizvollen Blick hinüber zum Loser abgestellt und nach eineinhalb- bis zweistündigem Aufstieg das Plateau des Trisselkogels erreicht, dessen Gipfelkreuz immer näher gerückt ist. Bald kommen wir zur Abzweigung hinüber zum höchsten Punkt oberhalb der Trisselwand und werden an einem Schönwettertag die knappe halbe Stunde dorthin wohl gerne zusätzlich aufwenden.

Unser Hauptziel ist aber der Weiterweg in Richtung „Schoberwiesalm – Appelhaus": Der gut markierte Pfad leitet uns in nordöstliche Richtung über ein stark kupiertes Hochplateau in 1700 Meter Seehöhe, an dessen Abstürze zum Grundlsee wir nie herankommen. Es ist eine eigene Welt der großen und kleinen Dolinen, der ausgedehnten Latschenfelder und der reizvoll zwischen ihnen eingeschlossenen Almwiesenflecken.

Anfangs schlängelt sich das Weglein durch eine große begrünte, stark mit Latschen bewachsene Mulde. Wir schauen hinüber zum Bräuningzinken und die tief eingekerbte Bräuningscharte und dahinter zu Schönberg und Rauchfang. Selbst Anfang August blüht hier heroben noch der *Almrausch*, begleitet von *Goldpippau, Süßklee, Bären-Kreuzkraut, Teufelskralle, Schwarzem Speik* und dem *Sonnenröschen*; sogar einzelne blaue Trichterblüten des *„Echten Enzians"* kann man hier im Hochsommer noch erleben.

Wenig später stehen wir schon am oberen Rand der Schoberwiesalm, die sich mit ihren beiden Hütten in eine weite Mulde schmiegt. Schade, daß das rege Almleben von einst dem Rechenstift zum Opfer fallen mußte, wenngleich hier der Wassermangel auch immer ein Problem war. Heute hört man hier wohl noch das Bimmeln der Glocken des Weideviehs, aber die Hütten sind nur gelegentlich am Wochenende bewohnt, wenn in regelmäßigen Abständen beim Vieh „nachgeschaut" wird.

Weiter schlängelt sich der Steig zwischen Schoberwiesberg und Hundskogel, vorbei am Bergkar-Ruggn und Gaiswinkler Karkogel im mäßigen Auf und Ab von einer Gründoline in die andere. Viele Dolinen, wie die „Nirneck-Grube" und anschließend die „Sonnkare", sind eine kleine Welt für sich mit teilweise glatten Gletscherschliffwänden als Begrenzung, mit Rasenplätzen und Latscheninseln. In manchen Schachtdolinen liegt bis in den Herbst hinein Schnee. Überall blüht es: Der *Felsenbaldrian* mit seinen lila Blüten, *Katzenminze* und *Madaun* (auch Mutter- oder Bärwurz); ja, an vielen Stellen wächst hier der Almrausch aus Felsspalten wie sonst das Edelweiß.

Nun sieht man auch schon zum Appelhaus hinüber sowie zu Woising, Rinnerkogel und Redendem Stein; zur Abzweigung über den „Almberg" zum Grundlsee ist es aber noch ein Stück des Weges. Schließlich, nach guten zwei Stunden von der „Trisselkogel-Abzweigung", haben wir aber den Hauptweg „Grundlsee – Appelhaus" erreicht, und lustigerweise heißt dieser Platz bei den Einheimischen „Auf'm Schuhflicker". Es kann wohl sein, daß hier auf den weiten Almwegen so manches Paar Wanderschuhe draufgeht und in alten Zeiten einmal einer beim „Schuhflicken" erwischt wurde.

Mutterwurz, das beste Almkräutel

Die Alpenmutterwurz, auch Muttern, Madaun oder Alpen-Liebstock genannt, erhielt vom Volk wegen ihrer Verwendbarkeit bei Frauenkrankheiten schon in alten Zeiten den Namen „Mutter".

Sie gehört zur Familie der Doldenblütler und gilt seit altersher als vortreffliches Alpenfuttergewächs. Ein bekannter Sennenspruch des Berner Oberlandes lautet: „Rispe, Muttern und Adelgras (Wegerich) sind das Be-

ste, was das Kühli fraß!" In Graubünden wird das Mutternkraut sogar in das tägliche Alpgebet miteingeschlossen.

Dem Heu verleiht die Mutterwurz einen süßen, angenehmen Geruch, das Kraut hat auf den Darm von Mensch und Vieh eine erwärmende Wirkung und schützt das Vieh besonders bei verregnetem Futter vor Erkältung. Ein Aufguß der Wurzeln wurde früher häufig gegen Verstopfung und Kolik sowie bei Leber-, Nieren- und Blasenkrankheiten verwendet. Ein Absud der ganzen Pflanze gilt als besonders magenstärkendes Mittel. Früher benutzten die Senner in Westösterreich die Wurzel auch zum Würzen des Ziegers, des bekannten Kräuterkäses. Die frischen Blätter können übrigens in der Küche ähnlich wie Petersilie verwendet werden.

Auch die Gemsen und Murmeltiere äsen die Mutterwurz sehr gerne ab. Die im Mittelalter als Arzneimittel hochberühmten Bezoar- oder Gemskugeln, die man gelegentlich im Magen der Gemsen vorfindet, bestehen häufig aus den zusammengeballten, unverdaulichen Schopffasern der Mutterwurz.

Botanisch nahe verwandt ist die Alpenbärwurz, die ihren Namen angeblich von ihrer Verwendungsmöglichkeit bei Frauenkrankheiten (Krankheiten der Gebärmutter) haben soll. Auch die Bärwurz ist ein aromatischer Bestandteil des Almfutters und wird von den Kühen wegen ihrer diätischen Wirkung besonders gerne genommen. Die Pflanze hat einen durchdringenden, würzigen Geruch nach Fenchel und einen scharfen Geschmack.

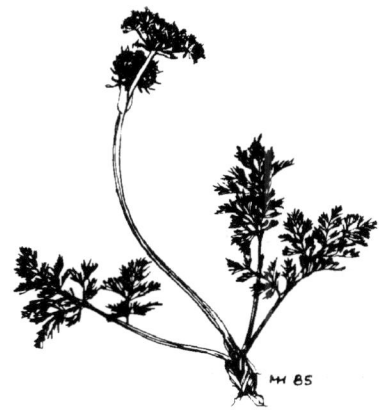

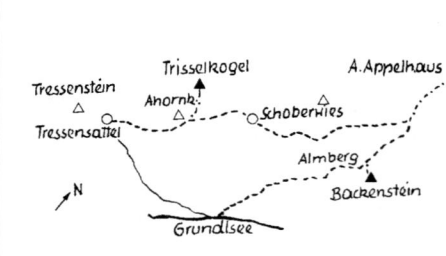

Kurzinformation:
Anspruchsvolle Bergwanderung; 6 Std.;
800 HM; KW Nr. 20
AP: Tressensattel (953 m); über Grundlsee erreichbar
Vom Tressensattel folgen wir der Markg. 233 ziemlich steil aufwärts bis zur Abzweigung zum Trisselberg und dann der Markg. 234 nach NO über die Schoberwiesalm (1704 m) bis zum „Schuhflicker" am Almbergweg, wo wir der Markg. 235 nach Grundlsee, vorbei an der Abzweigung zum Backenstein, folgen.

Rund um den Grundlsee und zur Zimitzalm

Zum Ausgangspunkt wählen wir am besten den Ortsteil Bräuhof am Grundlsee. Wenn wir die Runde im Uhrzeigersinn wandern, dann gehen wir vorerst einmal auf die wilde Felskante des 1770 Meter hohen Backensteins, des Grundlseer Wahrzeichens, zu. Wir begehen dabei den aussichtsreichen „Panoramaweg", wie er zurecht heißt; gleichzeitig ist dies auch der Wanderweg von Grundlsee nach Gößl. In nordöstlicher Richtung, direkt oberhalb des östlichen Seeufers, beherrschen die Felszacken der Dreibrüder sowie die Trapezgestalt des Elm und der mächtige Felsklotz der Weißen Wand diesen Abschnitt des Toten Gebirges.

Wir kommen an der markierten Abzweigung zum Albert Appel-Haus vorüber, das sich während der Sommermonate als hervorragender Stützpunkt für Bergwanderungen im Toten Gebirge anbietet, und vertauschen unser anfangs asphaltiertes Wegerl bald mit Schotterstraßerln und Waldwegen. Ehe wir die kleine Häusergruppe von Rößlern erreichen, haben wir

Oben: Fronleichnamsprozession am Hallstättersee
  Bootskorso beim Narzissenfest am Grundlsee
Unten: Am Grundlsee (Fotos Senft)

einen Ausblick auf die eindrucksvolle Gößlerwand und hinüber auf Lawinenstein, Traweng, den markanten Felsabbruch des Sturzhahns und auf die abgerundeten Tragln – alle schon im Einzugsbereich der Tauplitzalm gelegen.

Längs unserer Route blühen Ende Mai überall die *Narzissen* auf den Bergwiesen, und, oft nur wenige Meter vom Weg entfernt, finden wir den prachtvollen *Frauenschuh,* die schönste Orchideenart unserer Heimat, die aber – im Gegensatz zu den Narzissen – streng geschützt ist.

Hoch über uns sehen wir im Felsschutt den Pfad zum Appelhaus, auf den Backenstein und auch den riesenhaften Höhleneingang des „Almbergloches" – diese Wanderung wird an anderer Stelle beschrieben.

Bald erreichen wir den Weiler von Gaiswinkel mit seinen heimeligen, holzgezimmerten und schindelgedeckten Bauernhäusern, mit den wintergartenähnlichen Glasveranden, der Blumenpracht vor den Fenstern und dem Apfel- und Birnenspalier an der südseitigen Hausmauer. – Die paar Schritte abseits unseres Weges, hinein nach Gaiswinkel, müssen wir unbedingt machen, ist der kleine Ort mit den dahinterliegenden Wiesen fast halbkreisförmig von den lotrechten Felsfluchten des Backensteins und des Schoberwies-Zuges eingeschlossen. Hier, in Gaiswinkel, befindet sich auch die traditionsreiche Grundlseer Schießstätte.

Man trennt sich ungern vom romantischen Gaiswinkel, sieht auf einem Marterl, das zum Gedenken an einen verunglückten Holzknecht errichtet wurde, wie gefährlich die Forstarbeit sein kann, und geht nun ein kurzes Stück auf einem Forstweg weiter. Ein paar Meter unterhalb von Gaiswinkel, direkt am Seeufer gelegen, steht die kleine Kapelle „Im Kreuz", an der auch ein interessantes Marterlbild angebracht ist: Es soll an die wundersame Errettung eines geistlichen Herren, der bei einer winterlichen Überquerung des Sees am Eis eingebrochen war, erinnern.

Von unserem Forstweg zweigt ein kurzer Stichweg zum traditionsreichen Gasthof Ladner hinunter, in dem sich bekanntlich Erzherzog Johann gerne aufgehalten hat und wo man sich das „Erzherzog-Stüberl" mit der alten Einrichtung – besonders interessant sind der Uhrkasten und die Schützenscheiben – unbedingt ansehen sollte.

Linkerhand zweigt der beschilderte Weg zur Zimitzalm ab, die wir ebenfalls aufsuchen sollten, wenn es unsere Zeit erlaubt. Der Weg rund um den Grundlsee nimmt dreieinhalb Stunden in Anspruch und für den Abstecher zur Zimitzalm müssen wir nochmals knappe zwei Stunden dazugeben:

Nur mäßig steigt der sehr nett angelegte alte Holzziehweg und Almpfad neben dem mächtig dahinrauschenden Zimitzbach an. Noch heute wird dort Vieh hineingetrieben. Die Vorfahren der Grundlseer haben diesen Holzziehweg – so wie viele andere Wege – hervorragend dem Gelände angepaßt, aber auch kleine Unebenheiten durch Steinaufschüttungen ausgeglichen und vor allem den Pfad an vielen Stellen mit steingeschlichteten Stützmauern abgesichert: Kleine, meisterliche Bauwerke, die noch heute, nach Jahrhunderten, tadellos erhalten sind und seinerzeit vor allem dem Holzziehen mit Schlitten im Winter dienten.

Nun wird das Tal schluchtartig, und rechterhand leitet uns ein kleiner Steig zum „Zimitzwasserfall" hinunter; vom Bachgrund aus gesehen, ist der Fall am schönsten und fotogensten.

Angenehm geht es auf unserem Wegerl weiter durch Mischwald, und bald weitet sich die Schlucht, und der gewaltige Felsaufbau des über 1900 Meter hohen Reichensteins, eines beliebten Kletterberges, ragt hoch über dem Bergwald auf. Ein Brückerl wird überschritten, und wir erreichen die ersten Almhütten und mit diesen die von Wald umgebene Almwiese. Die bloß 982 Meter hoch gelegene Fläche ist eine sogenannte Niederalm und wird heute nur noch von Jungvieh genutzt; die Hütten sind teilweise als Wochenendunterkünfte ausgebaut. Früher stand hier auch eine „Holzknechtstube": Ein herrliches Plätzchen im Banne der schier furchterregenden, fast mauerglatten Ostwand des Reichensteins, die leider auch schon manche Opfer gefordert hat. In den Karen zu ihren Füßen sieht man immer wieder Gemsen.

Von der Zimitzalm kann man eine sehr lohnende Bergtour auf unmarkiertem Steig hinauf ins Widderkar unternehmen; darüber aber an anderer Stelle mehr. – Wir gehen vielmehr am selben Weg wieder zurück, um unsere Grundlsee-Umrundung fortzusetzen.

Bald stoßen wir am Weiterweg nach Gößl auf die noch voll funktionsfähige „Schachnermühle" mit ihrem oberschlächtigen Wasserrad, das vom Zimitzbach angetrieben wird. Wir überqueren sodann die Forststraße hinauf zur Vordernbachalm und gelangen schließlich durch den Wald hinaus zum See. Das letzte Stückerl vor Gößl begehen wir die kleine Uferpromenade, kommen an der reizenden, holzgezimmerten, ehemaligen einklassigen Volksschule von Gößl vorbei, in der sich nun eine Handweberei etabliert hat, und haben von hier – über den See hinweg – einen großartigen Ausblick bis zur Bischofsmütze im Gosaukamm und zum Sarstein; im Vordergrund liegt auf einer kleinen Landzunge das „Schloß Grundlsee".

Links zweigen die Straße nach Gößl und der Weiterweg zum Toplitzsee ab; darüber soll aber gesondert berichtet werden.

Wir wandern nun ein Stück am Ostufer entlang, kommen an zwei Gasthöfen und dem Badestrand vorbei und überschreiten die beiden Zuflüsse der Grundlsee-Traun. Der erste kommt direkt aus dem benachbarten Toplitzsee, und der zweite entspringt fast in Ufernähe als echte Karstquelle unter dem Namen Stimitzbach mit beträchtlichen Wassermengen, die bald nach den Quellen die „Ranftlmühle" antreiben.

Linkerhand zweigt der markierte Weg zur Schneckenalm und weiter ins Öderntal ab. Wir wandern aber am asphaltierten Straßerl in Richtung der Ortschaft Wienern und kommen im Mai an schönen Narzissenwiesen vorbei. Ober uns befinden sich die Etagen und Stollenmundlöcher des Gipsbergwerkes, von denen man aber von der Straße aus nicht viel sieht. Der Gips wird mit einer kleinen Materialseilbahn, deren Trasse recht „versteckt" angelegt ist, über den Sattel der „Auermahd" und die Ortschaft Archkogel bis nach Bad Aussee befördert.

Von Gößl kann man natürlich auch mit dem von Frühjahr bis Herbst etwa alle Stunden verkehrenden Schiff – sehr reizvoll und lohnend – nach Bräuhof/Grundlsee zurückfahren: die „Traun" und die „Rudolf" sorgen für diese angenehme Beförderung. Aber das sollte man als eigene Tour – etwa in Kombination mit dem Toplitzsee-Besuch – machen.

Wir durchqueren die Ortschaft Wienern mit ihren locker verstreuten Häusern und lassen uns nun vom Pfad wieder in den Wald hineinleiten. Er steigt bald mäßig bergan, um schließlich an die hundert Meter über dem Wasserspiegel sehr romantisch dahinzuführen. Hier, an der Südseite des Sees, sendet der 1300 Meter hohe, bis obenhin bewaldete Ressen seine Abstürze bis zum Wasser hinunter. Unser Steig ist sehr geschickt angelegt, an einer Stelle sogar in den Fels gehauen und mit einem Holzgeländer abgesichert; eine lotrechte Geländestelle wird mit einem Holzsteg überbrückt.

Besonders für Kinder ist dieser Wegabschnitt, bei dem der grünblaue Wasserspiegel immer heraufblinkt, sehr spannend. Ziemlich abrupt endet dann der Wald, und wir gelangen auf das Wiesengelände der sogenannten

„Au" und bald auch zu den ansprechenden Bauernhäusern des Ortsteiles Archkogel hinaus. Auf diesem Wegabschnitt genießt man eine wunderschöne Aussicht auf den langen Bergzug, der mit seinen wilde Felsbarrieren vom Trisselkogel über die Schoberwiesberge bis zu Hundskogel und Backenstein reicht und den Grundlsee nach Norden völlig abschließt. Auch der Blick hinüber zur Grundlseer Kirche und den Häusergruppen von Bräuhof ist von der Archkogel-Seite her eindrucksvoll.

Über ein kurzes Waldstück erreichen wir das schmale Westufer, und von hier hat man, über den See hinweg in östliche Richtung schauend, mit der steilen Gößlerwand und den Felsklötzen des Toten Gebirges im Hintergrund, den Eindruck eines norwegischen Fjords.

Gleich darauf sind wir bei der „Seeklause", deren Bauten heute fast zur Gänze abgetragen sind und zum Aufstau des Wassers zur Holztrift dienten. Wohl aber steht hier noch der interessante Holzbau des Fischkälters, der heute Stützpunkt der Berufsfischer ist (der Grundlsee steht im Besitz der Bundesforste, die hier auch die Fischerei selbst ausüben) und in dem die gefangenen Saiblinge bis zum Verkauf gehalten werden. Gegenüber liegen das schöne, behäbige Forsthaus und gleich daneben der altehrwürdige „Kaiserliche Reitstall", in dem nun eine kleine Galerie eingerichtet wurde. Damit haben wir unseren Ausgangspunkt erreicht.

Kurzinformation:
Leichte Wanderung; 5$\frac{1}{2}$ Std.; 270 HM; KW Nr. 20
AP: Gh. Schraml am Grundlsee
Wir folgen dem ständig durch Hinweisschilder bezeichneten Wanderweg (Panoramaweg) in Richtung Gößl, zweigen dann aber in der Nähe des Gasthofs Ladner zur Zimitzalm (982 m) – Hinweisschild – ab, um denselben Weg auch wieder zurückzugehen. Nun folgen wir dem Rundweg weiter über Gößl, Wienern und Archkogel bis zurück zum AP.

Eine „botanische Exkursion" auf die Zimitzalm

Zwischen Anfang und Mitte Juni lohnt es sich, der Zimitzalm einen Besuch abzustatten. Dann blüht nämlich längs des Pfades im oberen Wegabschnitt im Bergwald der wunderschöne *Frauenschuh* mit seiner gelben, pantoffelförmigen Glockenblüte, die von den Zipfeln dreier braunvioletter Blütenblätter geschützt wird. – Bitte die streng geschützte Orchideenart, die schon selten geworden ist, nicht pflücken, sondern nur fotografieren!

Direkt daneben duftet um diese Zeit aber auch das *Maiglöckchen* mit seiner weißen Blütenreihe; man kennt es eigentlich sonst eher nur aus den Hausgärten. Weiters blühen längs des hübschen Pfades der *Weiße Waldveigel* (ebenfalls eine attraktive Orchideenart), die *Bergflockenblume* mit ihren kornblumenähnlichen lila Blüten, der *Dreischnittige Baldrian,* das *Gelbe Veilchen* und die *Kreuzblume* mit ihren zarten, blauen Blütchen; an Fichtenbäumchen rankt die *Waldrebe* ihre großen, dunkelblauen Blüten hinauf. Als weitere botanische Rarität kann man an diesem Wegabschnitt auch *Eiben* finden, jene seltene Nadelholzart, die schon im Mittelalter als begehrtes Holz für Armbrüste und andere Verwendungszwecke fast ausgerottet wurde.

Auf der Zimitzalm selbst leuchten uns große blaue Flächen entgegen; es sind Abertausende von *Vergißmeinnicht,* zwischen denen *Rote Lichtnelken* einige rötliche Farbtupfen abgeben; daneben blühen *Zypressenwolfsmilch* und das zarte, gelbe *Kreuzlabkraut.*

Selbst an einem Schlechtwettertag kann man die kleine Exkursion noch über die „Schwaiba-Alm" ausdehnen und nach Schachen in die Nähe unseres Ausgangspunktes zurückkehren und war dann etwa zweieinhalb Stunden an reiner Gehzeit unterwegs. Wir folgen dazu von der Zimitzalm dem einzig gut sichtbaren Pfad durch einen kleinen Waldstreifen nach oben, wo wir auf den Forstweg zur „Schwaiba" stoßen und ihm – an einer kleinen Wildfütterung vorbei – bis zur Abzweigung auf die Gößleralm nachgehen. Dort steht dann das Schwaiba-Jagdhaus, und hier gibt es nochmals botanisch Interessantes zu sehen: An feuchten Stellen rund um das Haus gedeihen um diese Jahreszeit rotblühende, reizende *Mehlprimel* mit ihren „weißbestäubten" Blatteilen, *Trollblume, Wundklee* und *Echter Enzian,* aber auch *Narzissen,* die in dieser höheren Lage erst jetzt erblühen.

Armbrustbogen aus Eibenholz

Die Eibe, ein immergrünes, der Tanne etwas ähnlich sehendes Nadelgehölz, ist in Österreich schon sehr selten geworden, war sie doch besonders in alten Zeiten für Schnitzarbeiten und speziell als Material für den Bogen der Armbrust äußerst begehrt. In Oberschwaben heißt die Armbrust heutzutage noch „Eibe".

Von der Giftigkeit der Eibe hatte man in alten Zeiten übertriebene Vor-

stellungen. So meinte man, daß im Schatten der Bäume Ruhende schwer erkranken könnten. Tatsächlich sind die Zweige für Haustiere leicht giftig; ebenso auch der Samen der hübschen roten Fruchtbeere. Das angenehm süß-säuerliche Fleisch der Eibenbeeren kann man hingegen bedenkenlos essen, wenn man nur die Kerne ausspuckt!

Die Primeln sind die ersten Frühlingsboten

Schon der Name „Primel" besagt, daß sie die „ersten" nach dem Winter sind; die Bezeichnung leitet sich vom lateinischen „primus" = „der erste" ab.

Auf den Talwiesen erfreuen uns die verschiedenen gelbblühenden Schlüsselblumenarten im frühen Frühjahr, und in den höheren Berglagen ist es die rotblühende Clusius-Primel, die überall dort, wo sich die letzten Schneeflecken auflösen, zusammen mit den zarten Soldanellen die meist noch braunen Matten überziehen.

Ein besonders reizendes Gewächs ist auf feuchten Bergwiesen die Mehlprimel mit ihren weißlich-mehlig bestaubten Stengeln und Blättern sowie den roten Blüten. Sie hat übrigens, so wie alle anderen Primelarten, ihre Urheimat im Himalaya.

Zum „tiefgründigen" Toplitzsee, zum Kammersee und zu den Gößlerwiesen

Den geheimnisumwitterten Toplitzsee muß man wegen seiner „geschichtlichen" Hintergründe, vor allem aber wegen seiner romantischen Lage unbedingt einmal aufsuchen. – Ein lohnender Ausflug zu Wasser und ein kurzer Spaziergang zu Land ermöglichen hier gleich das Erlebnis einer „Drei-Seen-Tour": Am besten schifft man sich in Grundlsee in die „Rudolf" oder in die „Traun" ein, die von Frühjahr bis Herbst, auf dem sechs Kilometer langen, „größten See der Steiermark" etwa stündlich verkehren.

Nach einer guten halben Stunde verlassen wir unser Schiff und gehen ein kurzes Stück auf der Zufahrtsstraße in den Ort Gößl hinein. Aufmerksamkeit verdient unterwegs das reizende, ganz mit Holzschindeln verkleidete Kircherl, das nicht der Diözese, sondern den vierzehn Gößler Bauern selbst gehört, die auch voll für alle finanziellen Belange aufkommen – in der Steiermark ist dies ein einmaliger Fall.

Hübsch ist die alte Bausubstanz der ausschließlich aus Holz erbauten Gößler Bauernhäuser mit den Walmdächern, den kleinen verglasten Veranden, dem Spalierobst an der Sonnenseite und den vielen Blumen vor den Fenstern.

Hier beginnt nun der besonders romantische, bloß einen Kilometer lange Weg zum Toplitzsee, den man in der Hauptsaison neuerdings auch mit der Postkutsche zurücklegen kann. Der Weg führt zuerst an einigen kleinen Wohnhäusern vorbei, die fast wie eine liebe Miniaturausgabe von Ausseer Häusern wirken. Sie ducken sich schon unter die mächtige Gößlerwand, unter der wir nun entlanggehen und den Kopf weit in den Nacken legen müssen, um den oberen Felsrand betrachten zu können. Ein bißchen schaurig ist es, diese teilweise überhängenden, glatten Steinfluchten hinaufzuschauen.

Bei Sonnenschein ist die Gößlwand hell ausgeleuchtet, während an lauen Mittsommerabenden Glühwürmchen um die Felsblöcke am Fuß der Wand schwärmen und die Landschaft restlos verzaubern. Ein schmaler Streifen prachtvollen Hochwaldes begrenzt den Wandfuß, und auf der anderen Seite des promenadenähnlichen Weges bilden alte Ahornbäume die Grenze zur danebenliegenden Wiese. Das letzte Stück geht es nur durch Wald; hier begegnet uns aber bereits das glasklare Wasser der Toplitz-Traun. Am Waldrand erinnert ein Gedenkstein an *Konrad Mautner*, „dem unvergeßlichen Freund und Forscher heimischen Brauchtums", wie die Grundlseer und Gößler in den Stein einmeißeln ließen.

Am Fuß der Gößlerwand gedeihen interessante Pflanzen: So etwa die in ganz Österreich ziemlich seltene *Eibe,* der seltene *Sebenstrauch* (Juniperus sabina), eine Wacholderart, aber auch die *Felsenbirne.*

Oben: Kammersee, Toplitzsee und Grundlsee vom „Kammertret"
Unten: „Weisenblasen" am Grundlsee; Hintergrund Sarstein (Fotos Senft)

Dann haben wir auch schon die Seeklause erreicht. Sie ist noch im selben Zustand wie in alten Zeiten und würde auch heute noch einen ausreichend starken Wasserschwall zur Holztrift hinaus zum Grundlsee bewirken. – Fast ein bißchen düster breitet sich das stille, völlig von felsigem und sehr steilem Bergwald umgebene Wasser vor uns aus; ein paar Schritte in südliche Richtung, und wir kommen zum sogenannten „Prinzensitz", von dem aus man den gesamten Toplitzsee bis nach hinten zum Kammersee überblicken kann. Abgestorbene Baumstämme ragen hier aus dem Wasser und verstärken noch die selten romantische Stimmung.

Gleich in der Nähe steht das „Erherzog Johann und Anna Plochl-Denkmal", wenn man es so bezeichnen will.

Wir gehen aber wieder zur Klause zurück und gelangen gleich darauf zum Restaurant „Fischerhütte", das an einem romantischen Uferwinkel liegt und wegen seiner einheimischen Fischspezialitäten zu Recht berühmt ist. – Im Vorraum des hübschen Holzbaues sollte man die interessanten Dokumentationen über die Marine-Versuchsstation der NS-Zeit, über die vergeblichen Versuche der Nachkriegszeit, einen angeblich versenkten Schatz zu finden, und über die zoologischen Forschungsergebnisse eines Tauchbootes anschauen.

Gleich daneben können wir die von einem Außenbordmotor betriebene Plätte besteigen, um die lohnende Fahrt über den Toplitzsee nach hinten zum Kammersee zu unternehmen:

Ruhig gleitet das Boot über das beinahe schwarze Wasser, das bis zu 102 Meter tief ist, wogegen der Grundlsee an seiner tiefsten Stelle bloß 64 Meter mißt. Zwei Wasserfälle stürzen von der Nordseite her in den Toplitzsee: Der erste kommt von der oberhalb gelegenen Vordernbachalm durch den Teufelsgraben herunter und bietet im Frühsommer ein gewaltiges Schauspiel. Seinerzeit bestand oben auf der Vordernbachalm eine Triftanlage, und durch den Teufelsgraben wurden die Holzstämme über die Gefällstufe regelrecht in den See hinauskatapultiert, was im vorigen Jahrhundert zahlreiche Schaulustige anzog, die das Spektakel von den Plätten aus beobachteten. Zum untersten Teil des Teufelsgrabens kann man mit gutem Schuhwerk übrigens von der „Fischerhütte" weg einem Ufersteig vorsichtig folgen, wobei das Wildwasser hier von einigen Bohlen überbrückt wird und in Brusthöhe ein Drahtseil eine Art „Hinüberhandeln" auf abenteuerliche Weise gestattet. Hier ist aber dann der Pfad zu Ende, und nur Klettergeübwandte könnten mit einem ortskundigen Führer vom Steg weg zur Vordernbachalm hinaufkraxeln, denn die hier früher einmal in offensichtlich besserem Zustand existierende Anlage des „Prinzensteiges" ist heute nicht mehr zu sehen.

Das Boot bringt uns zur Anlegestelle am Kammersee, den wir vom Toplitzseeufer aus noch nicht sehen. Auf gutem Pfad sind wir in fünf Minuten beim kleinen, tiefgrünen Gewässer, das von steilen Felswänden ringsum eingeschlossen ist und als eigentlicher Traunursprung gilt, wenngleich sein Abfluß in den Toplitzsee unterirdisch erfolgt. Das war aber nicht immer so, denn wir bestaunen den parallel zum Zugangsweg in den kompakten Fels gehauenen, mannshohen Kanal, der schon im 16. Jahrhundert (angeblich von Strafgefangenen) zur Holztrift hier angelegt wurde. Im Frühsommer hat man den Kammersee entsprechend aufgestaut, sodaß das Holz durch den Kanal hinausgeschwemmt werden konnte; beim meist niedrigen Wasserstand kann man sich das allerdings ziemlich schwer vorstellen.

Nach Unwettern kann sich das allerdings schnell ändern. So stieg z. B. beim Hochwasser des Jahres 1977 der Spiegel des Kammersees um unglaubliche 16 Meter! – Die Einwohner von Wienern am Südostende des Grundlsees sehen eine Felswand oberhalb des Kammersees ein, aus der sich nach längeren Regenfällen plötzlich ein Wasserfall ergießt (ähnlich wie bei den „Liagern" am Altausseersee). Ist dies der Fall, dann weiß man, daß dem Gebiet ein gefährliches Hochwasser droht.

Zur „Fischerhütte" zurückgekehrt, empfiehlt sich nun ein kleiner Rundweg über die Gößlerwiesen, um zur Bootsanlegestelle in Gößl/Grundlsee zu gelangen: Wir wählen den in der Nähe des „Erzherzog-Johann-Gedenksteines" beginnenden Wanderweg durch den Wald und gelangen dabei zum zweiten Traunursprung, dem „Stimitzursprung", der im Frühsommer ein eindrucksvolles Schauspiel bietet, wobei das Wasser so stark aus dem Boden hervorquillt, daß es gleich darauf die „Ranftlmühle" antreiben kann. – Gleich dahinter erstreckt sich das weite Gelände der Gößlerwiesen, die gegen Ende Mai voller *Narzissen* und lila blühender *Holunder-Orchideen* stehen; malerisch sind viele Heuhütten über das Bergwiesengelände verstreut.

Durchs Widderkar zur Breitwiesalm

Ein einsamer, aber selten romantischer Weg

Die Einheimischen nennen diese Wegstrecke beim „Boasslbam",* womit ein großer alter Berberitzenstrauch gemeint ist, der jetzt aber leider nicht mehr zu finden ist... Aber der seltene *Sebenstrauch* (Juniperus sabina), eine Wacholderabart, ist hier zu sehen.

Dort, wo zwischen dem traditionsreichen Gasthof Ladner und dem Ortsteil Schachen der Zimitzbach in den Grundlsee mündet, findet man die Wegtafel „Zimitzalm" und folgt ihr in nördlicher Richtung. Der bestens angelegte alte Almweg führt uns in mäßiger Steigung durch teilweise klammähnliches Gelände – vorbei am sehenswerten Zimitzwasserfall – immer längs des rauschenden Baches in einer knappen Stunde bis zum reizenden Flecken der Zimitzalm (982 m) mit ihren fünf Hütten. Durch die wild aufragenden Wandfluchten des Reichensteins hat die Alm eine eindrucksvolle Umrahmung. Unser Weiterweg ist unmarkiert, aber es handelt sich um eine alte, noch immer gern benützte Steiganlage für die Almbauern und Jäger hinauf ins Widderkar und auf die Breitwiesalm, die mit Steindauben (Steinmännchen) gekennzeichnet ist.

Auf der Zimitzalm müssen wir uns gleich am Anfang scharf links halten und vor der ersten Almhütte den dortigen Waldpfad wählen, wo wir dann auch gleich die ersten Steindauben finden, die uns durch den Bergwald hinaufleiten. Über eine steile, steindurchsetzte Bergwiese voller *Schwalbenwurz* leitet das Steigerl sodann in Serpentinen aufwärts, und wir gelangen bald direkt an die lotrechten Felswände heran, unter denen es sehr romantisch nach oben geht. Direkt unterhalb der östlichen Reichensteinwand, später des Siniwellers und des Finsterkogels, führt unser Steig äußerst eindrucksvoll unter diesen glatten Wandfluchten hinauf. Der Weg folgt sodann kleinen Karstufen, die sich sämtliche als mittelsteile, mit einigen Felsblöcken durchsetzte Bergwiesmulden präsentieren. Wir durchwandern auf diese Weise das Erlenkar, später die Wolfsgrube und gelangen schließlich

---

* Die Berberitze wurde im Ausseerland für die Zähne von Holzrechen, aber auch zur Fertigung von Klarinetten(!) verwendet.

in das weite Widderkar (1600–1650 m hoch) mit seinen Latschenzonen, Lärchenbeständen und kleinen Almweideflächen.

Rechterhand wird das Kar durch den dolomitenähnlichen Zug der „Drei Brüder", linkerhand durch den Felsriegel der „Langen Wand" begrenzt. In der Nähe einer auffallenden kreisrunden Almfläche zweigt nach rechts ein unmarkierter Pfad hinüber aufs Aibl und dann hinunter auf die Gößleralm ab. Wir halten uns aber an die Steindauben und Steigspuren, die uns nach links durch eine mäßig steile Schuttrinne problemlos in ein Schartl hinaufführen. Oben müssen wir uns genau an die Steinmännchen halten, dann gelangen wir zwischen Latscheninseln und Felsgasse des „Langen Gangs" auf die herrlichen weiten Böden der Breitwiesalm mit ihren Hütten (Quellen). Dort führen uns Steindauben fast eben zum markierten Weg „Grundlsee – Appelhaus", über den wir nach Grundlsee absteigen können.

Die Schwalbenwurz – eine „Gegengiftpflanze"

Die auf trockenen Standorten, oft am Rand von kleinen Felswänden gedeihende, großwüchsige Pflanze mit weißen Blüten hat ihren Namen daher, daß die mit einem Haarschopf versehenen Samen „fliegenden Vögeln" ähnlich sehen. Die lateinische Bezeichnung „Vincetoxicum" bedeutet soviel wie „Gegengift", was auf die seinerzeitige Verwendung als beliebte Arzneipflanze hinweist. So wurde sie schon im 16. Jahrhundert bei verschiedenen Vergiftungen, als Mittel gegen die Pest, aber auch gegen die Wassersucht und als schweißtreibendes Präparat, eingesetzt. Interessant ist, daß der Stengel eine lange feste Faser enthält, die ähnlich wie beim Flachs in manchen Gegenden früher einmal gewonnen wurde.

Kurzinformation:
Anspruchsvolle Tour für erfahrene Bergwanderer; 7 Std.; 800 HM; KW Nr. 20
AP: Parkplatz in der Nähe des Gh. Ladner bei Hinweisschild „Zimitzalm"
Wir folgen dem bezeichneten Weg zur Zimitzalm, wo wir uns gleich anfangs, vor der ersten Almhütte, scharf links halten und dann bald die ersten Steindauben durch Wald aufwärts finden. Für ein paar Schritte berühren wir eine Forststraße, um diese gleich wieder links aufwärts zu verlassen. Nun folgen wir den Steindauben unterhalb Reichenstein und Siniweller über mehrere Karstufen aufwärts, bis die Pfadspuren linkerhand durch eine mäßig steile Schuttrinne in westliche Richtung zur Breitwiesalm hinüberführen (Achtung! Genau den Steindauben folgen!). Quellen bei den Hütten! Nun nach West und später nach Süd auf gutem Steig zum Verbindungsweg „Appelhaus – Grundlsee".

Auf uralten Gebirgspfaden durch das Obere Widderkar zum Appelhaus

Viel früher, ehe die alpinen Vereine Weganlagen im Toten Gebirge bauten, gab es sie schon, diese alten Almsteige und Jägerpfade, als wichtige und logische Verbindungen und Zugänge zu den Hochalmen und Brunftplätzen, aber auch als Übergänge auf die andere Seite des Gebirges.

Der mit Steindauben markierte Pfad vom Aibl, oberhalb der Gößleralm, hinauf zur sogenannten „Hüttstatt", am markierten Steig, der die Pühringerhütte mit dem Appelhaus verbindet, ist ein solcher uralter Weg. Ausgezeichnet haben es unsere Altvorderen verstanden, diese Pfade dem häufig sehr schwierigen Gelände anzupassen, ohne Gegensteigungen und unter Ausnützung naturgegebener Felsbankungen, Rampen und Rasenmulden.

Im Oberen Widderkar gegen Dreibrüder (Foto Senft)

Beim unterhalb des Dreibrüderkogels am Aibl gelegenen romantischen Jagdhütterl – „Jagerstübl" sagen die Ausseer – nimmt der Pfad seinen Anfang und führt vorerst mehr oder weniger eben im lockeren Almlärchenwald dahin. Die Geröllflanken und Schutthalden des Dreibrüderkogels begleiten das Steigerl, das sich zwischen Felsblöcken und Karstbankungen am westlichen Rand des oberen Widderkars dahinschlängelt. Im Vordergrund bauen sich die Grattürme und Zacken des Vorderen und Hinteren Bruderkogels auf, und linkerhand, auf der anderen Karseite, begleitet kilometerlang der Felsriegel der „Langen Wand" das wildromantische und einsame Widderkar.

Es geht am hübschen Rasenplatz „Beim Rodler" vorbei (hier „rodelt" wohl im Spätfrühjahr der „Kleine Hahn" bei seinen Balzspielen), bis das reizend gelegene Jagdhütterl im Oberen Widderkar erreicht wird, wo auch der von der Zimitzalm heraufkommende Steig, der am Siniweler-Hangfuß entlangführt, auf unseren Pfad stößt. (Siehe Kapitel „Durchs Widderkar zur Breitwiesalm".)

Inzwischen haben wir eine Seehöhe von etwa 1700 Metern erreicht und folgen in dieser unberührten Bergnatur dem Steig durch das sogenannte „Hohe Widderkar" zwischen den vom Hinteren Bruderkogel herabgestürzten tisch- bis hausgroßen Felstrümmern weiter aufwärts. Bald darauf sehen wir die Stangen der Skimarkierung „Pühringerhütte – Appelhaus" und erreichen die Sommerwegmarkierung bei der sogenannten „Hüttstatt" oder „Bschlagstatt". Hier muß in alten Zeiten eine wichtige Saumwegverbindung durch das Tote Gebirge mit einer Unterstandshütte, wo die Tragtiere neu beschlagen werden konnten, bestanden haben. Heute sehen wir freilich keine Spur mehr von diesen Behausungen, sondern blicken auf riesige Latschen- und Dolinenflächen, überragt vom breiten Felsen des Großen Woising im Norden und der kühn geformten, begrünten Felsgestalt des Wildgössl im Osten. Sie baut sich über einer Reihe mit Latschen bestandenen Felsbänken, die wie grüne Meereswogen aussehen, eigenwillig auf. – Gute Fünfviertelstunden haben wir für dieses Wegstück gebraucht.

Nun können wir uns für den markierten Abstieg in östlicher Richtung über Wildgössl, Elmgrube und Lahngangseen entscheiden oder nach Westen der Markierung zum Appelhaus folgen: Unterhalb des „Redenden Steins" mit seiner lustigen Felsbauchung, dessen Gipfelkreuz vermeintlich zum Greifen nah ist, geht es weiter. Erstaunlicherweise gibt es mehrere Brünnlein am Weg, und schließlich erreichen wir auch die rotweißrot bezeichnete Abzweigung zum Gipfel des „Redenden Steins", den wir von hier in weniger als einer halben Stunde mühelos ersteigen können. – Es gibt hier kein besonderes Echo, woraus man den Namen „Redender Stein" ableiten könnte, sondern die Bezeichnung ist einmal mehr ein klassischer Fall von Verballhornung eines Dialektausdruckes der Einheimischen, den die Kartographen seinerzeit falsch interpretiert hatten: Erzherzog Johann führt nämlich noch 1810 in seinem Tagebuch den richtigen Namen „Rötener Stein" (nach einer rötlichen Felsfärbung) an.

Nach einer guten Gehstunde erreichen wir – zum Schluß durch prächtigen Lärchenwald – das gastliche Appelhaus, von dem es dann allerdings noch gute drei Stunden hinunter zum Grundlsee sind.

Kurzinformation:
Anspruchsvolle Tour für erfahrene Bergwanderer; 8 Std.; 1200 HM; KW Nr. 20
AP: Schachen bei Gößl
Von Schachen folgen wir der Forststraße und sodann den markierten Abkürzungen Nr. 213 zur Gößleralm (1585 m) und weiter zum „Aibl-Jagdhütterl". Hier verlassen wir die Markierung und lassen uns durch die Steindauben ziemlich genau nach Norden, westlich am Dreibrüderkogel vorbei, zur Jagdhütte (1636 m) im Oberen Widderkar und weiter hinauf zum markierten Weg 201 leiten. Hier in westl. Richtung bis zur Abzweigung zum „Redenden Stein" (1900 m), der in knapper halber Std. erreicht wird, weiter zum Appelhaus und über „Almbergweg" Abstieg zum Grundlsee.

Die Lahngangseen

Das landschaftliche Kleinod des Ausseerlandes

In Gößl beginnt der bestens markierte Weg, der sofort steil durch Hochwald ansteigt. Will man sich diesen Steilaufstieg ersparen, dann muß man einen etwa halbstündigen Umweg in Kauf nehmen und im Ortsteil Schachen bei Gößl der „Vordernbachalm-Forststraße" so lange folgen, bis man auf das Hinweisschild „Gößleralm" und die Markierung bergauf trifft.

Durch Hochwald geht es aufwärts. Bei einer Pfadteilung wählen wir nicht den Weg zur Gößleralm, sondern rechterhand zu den Lahngangseen. Weiter geht es nun in mäßiger Steigung über Waldschläge und Waldwiesen, wo im Sommer viel Vieh weidet.

Uns fallen hier besonders viele Orchideen auf: Der *Rote Waldveigel* mit seinen großen, schön geschwungenen Blütenblättern, aber auch die ganz stark nach Schokolade duftende *Braunrote Ständelwurz*. In der Waldzone gibt es überall sehr viel *Echten Waldmeister,* ein bekanntes Gewächs aus der Familie der „Röten", wozu auch die Labkräuter gehören. Auch die gelbblühende, hochwüchsige *Ährige Teufelskralle* und die kornblumenähnliche, großblütige *Bergflockenblume* sowie der gelbe *Wolfseisenhut*, eine typische Holzschlagpflanze, erfreuen uns am Weg.

Schließlich erreichen wir den markanten Punkt des „Drausengatterls" auf 1340 Meter. Hier hat man einen überraschenden Blick auf die Steilabstürze und Schuttriesen der Graswand und einen Tiefblick hinunter zur Vordernbachalm. Auf einer Tafel steht die Bezeichnung „Grausengatterl", doch die Einheimischen sagen: „Drausen…"

Wir queren nun die Schutthänge der Graswand auf gutem Steigerl und genießen gleich oberhalb am Lahngangsee eine großartige Flora: Wir finden einen unglaublich üppigen Bestand von *Wald-Storchschnabel,* verschiedenen Doldenblütlern – besonders *Kälberkropf* – dann die hübschen gelben Bällchen der *Trollblume,* riesige, im Juli tiefrot aufleuchtende Flächen mit *Behaarter Alpenrose,* den herrlich gelb blühenden *Allermannsharnisch,* ein Lauchgewächs, den gelb blühenden *Ziest* und den zart blaublühenden *Alpenflachs.*

Knapp vor dem See führt uns der Weg über den sogenannten „Schafbühel", der eigentlich „Gamsbühel" heißen müßte, weil man in seiner Umgebung mit Sicherheit immer Gemsen, die hier ihren Einstand haben, sehen kann. Und dann blicken wir auf den traumhaft schönen Vorderen Lahngangsee, der zwischen den Steilabbrüchen des Salzofens und des Neusteins selten romantisch daliegt und dessen smaragdgrüner Wasserspiegel mit dem weißen Kalkfels, den grünen Lärchenbeständen und dem blauen Himmel wunderbar harmoniert.

Zum Baden lädt der immerhin 1449 Meter hoch gelegene See nur die ganz „Mutigen" ein, aber rasten läßt sich's an seinen Gestaden wunderbar. – An die zweieinhalb Stunden haben wir von Gößl herauf benötigt.

Oben: Unterwegs bei der „Loser-Umrundung" mit Ausläufer des Bräuningzinken
Unten: Hinterer Lahngangsee (Fotos Senft)

Nun folgt ein besonders schöner Wegabschnitt, den See entlang und kurz ansteigend zur „Hinteren Lahngangalm", durch lichten Lärchenwald bis ober den Hinteren Lahngangsee, an den wir aber nicht direkt herankommen, sondern nur auf seinen ebenfalls wunderbar tiefgrünen Spiegel und die abgestuften Grünfärbungen am Uferrand hinunterblicken.

Bald sind die Hütten in der „Elmgrube" auf 1622 Meter erreicht, wo der Rundweg von der Gößleralm über den Salzofen auf unsere Route stößt und von wo wir in einer guten halben Stunde zur Pühringerhütte weitergehen können. (Diese Wegbeschreibung folgt aber in einem anderen Kapitel.)

Beim Rückweg sollten wir uns am Schafbühel – genau dort, wo auf einer einzeln stehenden großen Lärche die Tafel „Schafbühel" angebracht ist – noch die interessanten Fossilien betrachten: Die weiß verkieselten Umrisse von Muscheln und Schnecken zeigen sich in den Steinplatten am Weg sehr deutlich. An zwei Stellen gibt es gut ausgebildet das Leitfossil des Dachsteinkalkes, den herzförmigen und bis handtellergroßen „Megalodon", zu sehen, der von den Einheimischen treffend „Kuhtritt" genannt wird.

Der Storchschnabel prägt das bunte Kleid vieler Almwiesen

Der leuchtend blau blühende Wiesenstorchschnabel steigt von den Ebenen bis zu den hoch gelegenen Almwiesen und geht dort mit vielen rosa und gelbblühenden Pflanzen eine Farbsymphonie ein.

Der Name „Storchschnabel" kommt von den reifenden Früchten, die, an langen, abstehenden, dünnen Stielen hängend, dem Schnabel eines Storchs ähneln. Die hübsche Pflanze, von der es mehrere Varianten, wie Wald-, Braunroter und Blutroter Storchschnabel gibt, gehört zur Familie der Geraniengewächse.

Hildegard von Bingen empfahl getrocknete Blätter gegen Traurigkeit und Herzschmerzen...

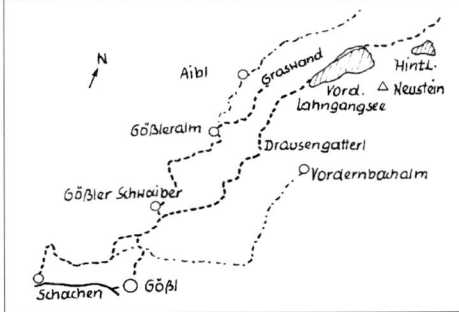

Kurzinformation:
Leichte Bergwanderung; 4½ Std.; 800 HM; KW Nr. 20
AP: Schachen bei Gößl
Wir lassen uns von der Markg Nr. 214, zuerst auf Forststraße, dann auf altem Almsteig durch Wald, bis zum Drausengatterl (1380 m) und über den „Schafbühel" zum Vorderen Lahngangsee (1492 m) und weiter oberhalb des Hinteren Lahngangsees (1496 m) bis zu den Hütten der Elmgrube leiten.

Die Graswand

Beste Aussicht auf die Lahngangseen

Wenn man nur die Gößleralm oder das oberhalb liegende „Aibl" zum Ziel hat, dann sollte man es nicht verabsäumen, auf die „Graswand" zu steigen. Von ihr hat man nämlich eine einmalige und hervorragende Aussicht auf die beiden Lahngangseen, die einem wie aus der Vogelschau zu Füßen liegen. Geht man vom Aibl zum Salzofen weiter, hat man von einem tiefer liegenden Punkt, der dort nach Nordosten weiterlaufenden Graswand, ebenfalls einen zumindest ausschnittweisen Blick auf den Vorderen Lahngangsee.

Die Gößleralm erreichen wir von Gößl oder von Schachen über eine markierte Route. Durch schönen Hochwald steigen wir weiter an, kommen an der gefaßten Quelle für das Jagdhaus auf der „Schwaiba" vorüber und folgen dem alten, gut ausgebauten Steig hinauf zur Alm, über den auch heute noch die Rinder aufgetrieben werden; im oberen Teil sind seine Kehren sogar mit geschlichteten Steinen ausgebaut. Nach knapp zwei Stunden erreichen wir die Hütten der Gößleralm, die auf 1585 Meter liegen und heute nur noch gelegentlich von den Gößler Bauern benützt werden. – Von einem kleinen Geländevorsprung hat man einen besonders lohnenden Blick über den Grundlsee hinweg.

Wasser gibt es erst etwa 15 Gehminuten oberhalb der Gößleralm, beim Lärchenwäldchen unterhalb des Aibl. Es könnte sein, daß auf diesem Geländeabsatz in alten Zeiten die Hütten der Gößleralm gestanden waren.

Um von hier aus die Graswand zu besteigen, geht man zuerst noch etwa zehn Minuten am markierten Pfad in Richtung „Aibl" und wendet sich dann in einem lockeren Lärchenwäldchen, vor der sogenannten „Roten Leiten", nach rechts und steigt auf Trittspuren im mittelsteilen Rasengelände aufwärts. Man kann ohne größere Schwierigkeiten einen Weg finden, der den zwischengestreuten, etwas felsigen Geländestufen ausweicht.

Nach weiteren zwanzig Minuten steht man dann am Rand des Steilabsturzes der Graswand und schaut direkt hinuter auf den Weg, der sich vom Drausengatterl zum Lahngangsee schlängelt und hat vor allem beide Lahngangseen, im tiefen Einschnitt zwischen Salzofen und Neustein, vor sich – ein faszinierender Tiefblick, den sonst kein Gipfel gewährt. Aber auch die Schau über den Schafbühel hinweg auf die darunterliegende Vordernbachalm ist besonders interessant. Ihr so auffällig mäandrierender Bach glänzt meist – je nach Sonnenstand – wie flüssiges Silber herauf.

Vom Aussichtspunkt am Rand der Steilabbrüche sind es schließlich noch drei Minuten hinauf zum höchsten Punkt, der durch eine Vermessungsstange markiert wird und eine sehr gute Schau hinüber auf Reichenstein und Backenstein gewährt. Nur von der Graswand hat man auch einen Blick auf die Hütten der Gößleralm und darüber hinweg zum Grundlsee.

Auf der Graswand gedeihen verschiedene interessante Pflanzen: So etwa die *Mondraute* (auch Rautenfarn genannt), eine dem Boden eng anliegende Farnart der „Natterzungengewächse", aber auch der zartblaue *Alpenflachs* sowie die *Alpen-Mutterwurz*.

Kurzinformation:
Anspruchsvolle Bergwanderung; 4½ bis 5 Std.; 1000 HM; KW Nr. 20
AP: Schachen bei Gößl
Mark. Weg Nr. 213 zur Gößleralm und noch etwa 10 Min. weiter in Richtung Aibl. Dann unmarkiert vor der sog. „roten Leiten" auf Trittspuren nach rechts und im mittelsteilen Rasengelände aufwärts. Nach etwa 20 Min. wird der Rand des Steilabsturzes zu den Lahngangseen erreicht. Knapp darüber steht eine Vermessungsstange am höchsten Punkt (etwa 1730 m).

Der verborgene Dreibrüdersee

Wenn man vom Aibl, diesem besonders romantischen Platz mit der kleinen Jagdhütte vor den Felszacken des Dreibrüderkogels, durch das Längtal in Richtung Salzofen weitergeht, dann liegt westlich dieser markierten Wegstrecke der Dreibrüdersee, vom Hauptpfad aus nicht zu sehen. Unbedingt sollte man sich aber die Zeit für den einstündigen Abstecher zum kleinen, fast kreisrunden See nehmen, den man wegen seiner einsamen Lage wohl auch ein wenig geheimnisvoll empfindet. Diesen Eindruck hat man weniger im August, da selbst an diesem abgeschiedenen Ort Ochsen und Kalbinnen der Gößler Bauern weiden, als im Herbst, wenn eine fast unwirkliche Stille über der unübersichtlichen, riesigen Karstdoline liegt.

Wir steigen vom Aibl ein kurzes Stück abwärts, und ehe der Pfad in der Senke wieder ansteigt, entdecken wir einen kleinen Steinmann und auch einen recht guten Steig, dem wir mäßig abwärts folgen. Schöne alte Zirben, wenige Lärchen und viele Latschen finden sich hier. Der herrliche Felskessel wird linkerhand von der glatten Felswand des Dreibrüderkogels begrenzt. Der Pfad ist so gut ausgetreten und angelegt, daß man die zu seiner Markierung von den Almleuten und Jägern angebrachten Steindauben gar nicht brauchte.

Am Rand einer größeren Gründoline geht es dahin, auf der Westseite zeigt das Gelände fast Dolomitencharakter, und nach einer knappen halben Stunde erreichen wir auch schon das grüne Wasser des Dreibrüdersees, der im Herbst oft nur halb so groß wie im Juli ist. Besonders interessant sind die verschiedenen Wasserstandsmarken, an denen man die starken Schwankungen des Seespiegels ablesen kann.

Nördlich des kleinen Gewässers finden sich zwischen den Felsblöcken immer wieder kleine Rasen- und Weideflecken. Auf manchen gedeiht die „*Stacheligste Kratzdistel*" aber auch der *Alpen-Süßklee*. Gleich in der Nähe liegt, völlig versteckt in den Latschen, eine neuerbaute, kleine Hütte; Erdbohrer und andere Gerätschaften an der Außenwand sowie ein Hinweis auf die Universität Salzburg lassen hier auf einen kleinen wissenschaftlichen Forschungsstützpunkt schließen.

Wenn man nicht einen insgesamt sieben- bis achtstündigen Weg auf sich nehmen will, dann geht man von hier am besten wieder über Aibl und

Gößleralm zurück, sonst kann man auf Pfadspuren von der Gründoline aus direkt zur Jagdhütte auf den Weg Nummer 213 hinaufsteigen.

Die „Stacheligste Kratzdistel"

Sie trägt diese Beifügung sogar als wissenschaftliche Bezeichnung, weil sie wirklich von allen bei uns vorkommenden Kratzdistelarten die stacheligste ist. Dabei ist sie durch ihre bleichgrüne Farbe und ihren Reichtum an Stacheln besonders hübsch und auffallend. – Almhirten behaupten, daß sie in ganz jungem Zustand von Schafen und Ziegen leidenschaftlich gern gefressen wird.

Der lateinische Name „Cirsius" weist auf einen im Altertum aus ihrer Wurzel bereiteten Absud gegen Krampfadern hin.

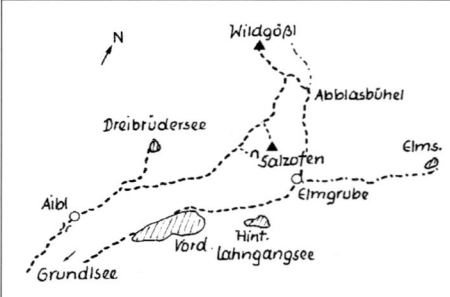

Kurzinformation:
Mittlere Bergwanderung; 6 Std.; 1000 HM; KW Nr. 68
AP: Schachen bei Gößl
Mark. Weg Nr. 213 zur Gößleralm, sodann zum Aibl und nun weiter den mark. Weg 213 durch das Längtal in Richtung Salzofen. Ein kurzes Stück abwärts, und ehe der Pfad wieder ansteigt, markiert ein kleiner Steinmann einen recht guten Steig, der vom markierten Pfad linkerhand abzweigt. Durch Steindauben geleitet, geht es zum Dreibrüdersee (1640 m) hinab.

Die Salzofenhöhle

Älteste Siedlungsstätte der Steiermark

Direkt in Gößl, in der Nähe des Gasthofs Veit, oder in Schachen, am Ostende des Grundlsees, gehen wir los und folgen der Markierung hinauf zur Gößleralm. Über die „Gößler Schwaiba", mit dem Jagdhaus der Bundesforste, geht es im Hochwald und dann in angenehmen Kehren auf einem alten Almtriebweg aufwärts, und nach etwa zwei Stunden erreichen wir schließlich die 1585 Meter hoch gelegene Gößleralm. (Siehe auch vorherige Tourenbeschreibungen.) Ihre Hütten liegen auf einem Geländevorsprung direkt unterhalb der ersten gewaltigen Abstürze und Wände des Toten Gebirges und bieten einen Prachtblick hinüber zum Dachstein mit dem Hallstättergletscher, aber auch auf Höchstein und Hochwildstelle sowie andere markante Gipfel der Schladminger Tauern. Durch einen lockeren Lärchenwald geht es weiter aufwärts. Die oberen hübschen Hütten der Alm bleiben zurück; ein kleines Stück geht es eben dahin, und dann steigen wir durch ein reizvolles kleines Felstälchen hinauf. Hier wird der Blick auf den Grundlsee und den genau dahinter liegenden Dachstein noch besser (siehe Umschlagbild). Bald haben wir das kleine Kar durchstiegen und erreichen auf einer Geländestufe einen besonders romantischen Platz: Neben dem vorhin geschilderten Panorama bauen sich vor uns die wilden Felszähne des Dreibrüderkogels auf, und direkt davor steht ein kleines Jagdhütterl. „Aibl" heißt dieses wundervolle Platzerl.

Vom Aibl kann man unmarkiert durch das „Obere Widderkar" zum Verbindungsweg „Appelhaus – Pühringerhütte" gehen; wir halten uns aber an die Markierung, die uns in nordöstliche Richtung in das sogenannte „Längtal" weist. Nach einem Weidegatterl breitet sich dieses riesige Dolinen-Trogtal vor uns aus, westlich von den Brüderkogeln, östlich vom Salzofen, unserem Ziel, begrenzt. Urige Lärchen- und Zirbengruppen stehen in dem latschendurchsetzten Felsschutt- und Dolinengelände: Mittendrin der jadegrüne, kleine Dreibrüdersee – ein reizender Anblick!

Wir gehen, mäßig steigend, am östlichen Rand des Hochtales auf den breit vor uns liegenden Salzofen zu. Linkerhand die Abzweigung zum Dreibrüdersee (siehe vorheriges Kapitel). Über eiszeitlich glatt geschliffene Kalkfelsplatten, dann wieder über rauhe Riefen windet sich der Steig durch Latscheninseln aufwärts. An einer kleinen Jagdhütte geht es vorbei (hierher kann man auf Trittspuren unmarkiert vom Dreibrüdersee heraufsteigen). Und nun gelangen wir an den Rand der Abstürze der hier auslaufenden Graswand und schauen überrascht auf die beiden wunderhübschen Lahngangseen mit ihrer tiefgrünen Wasserfärbung hinunter. Nun sehen wir auch das große Eingangsportal der Salzofenhöhle und sollen uns ihre genaue Lage gut einprägen, denn wir müssen bald unmarkiert auf Trittspuren zu ihr aufsteigen. Wir folgen dazu dem Pfad noch ein Stück in Richtung Wildgößl, wenden uns dann aber bald rechterhand im grasbewachsenen Felsschutt steil aufwärts; bei trockenen Verhältnissen ist das weiters kein Problem. Sollten wir diesen Zustieg verpassen, dann besteigen wir vorerst den 2070 Meter hohen Salzofengipfel, an dem das markierte Wegerl knapp unterhalb vorbeiführt, und steigen im leichten Gelände von der Ostseite zur Salzofenhöhle hinunter.

In ihrem großen Eingangsportal werden wir wohl vorerst einmal rasten und uns ein bißchen umsehen: Man erkennt schon im Eingangsbereich Grabungsspuren der Archäologen, wird aber dann durch ein verschlossenes Tor am weiteren Eindringen gehindert; dies ist gut so, denn unbefugte Grabungen können noch ausstehende Forschungsergebnisse behindern und verfälschen.

Im Sommer 1924 suchten die zwei Grundlseer Jäger Ferdinand Schraml und Franz Köberl vor einem Unwetter in der Höhle Schutz und entdeckten dabei eine Menge umherliegender Knochen. Sie verständigten den Schuldirektor Otto Körber aus Bad Aussee, dem die wissenschaftliche Erforschung der Salzofenhöhle von diesem Moment an zur weiteren Lebensaufgabe wurde. Zwanzig Jahre lang sammelte er Berge von Knochen, die eine Rekonstruktion von Höhlenbärenskeletten, einem Vielfraßskelett und vieles andere mehr ermöglichten. Auch steinzeitliche Siedlungsspuren wurden gefunden.

Von 1950 an wurde die Höhle von der Österreichischen Akademie der Wissenschaften systematisch bis auf eine Länge von derzeit zwei Kilometern befahren und erforscht. Die Grabungen brachten bedeutsame urgeschichtliche Funde: so mehrere Steinwerkzeuge und zahlreiche bearbeitete Knochenstücke; neben diesen für das alpine Paläolithikum kennzeichnenden Geräten auch eine Anzahl durchlochter Wirbel in bisher noch nie gefundener Art. Im Vorraum der Höhle wurde eine richtige Kulturschicht mit Herdstelle aufgedeckt. Ihre reichliche Holzkohle ermöglichte eine Untersuchung mittels der Radiokarbonmethode und ergab ein sensationelles Alter von 30.000 Jahren. Im Höhleninneren fand man in Wandnischen Höhlenbärenschädel unter ungewöhnlichen Begleitumständen. Sie waren von Steinen umrahmt und ummantelt, gelegentlich auch von Brandspuren begleitet,

Am „Aibl" oberhalb der Gößleralm (Foto Senft)

und nur in ihrer Nähe fanden sich die eigenartig durchlochten Wirbel. Bestand hier eine Kultstätte mit Bärenbestattung? Bei skandinavischen Bärenjägern sind angeblich Schädelbestattungen noch heute Brauch.

Die Salzofenhöhle ist die derzeit höchstgelegene eiszeitliche Siedlungsstätte in Österreich, und schon in einer der letzten warmen Zwischenphasen der Eiszeiten müssen unsere Vorfahren sich zeitweilig in ihr aufgehalten haben – das umgebende Gelände war aber sicherlich auch damals schon „hochalpin" und wird wohl nicht wesentlich anders als heute ausgesehen haben.

Haben wir noch Kraft und Lust, aus unserer Exkursion zur Salzofenhöhle eine Rundwanderung zu machen, dann können wir zur weiten, grünen Sattelmulde, die zwischen Salzofen, Scheiblingkogel und Wildgößl liegt, weitergehen. Zum 2066 Meter hohen, breitklotzigen Wildgößl sind es zwanzig Minuten hinauf; er bietet eine besonders umfassende Aussicht. (Von Gößl bis hierher ist man an reiner Gehzeit viereinhalb bis 5 Stunden unterwegs!)

Direkt gegenüber, nordöstlich von uns, erstreckt sich der Hochkogel mit seinen eigenartigen, wie Schuppen übereinander angeordneten Felsstufen und unter uns der Sattel des „Abblasbühels", über den unser Weiterweg zu den Lahngangseen verläuft. – Im Juli erleben wir hier oben das Duften und Blühen unzähliger *Kohlröserln,* der kleinstwüchsigen, aber umso reizvolleren Orchideenart unserer Alpinflora.

Auf gutem Pfad steigen wir steil hinunter zum Abblasbühel, wo wir auf den Weitwanderweg stoßen, der die Pühringerhütte mit dem Appelhaus verbindet. Im kleinen Sattelsee spiegeln sich die lotrechten Steilabstürze des Salzofens. Hier blühen viele echte Alpinpflanzen, so etwa der rotblühende *Alpen-Süßklee* oder der *Goldpippau* (auch „Feuerfarbener Pippau" genannt).

Wir wandern weiter talauswärts; der Pfad schlängelt sich durch ein Felssturzgelände, und bei den Hütten in der 1621 Meter hoch gelegenen Elmgrube zweigt der Weg zur Pühringerhütte hinüber ab. Nun geht es weiter in Richtung Lahngangseen; zwischen den Stämmen des lockeren Lärchenwaldes schaut immer wieder der Salzofen mit seiner charakteristischen „Inselbergform" durch. Dann liegt unter uns der fast grünschwarze Hintere Lahngangsee, und bald erreichen wir auch den prachtvollen Vorderen Lahngangsee mit der wunderbaren Bergflora an seinen Ufern.

Weiter führt uns der Weg zum Drausengatterl mit Tiefblick auf die oberhalb des Toplitzsees gelegene Vordernbachalm und sodann weiter die rund 700 Höhenmeter hinunter nach Gößl am Grundlsee.

Salzofen und Wildgößl sind auch Standorte für besonders bemerkenswerte Pflanzen – so zum Beispiel die *Mondraute*.

> **Kurzinformation:**
> Anspruchsvolle Bergwanderung; Trittsicherheit notwendig; 8 Std.; 1300 HM; WK Nr. 68
> AP: Schachen bei Gößl
> Mark. Weg Nr. 213 über Gößleralm und Aibl. Von hier weiter auf Weg 213 durch das Längtal oberhalb des Dreibrüdersees und mäßig steigend, an Jagdhütte vorbei, auf den Salzofen zu. Schon von unten sieht man das breite „Portal" der Salzofenhöhle, zu der wir rechterhand im grasbewachsenen Felsschutt unmarkiert auf Trittspuren hinaufsteigen. Von der Höhle kann unschwierig ostseitig der Gipfel des Salzofens (2070 m) erstiegen und anschließend wieder der Weg 213 erreicht werden. Von der Sattelmulde sind es weitere 20 Min. zum Gipfel des Wildgößl (2062 m), von wo wir über Abblasbühel, Elmgrube und Lahngangseen den Rundweg schließen können.

Von der Pühringerhütte auf das Rotgschirr

Bänder und Felsbankungen wie in den Dolomiten

Das Rotgschirr ist kein Berg für reine Wanderer, sondern nur etwas für trittsichere Bergsteiger, die entsprechend geübt sind. Der obere Teil des Gipfelanstieges ist voll versichert, daher gibt es auch keinerlei Kletterprobleme; aber der völlig Unerfahrene sollte bei dieser besonders lohnenden Unternehmung von einem routinierten Bergsteiger begleitet werden – die landschaftlichen Eindrücke sind großartig!

Für die Rotgschirr-Besteigung nächtigen wir am besten auf der Pühringerhütte, die wir von Gößl bzw. Schachen aus über den markierten Weg zu den Lahngangseen erreichen. (Siehe Kapitel „Zu den Lahngangseen".)

Bei den Hütten in der „Elmgrube" oberhalb der Lahngangseen, zeigt uns ein Wegweiser an, daß es nur noch etwa eine halbe Stunde bis zur Pühringerhütte ist: Ein sehr schön angelegter, ehemaliger Reit- und Saumweg, der alle Unebenheiten des Dolinengeländes ausgleicht, führt uns über das „Windloch" auf eine kleine Anhöhe. Es gibt hervorragende Nahblicke auf

Salzofen, Wildgößl und den Abblasbühel. Von Riefen zerfurchte Bänke des Dachsteinkalkes begleiten den Weg, der öfters durch geschlichtete Steinmäuerchen und sogar durch Holzbrücken und Trittstaffel ausgeglichen wird. Einzelne, schon vor langer Zeit vom Sturm gefällte, uralte Zirben liegen umher und zeigen in ihrem rindenlosen Zustand einen interessanten Drehwuchs.

Vor uns, in einer weiten grünen Senke, liegt schließlich die Pühringerhütte neben dem kleinen, fast kreisrunden Elmsee, und dahinter baut sich das mit seinen Felsbankungen wie ein Dolomitenberg wirkende, mächtige Rotgschirr auf.

Vier Stunden sind wir vom Grundlsee heraufgestiegen, und nur besonders leistungsstarke Geher werden noch am selben Tag die weiteren zwei Stunden Aufstieg sowie den weiten Rückweg nach Gößl auf sich nehmen. Am besten nächtigt man auf der Hütte, die über 30 Betten und 48 Lagerstätten verfügt und von Ende Juni bis Ende September und an schönen Wochenenden im Oktober bewirtschaftet ist. Die Pühringerhütte liegt auf 1638 Meter Seehöhe und ist übrigens auch ein unentbehrlicher Stützpunkt für den Weiterweg zum Großen Priel.

Um das Rotgschirr zu besteigen, folgen wir von der Hütte weg der Markierung und sehen schon von unten das Gipfelkreuz recht deutlich – immer ein Zeichen, daß es nicht allzuweit zum Gipfel ist. Mit drei Stunden ist die Gehzeit angeschrieben, aber in guten zwei Stunden kann man den Höhenunterschied von 630 Metern schaffen.

Vorerst steigen wir über begrünte Almflächen mäßig an, kommen an Latscheninseln vorüber und erreichen eine kleine Einsattelung. Hinter dem Rotgschirr baut sich nach Norden ein markanter Kalkklotz nach dem anderen auf; es sind die „Pulverhörndln". Längs einer glatten Felsbarriere, die vom Hetzkogel in Richtung Pühringerhütte abfällt, geht der schön angelegte Pfad eben dahin. Hier sprudelt sogar eine frische Quelle aus dem Fels. Bald erreichen wir die Abzweigung nach Norden, hinunter in die „Röll"; wir

Von links nach rechts:
Oben: Alpenleinkraut, Bergaster, Alpenflachs
Mitte: Schneehahnenfuß und Schnee-Enzian, Bergflockenblume, Trollblumen am Vorderen Lahngangsee
Unten: Kugelblume, Berg-Vergißmeinnicht, Stacheligste Kratzdistel (Fotos Senft)

bleiben aber vorerst noch am „Nordalpinen Weitwanderweg" in Richtung „Großer Priel", bis wir zum Hinweistaferl „Rotgschirr" kommen.

Herrliche gelbe *Gamswurzblüten* stehen am Weg, und bis spät in den Sommer hinein liegt hier Schnee in den Dolinen. Das hübsche Steigerl führt uns nun in das Geschröf hinein, das an vielen Stellen rötlich gefärbt ist. Der niedrig wachsende *Alpenhahnenfuß,* das *Bergvergißmeinnicht* mit seinen zarten blauen Blütchen, das *Quirlblättrige Läusekraut,* die auch „*Schwarzer Speik"* genannte *Steinraute* und die *Stachelige Kratzdistel* mit ihren prachtvollen gelben Blütenständen sowie die rotblühende *Alpennelke* erfreuen uns mit ihrem Farbenspiel.

Zwischen niedrigen Felsbankerln geht es aufwärts, und linkerhand schauen wir auf die gewaltigen Plattenabstürze von Neuner-, Zehner- und Elferkogel hinüber. Weiter geht es über gut gestufte Schrofen aufwärts; man ist in diesem unübersichtlichen Gelände über die gute Markierung froh. Hinter uns erhebt sich der breite Rücken des Elm, und an den Kalkplatten entdecken wir immer mehr Fossilien – besonders das Dachsteinkalk-Leitfossil, den „Kuhtritt". Bald haben wir das große Kar, umrahmt von eindrucksvollen Felsbankungen, erreicht, und das Gipfelkreuz ist schon ein Stück näher gerückt. Über kleine Felsrücken, abgerundete, manchmal aber auch messerscharfe Platten, dann wieder über dachfirstartige Felsbuckel geht es dahin. Im Frühsommer kann man zur „Wegerleichterung" längere Schneefelder benützen. Interessant sind hier die farbigen Einsprengungen im Gestein, von rot über gelb bis olivgrün.

Einzelne, reizvolle Grasinseln mit den hübschen, rosafarbenen Polstern des *Niedrigen Leimkrautes,* mit tiefrotblühendem *Läusekraut* und dem leuchtend gelben *Sonnenröschen* beleben den Pfad. Im dazwischenliegenden Schutt halten sich aber nur *Täschelkraut* und *Alpenleinkraut*.

Wir steigen nun auf eigenartig gebogene Felsfaltungen zu und müssen dann in einer mäßig geneigten Runse ein bißchen über erdige Schotterstellen hinaufkraxeln. Bald führt uns der Steig aber in festes, gut gestuftes Felsgelände mit Felsabsätzen und Bändern hinauf. Ab hier – es ist etwa das obere Viertel des Anstieges – ist der Weiterweg bis zum Gipfelkreuz mit Drahtseilen sehr gut versichert und gestattet den Trittsicheren und einigermaßen Geübten ein lustiges Hinaufturnen. Der Steig ist nie besonders ausgesetzt, so daß an die Balance keine übermäßigen Ansprüche gestellt werden. – Der Pfad ist landschaftlich großartig angelegt, und man fühlt sich auf den Bändern fast wie in den Brenta-Dolomiten.

Immer eine Stufe höher klimmend, folgt der Steig den schräggestellten Bankungen des Dachsteinkalks. Faszinierend ist der Nahblick in die lotrechten Abstürze der südlichen Ausläufer des Rotgschirrs, und bald stehen wir dann beim Gipfelkreuz in 2263 Meter Seehöhe mit einer schönen Zirkelrose im Holzgebälk und dem Spruch: „Unser Ziel sei der Friede des Herzens".

Prachtvoll ist der Ausblick nach Osten und Westen, sozusagen in das Herz des Toten Gebirges, auf Großen Priel, Temlberg und Spitzmauer auf der einen und Hochkogel, Einserkogel, Woising, Wildgössel, Salzofen, Elm und Hetzkogel auf der anderen Seite sowie zur Weißen Wand im Süden und dahinter zum breit hingelagerten Dachstein.

In „schwindelerregenden" Lagen – die Gemswurz

Mit ihren wunderschönen, goldgelben, großen Blüten überrascht uns Bergsteiger die Gemswurz häufig an schattigen und extrem ausgesetzten Stellen. – Kein Wunder, daß man glaubte, das Kauen ihrer Wurzel mache den Gemsenjäger schwindelfrei.

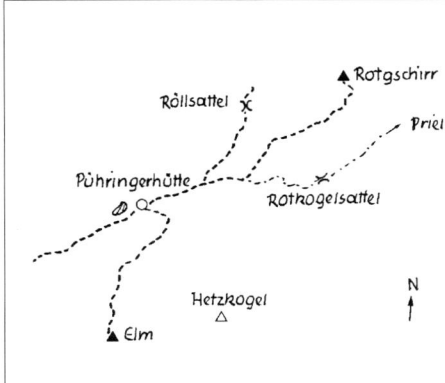

Kurzinformation:
Anspruchsvolle Bergtour; Trittsicherheit und Schwindelfreiheit; 9–10 Std. (von Pühringerhütte hin und zurück 3½ Std.); 1500 HM (von Pühringerhütte 600 HM); KW Nr. 68
AP: Schachen bei Gößl
Mark. Weg Nr. 214 zu Lahngangseen und Elmgrube und weiter in mäßigem Auf und Ab auf Weg Nr. 201 zur Pühringerhütte (1638 m; von Juni bis Okt. geöffnet). Von der Hütte Weg Nr. 201, vorbei an Abzweigung zum Röllsattel und sodann Hinweistafel „Rotgschirr" und linkerhand durch Karstgelände und über gut gestufte Schrofen und Felsbankungen aufwärts; im letzten Viertel Drahtseilversicherungen bis zum Gipfel (2263 m).

Der Elm

Begrünte Pyramide im Karst

Wenn man vom Grundlsee nach Nordosten auf die Kette des Toten Gebirges blickt, dann fällt zwischen den Drei Brüdern und dem Felsklotz der Weißen Wand ein pyramidenförmiger Gipfel mit abgerundeten Formen auf, der „Elm". Er ist ein ausgezeichneter Aussichtsberg auf den Grundlsee und die beiden Lahngangseen; auf Grund seiner vorgeschobenen Lage, direkt am Rand des Toten Gebirges, gewährt er aber auch einen hervorragenden, direkten Einblick auf die vielen einsamen Gipfel des westlichen Teiles dieses Gebirgsstockes, wobei der Blick nach Osten, bis zum höchsten Gipfel, zum Großen Priel, reicht. Besonders interessant ist aber auch das Erlebnis der Karstformationen, die der Pfad beim Gipfelanstieg durchquert.

Der direkte Ausgangspunkt für eine Elmbesteigung ist die Pühringerhütte (siehe Kapitel „Lahngangseen" und „Rotgschirr"), wo man auch am besten nächtigt. – Es sei denn, man ist ein so konditionsstarker Geher, daß man acht bis neun Stunden auf den Beinen sein will, dann ist der Elm auch vom Tal aus, nämlich von Gößl, besteigbar.

Gleich neben der Pühringerhütte weist eine Tafel mit der Bezeichnung „Elm – eineinhalb Stunden" den Weiterweg in südliche Richtung. Steil führt uns der Pfad nach oben. Er ist im untersten Teil nicht markiert, dort aber gut ausgetreten und nicht zu verfehlen. Ab einer kleinen, zirbenbestandenen Geländestufe beginnt dann die bestens angebrachte Farbmarkierung, die allerdings in neueren Landkarten noch nicht eingezeichnet ist. Sie leitet uns in ein großartiges, wildes Karstgelände, das sich als „Rücken" bis zum Gipfelaufbau des Elm aufwärts zieht.

Zwar nur in mäßiger Steigung, aber über ungezählte Felsriefen, messerscharfe Karen, vorbei an kleinen Dolinen und manchmal über abgerundete kleine Felsbuckel und Wandln geht es aufwärts. Besonders interessant sind an einigen Stellen versteinerte Korallen mit ihren kreisrunden, durchlöcherten Gliederstücken – aber auch ganze Stammteilchen sind zu sehen.

Oben: Pühringerhütte am Elmsee mit Rotgschirr
Unten: Appelhaus (Fotos Senft)

Auf diesem lohnenden Wegstück kann man nirgends abstürzen, aber man muß achtgeben, daß man nicht danebentritt und sich den Knöchel verstaucht.

Bald taucht der breite, begrünte Gipfelklotz des Elm vor uns auf. Über einen steilen, aber leicht begehbaren Rasenhang erreichen wir das erst 1988 zum Gedenken an einen durch eine Lawine verunglückten Bergkameraden errichtete Gipfelkreuz in 2128 Meter Seehöhe; daneben steht das einfache alte Kreuz.

Auch hier heroben in schon „unwirtlicher" Höhe gedeihen rotblühendes *Läusekraut,* die hübsche, rotblühende *Alpennelke* und der rotviolett blühende *Alpensüßklee.*

Hinreißend schön ist der Blick auf fast alle Gipfel des Toten Gebirges mit interessanten Tiefblicken auf die oft erstaunlich begrünten und almähnlichen Karböden zwischen den kahlen Karstfelsen, aber natürlich auch hinüber zum Dachstein, auf viele Tauerngipfel und hinaus bis zu Schafberg, Hochkönig und Watzmann.

Das „verlauste" Läusekraut

„Das Läusekraut ist so verlaust, daß nur vor ihm selbst nicht graust", hat *K. H. Waggerl launig gedichtet. Tatsächlich sind die verschiedenen alpinen Arten, wie Quirlblättriges, Alpen-, Gestutztes, Gelbes Läusekraut reizende Wegbegleiter im Berggelände mit ihren leuchtenden Farben und den charakteristisch scharf geschlitzten Blättchen.*

Der Name kommt daher, weil ein Absud der Pflanze sehr gut gegen Läuse bei den Haustieren hilft.

Kurzinformation:
Anspruchsvolle Bergwanderung; 3 Std.; 500 HM; KW Nr. 68
AP: Pühringerhütte (bzw. Schachen bei Gößl)
Von der Pühringerhütte weist eine Tafel „Elm – 1½ Std." in südl. Richtung steil aufwärts. Ein Stück oberhalb, bei einer kleinen Geländestufe, beginnt die Farbmarkierung, die allerdings auch in neuen Landkarten noch nicht eingezeichnet ist. Durch Karstgelände bis zum gänzlich begrünten Gipfelaufbau und weiter zum Gipfelkreuz (2128 m).

Vom Almsee zur Pühringerhütte

Die prachtvolle Nordseite des Toten Gebirges

Freilich ist es ein bißchen umständlich, zum Almsee zu gelangen, denn vom Ausseerland fährt man zum Beispiel über Gmunden an die eineinhalb Stunden dorthin, dafür zeigt sich aber das Tote Gebirge hier von seiner besonders schroffen und spektakulären Seite.

Der Almsee ist ein landschaftliches Kleinod vor der Kulisse der wilden Felsberge; hier hat der berühmte Verhaltensforscher und Nobelpreisträger Konrad Lorenz gewirkt und seine interessanten Experimente mit den Graugänsen durchgeführt, und hier gibt es auch die Kuriosität einer schwimmenden Insel mit meterdicker Humusschicht und einem kleinen Baumbestand.

Wir verlassen unser Fahrzeug (auch Busverbindung von Gmunden möglich) am Parkplatz am Nordende des Sees und folgen vorerst den Markierungsnummern durch das ebene Kalkschutt-Schwemmgelände der „Röll". Eine Tafel „4 Stunden zur Pühringerhütte" weist uns die Richtung. Es geht durch Buschwald und über meist trockene Bachbette, und vor uns sehen wir schon von unten den Einschnitt des Röllsattels, hinter dem die Pühringerhütte liegt.

Der zuerst breite Weg wird schmäler, ein Rotbuchenwald nimmt uns auf, und wir kommen stetig näher an den Talschluß heran. Linkerhand bauen sich die gezackten Seemauern sowie das Pulverhörndl (das auch Jakobinermütze genannt wird) und der Hochplattenkogel auf, und rechterhand zeigen die Grattürme der „Almseer Sonnenuhr", der Zwölfer-, Elfer-, Zehner- und Neunerkogel die Tageszeit an.

Wir erreichen die Abzweigung über die Grießkarscharte zur Elmgrube, die in südwestliche Richtung abzweigt, und haben bis hierher etwa eine Stunde benötigt. Uns nimmt nun der hervorragend angelegte und an allen heiklen Stellen ausreichend versicherte „Sepp-Huber-Steig" auf: Zuerst schlängelt sich der Pfad durch ein Bergsturzgelände, dann geht es ganz nahe an die Felsabbrüche von Zehner- und Neunerkogel heran, und schließlich gibt es auf einem schräg nach oben verlaufenden Band einen problemlosen Durchstieg durch die erste „Barriere". Neben einem kleinen Wasserfall geht es aufwärts, und immer wieder führt der Steig über begrünte Felsbänder. Im Frühsommer, wenn auf der Nordseite noch Schnee liegt, möchten wir allerdings diesen Übergang nach Süden nur sehr erfahrenen Bergsteigern empfehlen.

Almrausch gedeiht in großen Mengen, und der Pfad leitet uns in Serpentinen zwischen einzelnen Lärchen und Latschenflecken zügig aufwärts. – Herrlich, in dieser wuchtigen Hochgebirgslandschaft bergan zu steigen! – Einige Metalleitern helfen, einen Felsaufschwung mühelos zu meistern, und wir kommen recht rasch höher. Der Almsee ist leider nur teilweise zu überblicken.

Wir erreichen eine kleine begrünte Mulde – einen idealen Rastplatz –, und dann geht es über Felsbankungen weiter aufwärts; gelegentlich erleichtern eingemeißelte Stufen ihre Begehung; im lockeren Grus sind es manchmal quergelegte Holzstaffeln. Neben riesigen, schräggestellten Felsplatten führt unser Weg weiter, und schließlich schlängelt er sich durch ein Felsblockgewirr. Nun sind es nur noch wenige Minuten hinauf zum 1755 Meter hohen Röllsattel, der über angenehme Kehren erreicht wird. Etwa die westliche Hälfte des Almsees können wir überblicken, doch geht der Blick weit hinaus in das fruchtbare oberösterreichische Bauernland. Direkt ober uns grüßt das Gipfelkreuz des Rotgschirrs herunter, und vom Norden glänzen die Dachsteingletscher neben Salzofen und Neustein herüber, in östliche Richtung erstreckt sich die Karsteinöde bis hin zum Großen Priel.

Das erste Steilstück des Abstiegsweges zur Pühringerhütte führt anfangs über schön ausgelegte Steinstaffeln, dann windet sich das Steiglein zwischen riesigen Felsblöcken dahin, wobei einige Platten mit sehr schön erkennbaren Fossilien – besonders die herzförmige Schnecke „Megalodon", das „Kuhtritt"-Leitfossil des Dachsteinkalks – unsere Aufmerksamkeit verdienen.

Nach einer halben Stunde vom Sattel haben wir die Hütte erreicht und waren insgesamt vier Stunden vom Almsee herüber unterwegs. – Der Abstieg zum Grundlsee erfordert weitere drei Stunden.

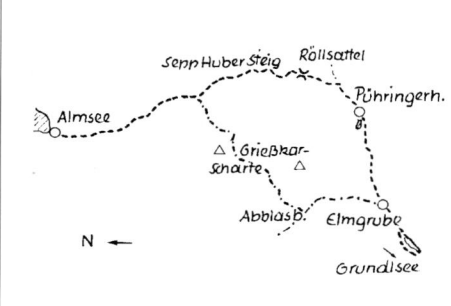

Kurzinformation:
Anspruchsvolle Bergwanderung, Trittsicherheit und Schwindelfreiheit erforderlich; 4 Std. bis Pühringerhütte (weitere 3 Std. bis Gößl-Schachen); 1160 HM; KW 19 und 68
AP: Almsee (591 m)
Markg. 213 und 214, zuerst einige km fast eben; Abzweigung Nr. 213 zur Grießkarscharte bleibt linkerhand; dann gute, versicherte Steiganlage in vielen Serpentinen zum Röllsattel (1755 m). Von dort weiter auf Steig Nr. 214 zur Pühringerhütte (1637 m).

Auf alten Almwegen

Von der Vordernbachalm über die Lackenhütte zum Toplitzsee

Es sei gleich vorweggenommen, diese Wanderung erfordert Erfahrung, Orientierungssinn, eine gute Landkarte und eine sehr gute Kondition für den insgesamt achtstündigen Marsch. – Allerdings können bei diesem Rundweg auch jeweils nur die beiden ersten Teile als kürzere und ebenfalls schon lohnende Wanderungen unternommen werden.

Unser Ausgangspunkt ist Gößl am Grundlsee, von wo wir zuerst den Pfad in Richtung „Gößleralm" beziehungsweise „Lahngangsee" wählen. Mäßig steil steigen wir durch Wald bis zur Forststraße aufwärts und verlassen hier bereits die Markierung. Wir folgen nun der Straße rechterhand in Richtung Vordernbachalm; sie führt uns oberhalb der Gößlerwand – zum Schluß sogar leicht abfallend – vorbei am wilden Einschnitt des Teufelsgrabens – in etwa Fünfviertelstunden auf die 1129 Meter hoch gelegene Alm.

In engen Schlingen mäandriert der hier als eine starke Quelle austretende Bach durch die mit lockerem Baumwuchs bestandenen Almflächen, und wenig später stürzt er durch den Teufelsgraben und sodann als herrlicher Wasserfall in den Toplitzsee. Noch um die Jahrhundertwende bestand hier oben eine Holztriftanlage (ihre Reste kann man noch im Umkreis der Alm finden), wobei das Vordernbachl aufgestaut und das Holz über ein Klausensystem durch den Teufelsgraben in den Toplitzsee „geschwemmt" wurde. Angeblich war das ein so gewaltiges Schauspiel, daß man als Fremdenattraktion von Booten aus die herabstürzenden Baumstämme beobachtete.

Auf der Vordernbachalm, die sich unter die Steilwände der Graswand und den Felsriegel des Neusteins hineinschmiegt, standen früher viel mehr Almhütten als heute, und es gab sommersüber fast an jedem Feierabend ein „fröhliches" Almleben mit Gesang, Jodeln und „Gstanzlwettstreit". Der Dichter und Komponist Alexander Baumann hielt sich mit Freunden viele Sommer hindurch immer wieder auf der Alm auf und schrieb hier sein einst viel gespieltes „Versprechen hinterm Herd". Von seinen zahlreichen Liedern ist das „Vordernbachlied": „Bua, willst auf d'Alma fahrn" zum Volkslied geworden. – Auch Erzherzog Johann besuchte diesen idyllischen Flecken besonders gerne.

Von der Alm weg, vorbei an einer Erinnerungstafel für einen 1912 hier verunglückten „k.u.k. Ballonfahrer", folgen wir vorerst der Forststraße in östlicher Richtung, kürzen diese aber bald auf der Route der hier beginnenden Skimarkierung ab; die gelochten, rot gestrichenen Scheiben sind wegen der hohen Schneelage im Winter etwa vier Meter über Grund angebracht. Die Skimarkierung kürzt die Forststraße einmal ab, und etwa fünfzehn bis zwanzig Minuten nach der Alm müssen wir achtgeben, da nun die Skimarkierung die Straße in nordöstlicher Richtung verläßt. Unser guter Pfad führt unterhalb der Abstürze des Neusteins längs eines interessanten Felsengrunds dahin. *Trollblumen* mit ihren gelben Kugelköpfchen, die zartrosablühende *Raute* und *Waldstorchschnabel* gedeihen hier, und uralte Fichten stehen längs des weiterhin nur mäßig ansteigenden Weges. Auf kleinen Rasenflecken erfreuen uns im Hochsommer *Goldnessel, Weißer Germer,* der in größeren Gruppen gedeihende lilafarbene *Kälberkropf, Grauer Alpendost* und *Fuchs'sches Kreuzkraut*. Auch einzelne Bergahorne bereichern das Bild des lockeren Bergwaldes, und die Fichten zeigen alle den Spitzwuchs der Gebiete mit hoher Schneelage.

Wir müssen beim Weiterweg nun nur noch auf Steinmandln (Steindauben) schauen, weil die Skimarkierung nach Norden abbiegt und in das verkarstete Hochtal zwischen Elm und Hetzkogel hineinzieht. Rechterhand sehen wir das Dach einer verfallenen Jagdhütte und steigen weiter durch den lockeren Wald zwischen Felswandln, Bankungen und Felsblöcken an, die alle die scharfen Verwitterungsriefen und Rillen dieser Kalkgebirgslandschaft zeigen. Viele Baumwurzeln schlingen sich förmlich um die Felsblöcke; vom Sturm gefällte Baumriesen vermodern langsam; wir erleben hier echten Bergurwald. Es handelt sich um Bannwälder, die nicht genutzt werden dürfen, weil Jungwuchs kaum hochgebracht werden könnte.

Unser Pfad wendet sich nunmehr in östliche Richtung; rechterhand liegen die „Elmmoos-Wiesen". Das Wegerl steigt steiler an. Auf den „Grasinseln" gedeihen echte „Almkräutln", wie *Frauenmantel, Wiesenrispe, Hornschotenklee, Bergflockenblume* und *Alpenvergißmeinnicht.*

Der Wald tritt jetzt – wir sind etwa 1600 Meter hoch – völlig zurück, und es gibt einen wunderschönen Ausblick zum Dachstein. Weiter führt der reizvolle Steig an Felswandln vorbei und durch Dolinentäler, in denen im Juli *Almrausch,* aber auch die *Ebereschen* (von den Einheimischen Vogelbeeren genannt) blühen.

Nach zirka zwei Gehstunden von der Vordernbachalm erreichen wir die verfallene „Ochsenkarhütte" mit Blick auf Dachstein, aber auch hinüber in die Schladminger Tauern mit der herausragenden Hochwildstelle. Der Pfad schlängelt sich nun in die voll begrünte Dolinenlandschaft hinunter. Wir müssen besonders auf die kleinen Steinmännchen, die ohnedies in ganz kurzen Abständen angebracht sind, achten. Man darf sich hier nicht durch noch so gut ausgetretene Viehsteige verleiten lassen. Die abseits des Hauptpfades liegende Karst- und Latschenwildnis hat schon erfahrene Wanderer in die Irre gelockt und manchen Bergrettungseinsatz erfordert! Falls man sich im Wegverlauf nicht mehr sicher ist, muß man unbedingt umkehren, bis man wieder die Steinmännchen gefunden hat. Wenn die Tageszeit nicht mehr für den Weiterweg reicht, sollte man überhaupt zurückgehen!

Wir haben uns genau an die Steindauben gehalten und sind in einer Urlandschaft unterwegs. Nördlich von uns erstreckt sich der breite Hetzkogel, der im unteren Teil von einer undurchdringlichen Latschenzone umgürtet ist. Durch Felsschluffe geht unser Steiglein weiter, und unsere Aufmerksamkeit wird immer wieder von abgestorbenen und natürlich entrindeten Zirben angezogen, die einen vollen Drehwuchs aufweisen. Bald geht es fast eben dahin, linkerhand erblicken wir den Elm; ein Weidezaun wird erreicht, und dahinter liegen kleine, von Felsblöcken eingerahmte Grasinseln. Im

Hochsommer hören wir auch das Gebimmel der Viehglocken, und es taucht die Mitterkarhütte auf einem weiten Almboden auf. Hinter ihr baut sich der felsschrofendurchsetzte Elm mit seiner markanten Trapezform auf, und wir haben hier mit 1683 Metern den höchsten Punkt unserer Wanderung erreicht.

Riesige Lärchen mit kandelaberartig ausgebreiteten Zweigen stehen rund um die Alm; wir wenden uns aber weiter in östliche Richtung, direkt auf die vor uns auftauchende Weiße Wand zu. Konzentriert achten wir beim Weiterweg auf die Steinmandln. – Übrigens: „Bei Schlechtwetter darf man eine solche Tour im Hochgebirge nicht unternehmen!"

Eine kleine Anhöhe wird überschritten, dann geht es leicht abwärts, und wir übersteigen das Mäuerl einer Weidezauneinfriedung. Es geht ein bißchen auf und ab, aber schließlich wendet sich der Weg scharf nach rechts abwärts, und gleich darauf sieht man auch schon die Dächer der beiden „Lacken-Jagdhütten". – Linkerhand zweigt knapp vorher ein Jagdsteig zur Pühringerhütte ab.

Unterhalb der alten Hütte befindet sich eine kleine Sumpfstelle, eine „Lacken"; daher wohl der Name. Bei einer der Hütten gibt es eine gefaßte Quelle, und man füllt hier dankbar seine Trinkflasche nach. 1546 Meter sind wir hoch, und hier blüht im Juli rundum wunderbar der *Almrausch*. An die fünf Gehstunden haben wir von Gößl bis hierher benötigt und genießen nun auf der Hüttenbank den schönen Rastplatz und den Dachsteinblick.

Nun haben wir den letzten Wegabschnitt in Richtung Gößl vor uns und folgen dabei dem alten „Reit-Jagdsteig", dessen Stützmauern noch überall erhalten sind. Über diesen Saumweg wurde angeblich die Kaiserin Elisabeth in einer Sänfte vom Grundlsee zur Lackenhütte getragen; vermutlich wird die bergsportlich durchaus ambitionierte Dame den Weg aber zu Fuß zurückgelegt haben.

Sehr angenehm ist dieser Pfad zu begehen. Immer wieder führt er längs niedriger Felsbänke, dann wieder durch lockere Almwaldstücke, und man fühlt sich wie in einer Parklandschaft. Es folgen von Bergahorn und Fichten eingerahmte Rasenflecken, und durch eine romantische kleine Schluchtpassage wird schließlich der sogenannte „Kammertret" erreicht. – „Tret" ist ein alter Ausdruck für „Almstall" oder auch für einen „Almboden", eine kleine Almfläche, die es hier einmal gegeben hat. Das Gelände fällt in Steilstufen zum Kammer- und Toplitzsee hinunter ab, und einige hundert Meter abseits des Pfades gibt es den berühmten Punkt, wo man den Kammer-, Toplitz- und Grundlsee zugleich sieht.

Vom Kammertret erkennt man auch schon den Ansatz der Forststraße unten am „Kammerboden", zu der wir hinunter müssen. Der Reitweg wurde seinerzeit in mühsamer Arbeit durch dieses „wilde" Gelände angelegt und ist auch heute noch in schönen Serpentinen angenehm zu begehen.– Die zartrosa blühende *Mondviole*, ein typisches Waldschluchtgewächs, blüht hier zusammen mit *Gelbem Fingerhut, Türkenbund, Alpen-Milchlattich, Schwalbenwurz, Weißem Hahnenfuß* und *Gelbem Eisenhut*.

Nach etwa eineinhalb Abstiegsstunden von den Lackenhütten erreichen wir den Kammerboden mit der Forststraße. Auf ihr wandern wir – nun wohl schon ziemlich müde – mehr oder weniger eben dahin, aber unsere Aufmerksamkeit wird bald wieder durch die glatten und lotrechten Wände oberhalb des Kammersees, den man jedoch nicht sieht, beansprucht. Nach etwa zwanzig Minuten erreicht man eine Schottergrube, und gleich nachher zweigt unmarkiert der alte Saumweg, den wir schon vorher benützt haben und der nur durch die Forststraße unterbrochen worden ist, rechts ab.

Er verläuft in gleichmäßiger Neigung durch Hochwald abwärts und führt recht romantisch unterhalb von kleinen Felsabstürzen vorbei. Rechterhand hört man den Vordernbacher Wasserfall in den Toplitzsee hinunterstürzen, sieht aber den Seespiegel selbst erst etwas später durch die Bäume grün heraufschimmern.

Durch Rotbuchenwald geht es hinunter, bis man schließlich, nun schon fast im Talboden, die Widerlager einer ehemaligen Brücke des Reitweges erreicht. – Hier ist der Saumweg zu Ende, und auf einem Forstweg geht es weiter; vorbei am „Stimitz-Ursprung", einer der beiden Traunquellen, die nach wenigen Metern so breit wie ein kleiner Fluß werden. Und gleich darauf erreichen wir das Ostende des Grundlsees am Rand von Gößl in der Nähe des belebten Campingplatzes.

Drei Stunden sind wir von der Lackenalm abgestiegen, so daß wir für die gesamte Rundwanderung gute acht Stunden, also einen ganzen langen Sommertag, benötigen. Die großartigen landschaftlichen und naturkundlichen Eindrücke lohnen aber die Mühe.

Frauenmantel – das Kraut der Alchimisten

Dieses am Boden anliegende Kraut mit seinen verhältnismäßig großen mantelförmigen Blättern wird in den Alpen fast überall als Frauenmantel bezeichnet. Die Blütchen sind eher unscheinbar gelblich, und es ist für den botanischen Laien nicht sofort einsichtig, daß diese Pflanze zu den Rosengewächsen gehört. Der Frauenmantel sondert Tropfen ab, die als wunderschöne „Tautropfen" in den Blattspitzen hängenbleiben. Nur in den selteneren Fällen handelt es sich wirklich um Tau, vielmehr wird der Tropfen aus dem Pflanzeninneren durch den Flüssigkeitsdruck gespeist. Nach Regen hängen aber an den einzelnen Blattenden auch silbrige Regentropfen, so daß die Pflanze zu Recht auch „Taumantel" heißt.

Im Mittelalter glaubten die Alchimisten, daß dieses Sekret als sogenanntes „Himmlisches Wasser" zur Bereitung des Steins der Weisen notwendig sei. Schon die frühen Botaniker nannten daher den Frauenmantel in lateinischer Sprache „Alchemilla". Für das Vieh ist der Frauenmantel eine ausgezeichnete Almweidepflanze, in der Volksmedizin ist die gerbstoffhaltige Pflanze früher hauptsächlich äußerlich als Wundmittel, für Mundwässer, Umschläge, aber auch gegen Fieber, Diabetes und bei langwierigen Eiterungen mit Erfolg verwendet worden. Noch um 1880 wurde der Frauenmantel in Teilen der Obersteiermark mit einem besonderen Kräutergebet und unter Anrufung der Heiligen Jungfrau ausgegraben.

Albrecht Dürer hat den Frauenmantel als „Marienpflanze" bildlich dargestellt.

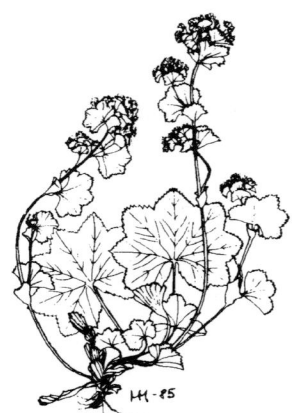

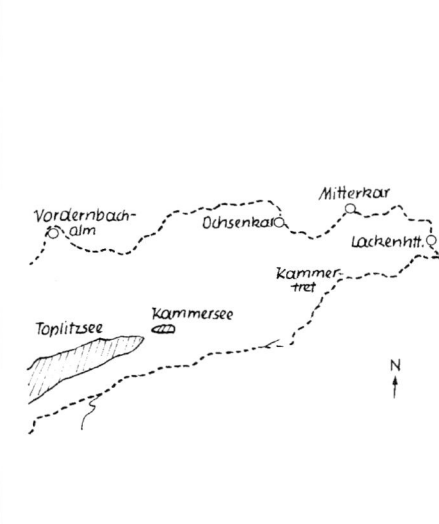

Kurzinformation:
Anspruchsvolle Bergwanderung, Orientierungssinn sowie Mitnahme einer genauen Landkarte erforderlich; 8 Std.; 950 HM; KW Nr. 68 und AV-Karte 1:25000
AP: Schachen bei Gößl
Auf Forststraße bis Vordernbachalm (1129 m) und weiter auf der Straße ca. 1½ km, bis linkerhand die gelochten Scheiben einer Skimarkierung längs der Felswände des Neusteins in östl. Richtung auf gutem Pfad durch Wald mäßig aufwärts führen. Weg ist ab hier durch Steindauben markiert. Nach 2 Std. von Vordernbachalm wird verfallene Ochsenkarhütte (1633 m) und weiter (genau auf Steindauben achten und nicht durch Viehsteige ablenken lassen!) Mitterkarhütte (1683 m) erreicht. Steig verläuft noch etwa 1½ km nach West; bei Abzweigung in nördl. Richtung wenden wir uns nach Süd und erreichen bald die beiden Lackenhütten (1546 m). Von hier alter, ebenfalls durch Steindauben markierter Saumweg über „Kammertret" zur Forststraße im „Kammerboden". Auf ihr etwa 20 Minuten bis Schottergrube, und dort zweigt rechterhand weiter der alte Saumweg ab, der uns bis in die Nähe des Toplitzsees zu den „Gößler Wiesen" leitet.

Die Weiße Wand

Der „schlafende Elefant" vom Grundlsee

Schaut man über den Grundlsee hinweg nach Osten, dann begrenzt eine Kette weißer Kalkberge, von den Drei Brüdern über Elm, Ofenkogel, Weiße Wand, Plankermira, Hochweiß und Tragln, das Blickfeld. Fast geheimnisvoll leuchten sie blaßrosa jeden Schönwetterabend im „Alpenglühen" auf. Ein Berg, ein imposanter Felsklotz, ragt aus diesem Reigen heraus; ist er doch auch der höchste – die „Weiße Wand". Über den vorgelagerten Hochwald- und Latschengürtel bauen sich die Umrisse der Weißen Wand so auf, daß man einen liegenden afrikanischen Elefanten mit den großen Ohren, der fliehenden Stirn und dem Rüssel zu erkennen vermeint...

Man sieht aber auch gleich, daß man nicht so leicht und schnell an diesen Berg herankommt, was auch ein Blick auf die Landkarte bestätigt; es sei denn, man ist Forstmann oder Jäger, der die Forstwege bis zum Kammerboden oder bis zur Plankerauer Alm benützen kann. – Erfahrene Bergwanderer, die sehr gut bei Fuß sind, können die Weiße Wand aber ohne weiteres von Gößl am Grundlsee aus ersteigen, was allerdings bei zügigem Schritt fünf Stunden für den Aufstieg und vier für den Rückweg in Anspruch nimmt, das erfordert zusammen mit den Rastzeiten einen langen Sommertag!

Vom Grundlsee-Ostufer aus folgt man zuerst dem Hinweisschild „Ranftlmühle", geht an ihr vorbei dem Stimitzbach, am Rand der „Gößler Wiesen", entlang und folgt dem Forstweg fast eben bis nach hinten in die Nähe einer Wildfütterung mit einer Hütte. Kurz vor der Hütte muß man genau achtgeben, um den Anfang jenes Pfades zu finden, der nach wenigen Metern zum alten Reitweg führt, der schon seit alten Zeiten den Zugang zur Lacken-Jagdhütte, unseren ersten Wegabschnitt, darstellt.

In gleichmäßiger, angenehmer Neigung geht es nun auf diesem „historischen" Zugang zu den alten kaiserlichen Jagdgefilden an der Südseite des Toten Gebirges aufwärts. (Genauere Wegbeschreibung siehe Kapitel „Auf alten Almwegen".) Nach einer Dreiviertelstunde gelangen wir zu einem Forstweg, der von Wienern über die sogenannte „Schwarzwaldwiese" herüberkommt und dem wir nun nach hinten, bis zum „Kammerboden", folgen. Knapp vor dem Ende der Forststraße nimmt der alte Reitweg seine Fortsetzung, und es ist uns ein leichtes, den Ansatz des klar erkennbaren, guten Pfades zu finden.

Hier, unterhalb der Felsschrofen der sogenannten „Lärchkögel", stand neben dem Weg eine große Holzknechtstube, wie die festeren Behausungen der Waldarbeiter genannt wurden, in der wenige Jahre nach der Jahrhundertwende 19 Holzknechte durch ein Lawinenunglück ums Leben kamen.

Über den „Kammertret" und den nachfolgenden, besonders reizvollen Wegabschnitt, der durch die fast ebenen, von Lärchen und alten Wetterfichten umstandenen und von Felsblöcken eingerahmten „Böden" nahezu Alpinpark-Charakter hat, wandern wir weiter. Der Pfad steigt wieder an, und nun gelangen wir auch schon zur Abzweigung ins „Plotschkar", wo wir dann den Weiterweg zur Weißen Wand nehmen. Vorerst gehen wir aber in einer scharfen Linkskurve die paar Minuten zu den Lackenhütten hinüber, wo wir Wasser finden und auf der Holzveranda die erste wohlverdiente, längere Rast mit einem Prachtblick hinüber zu den gleißenden Dachsteingletschern genießen.

Nun gibt es zwei Möglichkeiten, um an den Fuß unseres Bergzieles zu gelangen. Der kürzere und leichter zu findende Weg ist der übers Plotschkar: Wobei wir das kurze Stück zurückgehen und in südlicher Richtung dem ausgeprägten Pfad folgen, der in unregelmäßigen Abständen durch Steindauben markiert ist. Sehr hübsch verläuft der Steig anfangs oberhalb von Felswandln, und die Fotografen werden sich den Schnappschuß zum Dachstein über den Grundlsee hinweg nicht entgehen lassen. Bald geht es dann durch ein begrüntes Felstälchen, einem logischen Durchschlupf durch die ansonsten sehr unübersichtlichen, latschenbestandenen, niedrigen Felsbarrieren, Dolinen und scharfen, verkarsteten Karrenfelder, weiter. *Felsenbaldrian* gedeiht hier neben *Alpendost* und *Almrausch*.

Die Steinmandln leiten uns zuerst durchs „Kleine", dann durchs „Große Plotschkar", und hier geht die Wegsuche und Pfadfindung nicht so einfach wie bei einem markierten Steig vor sich. Das ist aber gerade der Reiz des kleinen Abenteuers, auf dieser Tour Geländegefühl und Bergerfahrung miteinbringen zu müssen!

Unter den Westwänden unseres Berges, die ihm zurecht den Namen „Weiße Wand" eingetragen haben, geht es nun in einer leicht talartigen Mulde weiter, bis das Gelände freier und übersichtlicher wird. Linkerhand tut sich die sogenannte „Stierlucke" auf, wo Steindauben und ein Pfadansatz in Latschengassen nach links leiten.

Diesen Punkt erreicht man auch, wenn man den mit Steinmandln bezeichneten, direkt von der oberen Lackenhütte in südöstlicher Richtung ausgehenden Pfad wählt, dessen Wegführung jedoch an manchen Stellen recht kompliziert ist. Zum Schluß muß man dann an der Felsbasis der Weißen Wand von Norden nach Westen hinüberqueren, um ebenfalls die Stierlucke zu erreichen.

Hier erkennt der erfahrene Bergsteiger bald den leichtest gangbaren Weg, einen begrünten Schrofenstreifen in der Südflanke, der zwischen schwierigem Felsgelände bis zum Westgipfel nach oben führt. Sucht man sich die Route genau aus, dann ist es nur selten notwendig, die Hände zu gebrauchen.

Nach der offiziellen Schwierigkeitsskala ist es ein angenehmes Steigen im Schwierigkeitsgrad I (das bedeutet „geringe Schwierigkeit, jedoch absolute Trittsicherheit, Schwindelfreiheit und trockenes Wetter").

Man ist beim Aufstieg überrascht, in dieser Flanke einen begrünten „Blumenberg" mit prachtvoller Kalkflora und keinen „Karstberg" vorzufinden! So finden wir zum Beispiel die *Alpennelke,* das wunderbar zartrosa blühende *Rundblättrige Täschelkraut,* den violetten *Alpenhelm.* Vom Grundlsee aus erkennt man aber mit dem Fernglas, daß es sich nur um einen relativ schmalen „grünen" Streifen, beiderseits von schwierigerem Fels flankiert, handelt. – Bald legt sich die Flanke zurück, der Kamm ist erreicht, und nun schaut man auch in das wilde Schuttkar hinunter, das den West- vom Ostgipfel trennt, und darüber hinweg auf die „echte Steinwüste" und Kernzone des Toten Gebirges mit Großem Priel, Brotfall, Hochkasten und so fort.

Vor dem Gipfel erfreuen uns reizende Polster von gelbblühendem *Steinbrech,* und dann grüßt auch schon das kleine holzgezimmerte Gipfelkreuz herüber, das zu Ende der achtziger Jahre in einem soliden Gipfelsteinmann verankert wurde. 2195 Meter sind wir hoch und genießen nach Westen einen großartigen Blick auf das Ausseerland, den Dachstein, die Schladminger Tauern und die ganz nahe liegenden Berge der „Tauplitzumrahmung", wie Lawinenstein, Traweng, Sturzhahn, Tragln und die direkt benachbarten Klötze der Plankermira und Hochweiß.

Schon 1971 wurde beim Steinmann ein Gipfelbuch hinterlegt; es ist aber erst halb voll geschrieben – ein Hinweis auf den weiten Anmarschweg. – Mehrmals im Jahr kommen von der Tauplitzalm über den Traglhals im Frühjahr Skitourengeher herüber; zweifellos bei sicherem Wetter und guten Schneebedingungen die schönste und rascheste Art einer Besteigung. Die Skialpinisten kommen dabei vom Osten über die zwischen Plankermira und Weißer Wand gelegene Rickmersscharte herauf, die auch als Sommerzustieg empfohlen wird, über deren gute Begehbarkeit wir aber nichts aus eigener Erfahrung berichten können.

Hat man nun Lust und Kraft genug, dann sollte man noch zum fünf Meter höheren Ostgipfel hinübergehen, der in fünfzehn Minuten in leichter Kraxelei zu erreichen ist und von wo man besonders gut in den „Karst" des Toten Gebirges hineinschauen kann.

Ja, und dann geht es an den langen Rückweg auf gleicher Route – sicherlich von mehreren beschaulichen Pausen unterbrochen. Trotz der beachtlichen Gehleistung kommen wir um ein großartiges Bergerlebnis reicher ins Tal.

Der Bergbaldrian ist das „Kaskraut" der Einheimischen

Mit seinen zart lilafarbenen Blütchen erfreut uns der Bergbaldrian bis Ende Juli. Seine Blätter färben sich dem Herbst zu dann gelb, und ab diesem Zeitpunkt „duftet" die Umgebung der Baldrianstandorte ganz kräftig nach Käse! – Ähnliche „Gerüche" kennt man ja als Bergwanderer auch von den Speikstandorten im Urgestein. Daß die Baldrianwurzel neben den aromatischen Ölen auch beruhigende und herzstärkende Eigenschaften hat, war schon im Altertum bekannt.

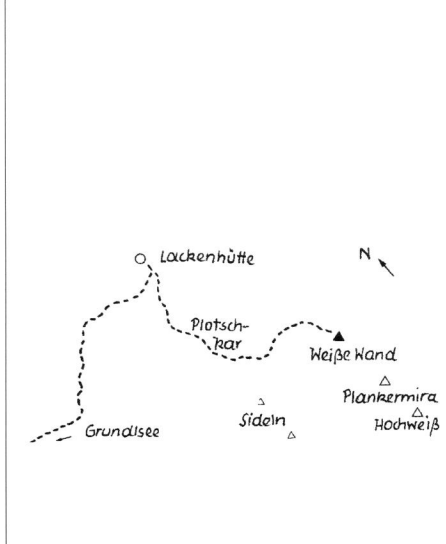

Kurzinformation:
Anspruchsvolle Bergtour; nur für schwindelfreie und geübte Bergsteiger mit Orientierungssinn; genaue Landkarte nötig; 9 Std; 1450 HM; KW Nr. 68 und AV-Karte 1:25.000

AP: Grundlsee-Ostufer

Vom Parkplatz folgt man dem Hinweisschild „Ranftlmühle", geht an ihr vorbei und folgt dem Forstweg am Rande der Gößlerwiesen bis in die Nähe einer Wildfütterung mit einer Hütte. Kurz vor der Hütte beginnt rechterhand ein Pfad, der kurz darauf in den alten Reit- bzw. Saumweg zur Lackenhütte mündet. Ihm folgen wir bis hinauf zur Forststraße, die wir bei einer Schottergrube betreten und der wir bis ans Ende in den sog. „Kammerboden" nachgehen. Knapp vor dem Ende nimmt der alte Reitweg seine Fortsetzung, und über den „Kammertret" gelangen wir zur Lackenhütte (1546 m; Quelle).

Ein kurzes Stück gehen wir zurück und folgen nun in südl. Richtung dem ausgeprägten Pfad ins „Plotschkar"; unregelmäßig durch Steindauben markiert. Unter den Westabstürzen der Weißen Wand geht es in einer talartigen Mulde weiter, bis das Gelände freier wird und linkerhand die Steindauben zur „Stierlucke" weisen. Hier erkennt der erfahrene Bergsteiger bald den leichtest gangbaren Weg, einen begrünten Schrofenstreifen in der Südflanke, der die Aufstiegsroute zum Gipfel weist.

Das Leben der Holzknechte im „alten" Salzkammergut

Heinrich *Noe* beschreibt in seinem 1896 erschienenen „Österreichischen Seenbuch" das „tapfere und unerschrockene" Leben der Holzknechte im Salzkammergut auf hervorragende Weise:

Das Holzknechtsleben stellt eine kleine Welt eigener Sitten dar. Das Gebiet ist noch nicht für das lesende Publikum erschlossen: Die Reiseschriftsteller kommen, bei diesem Punkte angelangt, nie über allgemeine Redensarten hinaus. Im nachfolgenden habe ich mich bemüht, eine genaue Darstellung der Einzelheiten aus dem Treiben dieser Männer zu geben. Ich werde zeigen, wie sie arbeiten, essen, sich erholen.

Die Holzstube, auf dem Gebirge gelegen, ist für den Holzknecht dasselbe, was dem Soldaten die Kaserne. Dort eben wohnt er Monate lang, um sich den weiten Weg nach dem Tale zu ersparen, welchen er täglich zurücklegen müßte, wenn er von seinem Nachtlager nach dem ‚Schlag' gehen wollte. Solches geschieht nur einmal wöchentlich: am Montag in aller Frühe, wo er von den Erholungen des Sonntags unten wieder in seine Berge zurückkehrt. An diesem Tage kann man dem Holzknecht begegnen, wie er in der Dämmerung den Bergpfad ansteigt, mit seinem ledernen ‚Wochensack' beladen, in dem er das mitnimmt, was er die Woche über braucht, Mehl, Brot, Schmalz und wohl auch manchmal ein Stückchen ‚Geselchtes'.

Mitten in der geräumigen ‚Stube', an deren Wänden Bretter hinlaufen, die Schlafstätten der Knechte, erhebt sich ein langer Herd, auf welchem gewaltige Feuer prasseln, über denen Häfen mit siedendem Wasser stehen. Soviel Knechte in der Hütte wohnen (die Genossenschaft heißt ein ‚Paß'), soviel Häfen sieden da. Das alles hat der ‚Gäumel' getan, entweder ein ganz

---

Die „Wegmarterln" lassen die Schicksale der Sennerinnen, Holzknechte und Jäger lebendig werden
Oben: Am „Almbergweg": Der hl. Leonhard wird um Schutz angefleht
     Am Altausseersee: Eine Sennerin wurde beim Almauftrieb in den See gestoßen und ist ertrunken
Mitte: „Wildererdrama" beim Aufstieg zum Grimming
     Beim „Kreutz" am Grundlsee: Errettung am Eis
Unten: Beim Aufstieg zum Hochmühleck: Holzknecht-Schicksal
     Am Hochklopfsattel: Sennerinnen erflehen den „Almsegen" (Fotos Senft)

junger Bursche oder ein alter, ausgedienter Knecht, welcher der ‚Paß' ihr Hauswesen führt, Holz spaltet, Feuer macht und ihnen das Wasser siedet.

Wenn der Knecht in die Holzstube tritt, nimmt er seinen Sitzhut ab, er würde mit ihm überall an die Decke stoßen, und bedeckt sein Haupt mit der landesüblichen Zipfelhaube. Der Anführer des ‚Paß', der Meisterknecht oder Rottmeister, betet vor, und nun geht es an den flammenden Herd zum Bereiten der ‚Nocken'.

Jeder hat, wie sein eigenes Geschirr, so seinen eigenen Platz am Herd. Zu diesem verfügt er sich und schüttet in eine tief ausgehöhlte hölzerne Schüssel, meist aus Zirbenholz, welche man mit dem Segment einer größeren Kanonenkugel vergleichen kann, eine gewisse Menge Mehl. Nun ergreift er den Hafen, in welchem das Wasser siedet, und gießt in die hölzerne Schüssel. Die Kunstfertigkeit beruht darin, daß mit einem einzigen Guß nicht mehr und nicht weniger heißes Wasser in die Schüssel stürzen darf, als notwendig ist, um aus dem darin befindlichen Mehl einen soliden Teig anzumachen, welcher zur Bildung von ungefähr acht Klößen, Nocken, hinreicht. Wer öfter als einmal Wasser in die Schüssel gießt, wird ausgelacht.

Jetzt ballt der Knecht mit seinem ‚Muaßa', einem langen Holzstiel, dessen eines Ende zu einem tief ausgehöhlten Kochlöffel verarbeitet ist, während das andere Ende flach und breit ausgeht, aus dem Teig von Wasser, Salz und Mehl Kugeln und wirft sie in das heiße Wasser, daß sie bald zitternd in die Höhe tanzen. Es sind ihrer meist acht.

Das andere Ende des ‚Muaßa' würde er benützen, wenn er einen ‚Schmarrn' umzurühren hätte.

Mittlerweile siedet in einer eisernen Pfanne Schmalz. Der Knecht gibt nun zum Bräunen die verhärteten Nocken in die Pfanne.

Es gewährt einen seltsamen Anblick, die Männer in langer Reihe so vor den Feuern stehen zu sehen. Jeder hält den langen Pfannenstiel an seinem äußersten Ende. Weil er wegen der Hitze nicht näher hingehen kann, schlägt er das Stielende oft an seinen rechten Schenkel, damit sich die Nocken in der Pfanne rühren und nicht an ihren Wänden anbrennen.

Sind die Nocken fertig geröstet, so werden die Pfannen vor die Hütte gestellt. Dort verkühlen sie. Hat der lange Bereitungsprozeß endlich durch Verspeisen seinen Abschluß gefunden, so wird noch das Wasser in dem Hafen benützt, in welchem die Nocken hart gesotten wurden. Sie schneiden

Brot in die Brühe, in welcher Teigüberreste schwimmen, oder gießen vom übrigen Schmalz daran.

Dann wird zur Arbeit aufgebrochen.

Bei warmem Wetter gehen Sie hemdsärmelig hinaus, eine Weste ohne Ärmel, Lederhosen, grobe wollene Strümpfe und dicke, schwer genagelte Schuhe bilden dann ihre Bekleidung. Bei kühlem und stürmischen Wetter kommt eine kurze Wolljacke und ein Wettermantel dazu. Diesen aus schwerem Wollstoff gefertigt, werfen sie in die Lohe, damit er ‚lodern' wird, braun, lohfarbig, wasserdicht.

Zur gewöhnlichen Ausrüstung gehört das Griesbeil, ein schmales Beil mit rechtwinkelig daraufstehender eiserner Spitze und eine Krummsäge, Waldersagn, welche an einer über die Brust laufenden Schnur getragen wird. Eine krumme Holzleiste, in der Mitte so eingekerbt, daß die Zähne hineinpassen, dient ihr als Scheide. Die Arbeit wird fast stets paarweise in Angriff genommen.

Beim Fällen der Bäume im ‚Schlag' hauen die beiden zuerst eine tiefe Kerbe (Spahn) in den Stamm. Dann setzen sie auf der anderen Seite ihre Säge an und sägen, bis der Baum abgeschnitten umstürzt.

Auf Vorsprüngen von Felswänden ist das eine schwere Anstrengung. Da müssen sie sich nicht selten schwere Steigeisen anlegen, damit sie am steilen Abhang nicht stürzen, und sich wohl vorsehen, daß der umfallende Baum keinen von ihnen in die Tiefe hinabschlägt.

Nachdem die Äste abgeschnitten sind, handelt es sich um die Verwendung des Stammes. Ist dieser zu Bauholz bestimmt, so bleibt er in seiner ganzen Länge liegen oder wird höchstens noch zugehackt, daß die viereckige Balkenform notdürftig hervortritt. Zur Zeit des Bedarfes schleift man den Stamm durch die Kraft von Menschen oder Zugtieren, bindet ihn auf einen Karren, der nur vorne Räder hat, oder zerrt ihn mit Seilen weiter oder läßt ihn auf einem Schlitten hinabgleiten, je nach Bodenbeschaffenheit und Jahreszeit.

Stämme, welche sich zum Bretterschneiden eignen, sind die gesuchtesten, weil aus ihnen am meisten Geld gelöst wird. Unsere Knechte nennen sie Blochholz. Sie schneiden die Stämme in drei Klafter lange Blöcke. Diese nun werden zunächst der Rinde entkleidet, damit sich während ihres Lagerns der Borkenkäfer nicht einniste. Dann bleiben sie liegen und warten auf den Winter, die glatte Schneebahn, auf welcher sie meist von Zugtieren ihrer Bestimmung entgegengeschleift werden.

Für das Brennholz werden zunächst aus den Stämmen Abschnitte von sechs Fuß Länge gesägt und gespalten. Ist die Lage zum Hinabbringen günstig, spaltet (kliebt) man es wohl noch kleiner an den ‚Klubplätzen'.

Sind die Arbeitsplätze weit von den Holzstuben entfernt, hoch oben im Gebirge, so schlagen die Knechte gleich auf dem unwirtlichen Gestein ihre Wohnung auf, so gut es eben geht. Da werden zwei Balken (Schragen) in die Erde gerannt, Querhölzer darübergelegt und mit Rinden ein Dach gedeckt. Auch an den Seiten werden Rinden angebracht und das Ganze so behaglich eingerichtet, als es die Art und Weise der Leute nur immer anstreben kann. Solche Hütten, die man als Kolonialansiedelungen aus Holzstuben betrachten kann, nennen sie Sölden.

Ist die Luft draußen mild, so wird unter dem ‚Schnepfen', einem Vordach, zu Abend gespeist. Dort rauscht der Brunnen und stehen behagliche Bänke. Das Getränk bei dieser Unterhaltung ist meist lauteres Quellwasser. Indessen gibt auch der eine oder andere manchmal seinen Branntwein herum, und dann wird ja ‚tabakelt' (in Gesellschaft geraucht).

Ist die Stimmung recht heiter geworden, so ertönt wohl auch die anspruchslose Musik des ‚Fotzrippler' oder ‚Fotzhobel' (Fotz heißt Mund, daher Mundharmonika) und dazu Almenlieder und Jauchzer. Während aber die älteren bereits gähnen und schon ihr Stroh aufbetten und den Wettermantel herablangen, der ihnen als Zudecke dienen soll, sinnen die jüngeren Knechte auf Abenteuer. Jeder weiß seine Almhütte, deren Bewohnerin längst auf Besuch wartet. Da schnitzt er Spähne zum Feueranmachen, zackt sie am Rande schön aus und nimmt einen ganzen ‚Buschen' oder ‚Burden' davon mit, um ihn seiner Angebeteten als Geschenk zu Füßen zu legen. Die Almerinnen schauen stolz auf ihren Spähnereichtum, weil, je größer der Spahnhaufen, desto größer die Anzahl ihrer Verehrer ist. Aus Erkenntlichkeit wird für den Besuch ein Schmarrn gekocht. Unter scherzhaftem Reden und Singen vergeht die halbe Nacht, und oft steht die lichte Sonne schon wieder auf dem östlichen Gebirg, wenn sie sich trennen, um an ihre Arbeiten zu gehen.

So verrinnt die Woche, und es kommt der Samstag heran, an welchem jeder sich der Rückkehr ins Tal und zu den Seinen freut. Gleich nach dem Essen wird der Rucksack gepackt, und dann geht's hinab, der Ruhe und dem

– Wirtshaus zu. Was einer findet – Beeren, schöne Schwämme, seltene Alpenblumen – nimmt er aus der Höhe mit hinab, und fast alle tragen einen ‚Buschen' Holzspähne bei sich, die sie unten verschenken.

So ist einleuchtend, daß Menschen, welche fast das ganze Jahr über in solcher Luft, bei solcher Arbeit, unter solchen Gefahren leben, gesund und mutig werden müssen. Und es ist in der Tat ein derbes, wackeres Geschlecht. Ich bin oft Stunden lang mit einer der braunen Gestalten durch die Bergwälder gegangen und in die steilen Schläge hinaufgeklettert und habe stets gefunden, daß der Schweiß ihres mühseligen Daseins am echten Menschen nichts verkümmert hat. Ihre Unerschrockenheit und Tapferkeit sind unbeschreiblich. Beim ‚Tabakeln' kommen gesprochene Epopöen zum Vorschein, welchen nur der kombinierende Dichter fehlt. Sie sind die wahren ‚travailleurs des Alpes', und aus ihrem Treiben möchte ein Roman zusammengeschmiedet werden, von dessen Wirksamkeit sich um so mehr erwarten ließe, je mehr der Poet den Gegenstand – eine im einzelnen fast ungeahnte Welt voll Herrlichkeit und Kraft – bloß abschriebe.

Vom Türkenkogel sieht man den Toplitzsee

In der Nähe des Grundlseer Westufers liegt der Ortsteil Gallhof, und hier findet sich auch das Hinweisschild „Wanderweg Weißenbachalm, Nr. 6", der dann bald in die Forststraße auf die Weißenbachalm mündet.

Schon von unten weg geht man fast ständig in der Nähe des Weißenbaches („weiß" schäumender Bach mit ziemlichem Gefälle über Kalkuntergrund!). Die Forststraße führt durch mäßig steilen Bergwald zwischen Rötelstein im Süden und Zlaimkogel im Norden aufwärts. Nach $1^1/_2$ bis 2 Stunden erreichen wir die freien Flächen der auf 1326 Meter liegenden Weißenbachalm mit einem Dutzend kleiner Almhütten, von denen ein bis zwei von Sennerinnen bewirtschaftet werden. Geradeaus geht es zur Zlaimalm weiter; rechterhand kommt der markierte Weg von der Teltschenalm (Rötelstein, Kampel) herunter.

In einer großen Kehre führt unser Weiterweg, dem Almweg folgend, über das Almgelände hinauf, und bei einer der letzten Hütten finden wir die Markierung mit einem Richtungspfeil gerade aufwärts zum Türkenkogel. Bald ist der Pfad aber gut in kurzen Abständen markiert und quert mäßig steigend die Südflanke des Türkenkogels in mehreren Kehren. Den kleinen Felsbankungen und Wandschrofen weicht der Pfad sehr geschickt aus, und schließlich erreichen wir recht mühelos den langgestreckten Kammrücken des Türkenkogels. In 1600 Metern gedeiht hier noch lockerer Bergwald mit einzelnen mächtigen Fichten und Lärchen und dazwischenliegenden kleinen Alm-, aber auch Moorflächen (Schafweide).

Im leichten Auf und Ab geht es weiter. An einer Stelle sieht man auf den Westteil des Grundlsees hinunter. Und dann hört man schon das Bimmeln der Glocken von der etwa 100 m tiefer gelegenen Graßbergalm herauf. Unser Weg biegt nach SO und steigt nochmals – nun zum Gipfelplateau – an. Es geht durch Latschengassen aufwärts, und es gibt Ausblicke auf Bad Mitterndorf mit dem Grimming.

Nun müssen aber noch zwei weitere Geländeaufschwünge gemeistert werden, dafür wird man an mehreren Stellen durch einen sehr interessanten Ausblick auf den Toplitzsee (es gibt im Gebiet nur wenige Stellen, wo man den Toplitzsee überhaupt von oben sieht!) und den Ostteil des Grundlsees entschädigt. – Nach 2 Stunden von der Weißenbachalm stehen wir beim hölzernen Vermessungszeichen des Gipfels (1756 m) und genießen einen großzügigen Ausblick auf die gesamte Kette des Toten Gebirges, vom Schönberg über Elm, Rotgschirr, Weiße Wand bis zum Großen Priel sowie zum direkt gegenüberliegenden Lawinenstein oberhalb der Tauplitz; interessant ist auch der Tiefblick auf die Gößlerwiesen.

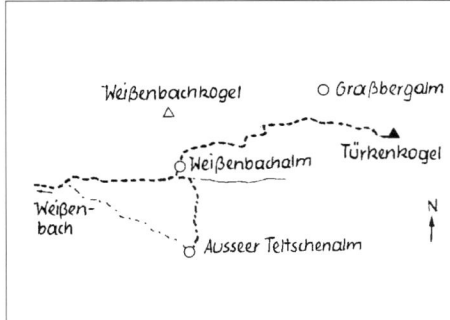

Kurzinformation:
Längere Bergwanderung; 7 Std; 1000 HM; KW Nr. 68
AP: Gallhof bei Grundlsee, Beginn der Weißenbach-Forststraße
Längs der Weißenbacher Forststraße bis zur Weißenbachalm (1½–2 Std; 1326 m) und weiter bis zu den obersten Almhütten. Hier finden wir die Markg. 259 und einen Richtungspfeil „Türkenkogel". Am Gipfelplateau im längeren Auf und Ab bis zum Vermessungszeichen am höchsten Punkt (2 Std. von der Weißenbachalm; 1756 m).

Vom Grundlsee über die Schneckenalm zur Ödernalm

Wo der Film „Wolfsblut" gedreht wurde

Eine leichte, wenn auch nicht kurze Wanderung können wir vom Ostende des Grundlsees hinüber an die Nordseite der Tauplitzalm, durch das Obere Öderntal, das von den Einheimischen auch Ödental genannt wird, bis zur Ödernalm unternehmen. – Ideal ist es vielleicht gegen Ende Mai hier zu wandern, weil einerseits der Schnee in diesem Niederalmgebiet schon längst dem Frühjahr Platz gemacht hat, andererseits auf den Gößlerwiesen, unserem direkten Ausgangspunkt, gerade die *Narzissen* prachtvoll blühen.

Wir lassen unser Fahrzeug also in Gößl auf einem der Parkplätze zurück und finden die Markierungsnummern 271 und 272 sowie ein Hinweisschild „Bad Mitterndorf", dem wir vorerst folgen. Am Rand der ausgedehnten Wiesenflächen geht es im Wald aufwärts; beim Rückweg können wir dann auch über die Wiesen selbst hinuntergehen. Unser Pfad ist sehr gut markiert, führt aber dennoch gelegentlich durch kleine Naßstellen. Beim Höhersteigen genießen wir mehrmals einen schönen Ausblick über den gesamten Grundlsee, und im Norden bauen sich die wuchtigen Kalkwände von Backenstein, Reichenstein und Siniweller auf. Besonders interessant ist der Blick auf den von hier ganz schmal aussehenden Felsspalt, der von Salzofen und Neustein gebildet wird, tatsächlich aber breit genug ist, die beiden wunderbaren Lahngangseen aufzunehmen.

Wir überqueren beim weiteren Anstieg zur Schneckenalm eine Forststraße, kommen bei einer etwas steileren Wegpassage an einer Jagdhütte vorüber. Bald wird der Pfad wieder flacher und führt zum Schluß fast ganz eben zur Schneckenalm hinüber. Das letzte Stück geht durch einen dichten Jungwaldbestand, der leider viel Schälschäden durch Rotwild aufweist.

Der Weg ist vor der Alm durch geschlichtete Steinmauern gestützt; man sieht, daß man einen alten Saumweg hinüber nach Bad Mitterndorf beschreitet. Dann, nach etwa einviertel Stunden Aufstieg, erreichen wir die auf 1152 Meter Seehöhe gelegene Schneckenalm. Es ist ein reizender Platz mit sechs Almhütten, umschlossen von Wald und überragt von den Felsabstürzen des Türkenkogels.

Nun folgen wir der Markierung über die Almflächen abwärts, gehen dann aber bald wieder durch Wald hinunter und erreichen nach fünfzehn Minuten einen Forstweg. Hier teilt sich die Markierung: Der Weg 271 führt direkt ins Untere Öderntal und über die Kochalm nach Bad Mitterndorf hinaus. Wir folgen aber der Markierung auf dem Forstweg weiter in Richtung „Ödernalm – Tauplitzalm".

Es geht mäßig abwärts, und bald sind wir unten im obersten Salzatal, das hier „Öderntal" heißt. Wir wenden uns auf dem Forstweg nach links, sind 1008 Meter hoch und erreichen den Talboden beim ehemaligen „Rechenplatz", wo die Salza seinerzeit zur Holztrift aufgestaut wurde. In leichter Steigung wandern wir der lustig dahinbrausenden Salza entlang aufwärts und gelangen erst nach etwa drei Kilometern wieder in ein Gelände, wo der Hochwald zurücktritt und in das weitläufige Gebiet der Ödernalm übergeht. Besonders romantisch ist der flache Talboden, der von der Salza in großen

Mäandern durchflossen wird; dazwischen Gruppen von dunklen Fichten, „Inseln" von freien Almflächen sowie kleinen, zwischengestreuten Felswandeln. Der Talschluß selbst wird von den Steilabstürzen des Lawinensteins und Trawengs sowie von der lotrechten Kante des Sturzhahns und den runden Kuppen der beiden Tragln gebildet. – Eine prachtvolle Gegend, die man nicht von ungefähr vor einigen Jahren als Drehplatz für den Film „Wolfsblut" nach Jack London gewählt hat. Hier war damals sogar ein Blockhüttendorf mit Wildwestcharakter errichtet worden; zum Glück sind davon aber überhaupt keine Spuren zurückgeblieben.

Wir gehen noch weiter bis zu den Almhütten, von wo man auf markiertem Weg über das Öderntörl zur Tauplitzalm hinaufsteigen kann. – Nach ausgiebiger Rast legen wir wieder denselben Weg zurück und haben für die gesamte Wanderung an reiner Gehzeit fünf Stunden benötigt.

Ödernalm – Öderntörl – Tauplitzalm – Schneiderkogel

Wird man von einem guten Freund auf der Tauplitzalm abgeholt, dann kann man sich den Rückweg zum Grundlsee ersparen und über das Öderntörl zur „Tauplitz" hinaufsteigen und bei dieser Gelegenheit gleich den Schneiderkogel „mitnehmen".

Wir lassen das Bimmeln der Glocken des Weideviehs bei den acht Hütten der Ödernalm im hintersten, besonders romantischen Talwinkel hinter uns. Wir wenden uns nicht gerade aufwärts in Richtung „Geisterwald", sondern folgen der Markierung rechterhand aufwärts zum Rand des Tauplitzplateaus, das wir schon recht nah ausnehmen können.

In einem lockeren Lärchen-, Fichten-, Latschenwald geht es durch regelrechte Almrauschfelder in Serpentinen hinauf und an die Felsabstürze des Schusterkogels heran. Linkerhand gibt es gute Ausblicke auf das Große Tragl. Wir queren einige Schuttflanken und steigen dann eigentlich unerwartet an einem Hochwaldrücken in ziemlich steilen Kehren zügig aufwärts. Großartig ist der Tiefblick auf die Alm mit den Hütten und den sich in weiten Mäandern hinausschlängelnden Bach. Der Wald bleibt hinter uns, vor uns steilt der Traweng auf, und wir wandern auch schon wieder über weichen Almrasen.

Wir haben den Rand der Tauplitzalm erreicht und folgen ein paar Schritte den Windungen eines Baches, der gleich in der Nähe im Geröll versickert und wahrscheinlich unten auf der Alm austritt. Gleich danach stehen wir bereits vor dem „Märchensee", einem der vielen Gewässer des weiten Tauplitzgeländes. Über 1500 Meter sind wir hoch und haben eine gute Stunde herauf benötigt.

Über das Öderntal hinweg bauen sich die weißen Kalkfelsen der Hochweiß beeindruckend auf, wir erfreuen uns aber bereits am nächsten Gewässer, dem über sechs Hektar Fläche einnehmenden „Großsee", an dem unser markiertes Steiglein in Richtung „Hollhaus" und Parkplatz entlangführt. Wunderschön ist es, hier oben zu wandern…

Wenn wir noch nicht zu müde sind, sollten wir unbedingt noch zwanzig Minuten zur Besteigung des Schneiderkogels „dazugeben", da unser Weglein direkt an seiner Flanke vorbeiführt: In mehreren steilen Serpentinen geht es zum Gipfel mit seinem Skilifthäuschen hinauf, und wir werden mit einer hervorragenden Aussicht über die gesamte Tauplitzalm belohnt und erkennen von hier, um welch prächtiges Alm- und Seengebiet es sich handelt. Weit geht der Blick aber auch über die obersteirische Bergwelt, vom Grimming in die Niederen Tauern, und weit draußen ist sogar der Admonter Reichenstein im Gesäuse gut auszunehmen; auch die Ostseite des Grundlsees grüßt herauf.

Den Abstieg wählen wir über den kleinen, schilfgesäumten „Krallersee" hinüber zum Parkplatz und haben somit eine eindrucksvolle Wanderung erleben dürfen.

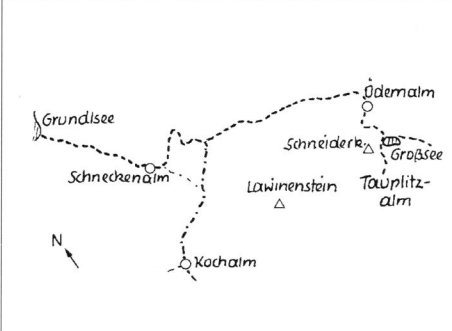

Kurzinformation:
Mittlere Bergwanderung; 5 Std; 950 HM; KW Nr. 68
AP: Grundlsee Ostufer (Rückfahrmöglichkeit von Tauplitzalm organisieren!)
Vom Parkplatz am Rand der Gößlerwiesen folgen wir der Markg. Nr. 272 durch Wald zur Schneckenalm (1152 m) und weiter mäßig abwärts ins Öderntal (1008 m); die Markg. nach „Bad Mitterndorf" bleibt rechterhand. Nun das Öderntal flach aufwärts bis Ödernalm (1210 m) und im alpinen Gelände weiter mit Markg. 272 hinauf zum Öderntörl (1588 m) und vorbei an Großsee zu den Hütten der Tauplitzalm.

Der Sarstein

Aussichtskanzel zum Dachstein

Der Hohe Sarstein ist ein berühmter Aussichtsberg, und seine Besteigung lohnt sich vom Frühsommer bis zum Herbst; 1975 Meter ist diese „Aussichtskanzel über das Ausseerland" hoch.

Es gibt drei Möglichkeiten, um den Sarstein zu besteigen: Die eine führt von der Pötschenstraße, oberhalb der „Agathakehre", über die „Simonywarte" zur Sarsteinalm und von dort problemlos auf den Gipfel. Die andere, ebenfalls von der oberösterreichischen Seite kommende Route – sie ist der längste Anstieg –, führt von Obertraun steil hinauf zur „Sarsteinhütte" und von dort den langen Kamm weiter bis zum Gipfel. Der kürzeste und interessanteste Anstieg nimmt von der steirischen Seite her, direkt am ziemlich genau 1000 Meter hohen Pötschenpaß, beziehungsweise am Sommersbergersee, seinen Ausgang, und ihn wollen wir vorerst einmal näher schildern:

Dieser Anstieg ist allerdings nur für Geübte zu empfehlen, weil zwischen dem Niederen und Kleinen Sarstein eine kurze, mit Drahtseilen gesicherte Steiganlage zu überwinden ist.

Bei der Schottergrube am „Pötschen" stellt man sein Fahrzeug ab und entdeckt dann die Markierungstafel mit dem Hinweis „Hoher Sarstein". Der Pfad führt anfangs unerwartet in Richtung Osten und geht auch ein Stück eben dahin; bald stoßen wir aber auf den markierten Steig, der von Bad Aussee heraufkommt. Diesen erreichen wir auch, wenn wir vom Parkplatz beim Sommersbergersee losgegangen sind, indem wir anfangs dem Forstweg in Richtung Sarstein aufwärts gefolgt sind, der dann in einen alten Holzziehweg überleitet.

Wo beide Routen zusammentreffen, geht es bald durch Geröllgelände aufwärts, und wir erreichen eine weite Felsrinne, die sich zwischen Kleinem und Niederem Sarstein hinaufzieht. Die kurzen Steilstufen sind sehr gut versichert, und gelegentlich sind auch regelrechte Staffeln aus dem Stein herausgemeißelt. Jedenfalls muß man hier trittsicher sein. Nach dieser ersten kleinen Felsbarriere folgen wieder angenehme Serpentinen, dann wieder etwas Geröll und schrofiges Gelände.

Beim Höhersteigen weitet sich der Blick auf Grundlsee und Altausseersee, die bekannten Berggestalten von Loser und Sandling rücken in unser Gesichtsfeld, und dazwischen verbindet all diese Glanzpunkte die prachtvolle alpine Parklandschaft des Ausseerlandes mit dem satten Grün der Wiesen, dem Schwarzgrün der Nadelwälder und den bunten Farben der Laubwälder.

Nochmals lenkt eine versicherte Stelle die Aufmerksamkeit auf den Weg, und später sind einige schräge Felsplatten zu bewältigen, die geübten Wanderern bei Trockenheit keine Schwierigkeiten bereiten. Sehr abwechslungsreich ist die Wegführung. Einiges Wasser rinnt neben uns durch die Schlucht. Unser Blick streift aber wieder hinaus übers weite Land, und da entdecken wir auch den Sommersbergersee, einen reizend gelegenen Moorsee, mit Seerosen und Fieberklee an den Ufern, in dem wir nach der Bergbesteigung ungetrübte Badefreuden genießen können.

Dann haben wir auch schon die Aufstiegsrinne hinter uns gelassen, und die Landschaft wandelt sich zu einem Blockkar mit zwischengestreuten Latschen und mit einzelnen Dolinen und Höhlen. Plötzlich hören wir neben unserem Pfad ein Gewässer rauschen, das aber nach kurzer Strecke ganz abrupt wieder im Geröll verschwindet.

Nun taucht auch schon die „Goiserer Sarsteinalm" (in der Österreichischen Karte ist sie als „Niedere Sarsteinalm" eingetragen) auf. Die nette

Hütte liegt auf 1711 Metern in hervorragender Aussichtslage von Latschenfeldern umrahmt und bietet vor allem einen großartigen Blick hinüber zur Bischofsmütze und auf den vielgezackten Gosaukamm. Die Hütte ist eine der höchstgelegenen bewirtschafteten Almen des Ausseerlandes. Man erhält von der Sennerin Getränke und einfache Verpflegung. An schönen Wochenenden ist die Hütte auch während des Herbstes geöffnet. Sechzehn Schlafplätze sind vorhanden, und in der „Stubm" kann man das Sprücherl lesen: „Wann koa Almhüttn war und koa stoaners Wandl, wo hätt denn der Wildschütz sei Unterstandl?"

Hier kommt die bei jedem Wetter zu begehende Route von St. Agatha/Bad Goisern herauf, das man von der Hütte wie aus der Vogelschau überblickt. Im Umfeld der Hütte gibt es mehrere kleine Erhebungen, die auch Tiefblicke auf den Hallstättersee vermitteln. – In etwa 1800 Meter Seehöhe finden wir hier die prachtvollen gelben Blüten der *Österreichischen Gemswurz,* aber auch den *Allermannsharnisch* und viele *Kohlröserln.*

Der breite Gipfelklotz des Hohen Sarsteins liegt nun direkt vor uns, und über einen bequemen Saumweg steigen wir vom Nordwesten her in vielen Serpentinen auf den Gipfel. Zwischendurch kann man einen Blick auf den Traunabfluß aus dem Hallstättersee mit Au und Steeg erhaschen, und wenn wir weiter oben um die Kante des Gipfelaufbaues schwenken, dann liegt der „König Dachstein" in all seiner strahlenden Gletschermajestät vor uns, und wir erkennen jede kleine Einzelheit am Hallstättergletscher, aber auch die Dirndln, die „Schulter" und den Normalanstieg zum Gipfel.

Über die runde Gipfelkuppe sind es nun nur noch fünfzehn Minuten bis zum mächtigen, gut fünf Meter hohen Gipfelkreuz, das aus massivem Metall gefertigt ist. – Kaum mehr als zweieinhalb Stunden sind wir vom Pötschenpaß oder knapp drei Stunden vom Sommersbergersee heraufgestiegen.

Der Gipfel des Sarsteins besteht aus Dachsteinkalk, und so zeigen sich im oberen Teil die charakteristischen Bankungen und Felsstufen, die der Umgebung des Gipfels ihr besonderes Gepräge verleihen.

Interessant ist der Tiefblick auf das Silberband der Traun und wunderbar der Ausblick zum Grundlsee; der Altausseersee ist vom Niederen Sarstein, der immerhin 1882 Meter hoch ist, gerade verdeckt. Dahinter aber erheben sich Loser und Trisselwand sowie alle bedeutenden Gipfel des Toten Gebirges, im Osten Lawinenstein und Tauplitzalm, im Südosten Grimming und Kemetgebirge, und direkt gegenüber zieht der bewaldete Klotz des Zinkenkogels die Blicke auf sich.

Es sei aber auch noch die einfach zu begehende und nicht so „alpine" Aufstiegsvariante zur Sarsteinalm beschrieben, die man auch sehr gut zum Abstieg benützen kann, wenn man am Parkplatz bei der „Agathakehre" ein zweites Auto abgestellt hat:

Die Markierung leitet uns mäßig ansteigend durch Hochwald aufwärts, und nach zwanzig Minuten erreichen wir das Unterstandshüttchen „Simonyaussicht", das heute mitten im Wald steht. Kurz darauf ist der Blick frei auf Hallstatt, und darüber schauen auch die Gletscher des Dachsteins hervor.

Nun geht es in vielen Serpentinen im Wald aufwärts; im Spätsommer blühen hier unzählige *Zyklamen.* – In seinem 1942 im Exil verfaßten Gedicht „Sehnsucht nach Altaussee" hat Friedrich Torberg den „Zyklamen vom Pötschen" ein Denkmal gesetzt.

Zwischendurch gibt es einen interessanten Blick auf Steeg, den Plassen und den Gosaukamm. Schließlich wird der Hochwald schütter, Latschenfelder säumen den Pfad, und oberhalb bauen sich schon die Gipfelfelsen des Sarsteins auf. Kleine Almrasenflecken mit reizender Alpinflora werden häufiger, ein Weidetörl wird durchschritten, und dann erreichen wir die Einsattelung mit der lieben kleinen Almhütte auf der „Niederen Sarsteinalm" unterhalb von Kleinem Sarstein und Falleck. Vor der Hütte kommen wir auch an einer reichlich sprudelnden Quelle vorbei. – Etwa zweieinhalb Stunden haben wir für den Aufstieg benötigt.

Will man von Norden auf den Sarstein steigen, so wählt man den Pfad von Obertraun, wo ein sehr hübsches und leicht begehbares Steiglein, bestens markiert, beim Ortsfriedhof beginnt. In unzähligen, leicht steigenden Kehren führt der Pfad, fast ständig durch Hochwald, angenehm höher. Wenn man die frühen Morgenstunden als Aufstiegszeit wählt, dann ist es wirklich ein herrliches und müheloses Steigen. Nach etwa eineinhalb Gehstunden hat man einen hübschen Blick über das untere See-Ende hinaus nach Goisern, dann ist es nicht mehr allzuweit zum berühmten Aussichtsplatz, der auf einer kleinen Felskuppe, ausreichend hoch über den Wipfeln der Fichten, einen grandiosen Blick zum Dachstein bietet.

Unten liegt die tiefgrüne Fläche des Hallstätter Sees, und auch das romantische Hallstatt selbst grüßt freundlich herauf. Am liebsten möchte man stundenlang hier verweilen und nur schauen. Doch es lohnt, noch fünf Minuten höher hinaufzusteigen, weil sich hier nochmals ein prächtiger Standort bietet. Nun sind wir gleichzeitig auch am gewaltigen Sarstein-Hochplateau angelangt, und direkt an seinem Rand haben die Naturfreunde der Sektion Obertraun eine hübsche kleine Selbstversorgerhütte hingebaut. Von ihr aus sieht man zwar den Hallstättersee nicht mehr, aber um so herrlicher ist der Blick hinüber zum Dachsteinstock. Will man hier nächtigen, ist der Hüttenschlüssel bei der TVN-Ortsgruppe Obertraun erhältlich.

Wenn man noch Zeit und Lust hat, dann lohnt es sich, den stetig auf dem Hochplateau ansteigenden Weg bis zum Gipfel weiterzugehen. Insgesamt benötigt man bis zum „Aussichtspunkt" zweieinhalb bis drei Stunden und von dort zum Sarsteingipfel nochmals eineinhalb bis zwei Gehstunden.

Die Knolle der Zyklame wird von den Wildschweinen bevorzugt

Der Name „Zyklame" leitet sich vom griechischen „Cyclos" ab, was soviel wie „kreisrunde Scheibe" heißt, da die Wurzelknollen so geformt sind. In manchen Gegenden heißt die hübsche, ab Sommermitte in den Salzkammergutwäldern häufig anzutreffende, zarte Blume wegen der Form ihrer Blüte auch „Bischofshaube", anderswo in der Steiermark auch „Hirschbrot", da sie als Brunstmittel gilt. In den südeuropäischen Ländern wird die Knolle von den Wildschweinen stark bevorzugt, und bei uns verfütterte man sie früher an Schweine, um deren Fruchtbarkeit zu steigern.

Wegen der eigenartigen, zierlichen Blüten und des schönen, dunklen Laubwerks hat man mehrere Zyklamenarten schon seit langem in Kultur genommen.

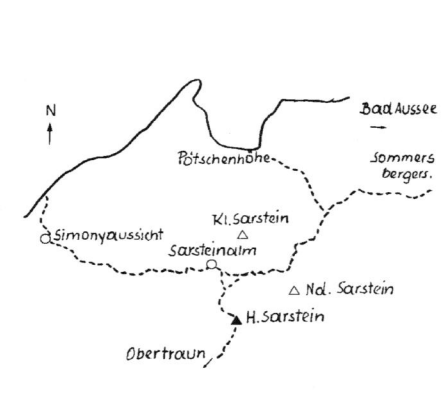

Kurzinformation:

Anspruchsvolle Bergwanderung; Aufstieg vom Pötschenpaß nur für Geübte; 5–6 Std; 1000 HM; KW Nr. 20

AP: Pötschenpaß oder Parkplatz vor großer Kehre zwischen Pötschenpaß und St. Agatha

Aufstieg vom Pötschenpaß: Markg. Nr. 693 (später 691) durch Wald und sodann durch Rinne zwischen Kleinem und Niederem Sarstein (die etwas heikleren Stellen sind gut versichert) zur Sarsteinalm (1711 m; Jausenstation während Sommer). Die Sarsteinalm erreicht man ebenso auf einfach zu begehendem mark. Pfad Nr. 690 vom Parkplatz vor der Gr. Kehre. Nun unschwierig über gut gestufte Felsbankungen längs Markg. Nr. 692 zum Gipfel (1975 m). – Abstieg über Weg Nr. 690 empfohlen.

Der Zinken

Wächter von Bad Aussee

Bad Aussee wird direkt vom Zinkenkogel überragt, und sein Gipfelkreuz ist von allen Ortsteilen aus zu sehen.

Der Zinken kann sehr gut in Form einer Überschreitung bestiegen werden: Ausgangspunkt ist der Bahnhof in Bad Aussee, wo auf einer Tafel „Zinken über Handleralm; vier Stunden Gehzeit" zu lesen ist. Zuerst wandern wir ein Stück neben dem Bahngeleise, beziehungsweise etwas oberhalb. Dann führt uns die Markierung rechterhand in den Wald hinauf. Ein kurzes Stück wird ein Forstweg begangen, und bald geht es nach rechts über einen Waldschlag hinauf. Das auffallende, gelbblühende *Ochsenauge,* die attraktive *Sterndolde, Grauer Alpendost,* die kornblumenähnliche *Berg-*

flockenblume, die dunkelviolett blühende *Akelei* sowie das *Gefleckte Knabenkraut,* eine zarte Orchideenart, blühen im Hochsommer am Wegesrand.

Der Pfad führt in Mischwald hinein; manchmal geht es in sanften Kehren, dann wieder steiler nach oben. Insgesamt steigen wir zügig auf, was man dem Zinken ja auch schon von unten ansieht. Ein Bacherl wird überquert. Für längere Zeit befinden wir uns in einem Rotbuchenwald, wie überhaupt mehr als der halbe An- und Abstieg im Waldschatten verläuft, was an heißen Sommertagen seine Vorteile hat.

Der *Schwalbenwurzenzian* mit seinen großen, blauen Trichterblüten, die grüngelb blühende *Ährige Teufelskralle* und der wunderbare *Türkenbund* sind höher oben in der Waldzone überall dort zu sehen, wo ein bißchen Licht auf den Waldboden fällt; *Schneerosenblätter* bedecken häufig flächenweise den Waldboden.

Nach etwa eineinhalb Aufstiegsstunden wird der Wald locker, und erste Ausblicke nach unten werden frei. Nun verläuft der Steig auf einem felsigen Rücken weiter, der aber noch voll bewaldet ist. Die ersten Latschen sind zu sehen, und auch der *Almrausch* gedeiht hier schon. Der Laubwald tritt zurück, Lärchen und Fichten setzen sich ab einer Höhe von 1500 Metern stark durch, und der *Weißblühende Hahnenfuß* sowie der *Waldstorchschnabel* begleiten unseren Weg.

Nun kommt der steilste Abschnitt des Anstieges, die sogenannte „Handlerstiege", ein in den Fels gehauener Steig, der aber bei trockenem Wetter nur eine Anstiegshilfe und kein mühsam zu überwindendes Hindernis darstellt. Nach dieser kleinen Steilstufe verläuft der Pfad in einem sich verflachenden Kareinschnitt voll dichter Vegetation mit Erlengebüsch, aber auch vielen Blütenpflanzen: allen voran große *Almrauschflecken, Bergflockenblume, Gelber Eisenhut,* der wunderhübsch blau blühende, attraktive *Milchlattich* und der eher unscheinbare *Lebendgebärende Knöterich.*

Eine Tafel weist darauf hin, daß es bis zum Zinken noch zwei Stunden sind, und so rasten wir bei einem kleinen, am Weg lustig plätschernden Brünnlein. Neben romantischen Felswandln und einzelnen sehr alten Lärchen geht es weiter hinauf, und wieder erfreut uns in dieser Höhenzone eine Gruppe von Alpinpflanzen: das *Fleischrote Läusekraut,* das prachtvoll gelb leuchtende *Sonnenröschen* und die geröllbindende, dem Boden mit ihren strahlend weißen Blüten eng anliegende *Silberwurz* und das *Bären-Kreuzkraut.*

Bald ist der Plateaurand zur Handleralm erreicht, eine klassische Dolinenlandschaft mit einzelnen Lärchen und Zirben und erstaunlich vielen, zwischengestreuten Weideflächen. 1649 Meter sind wir hier hoch und erreichen auch bald die drei Hütten der Alm. An die drei Stunden sind wir heraufgegangen und erkennen hier recht gut, daß der Zinkenkogel eigentlich ein nördlicher Ausläufer vom „Stein" und dem Kemetgebirge mit steilem Nordabfall nach Bad Aussee ist. Scheinbar unendlich zieht sich die latschenbestandene kalkfelsige Dolinenlandschaft von der Handleralm nach Süden. Einzelne Spitzfichten, aber auch schöne Zirben und Lärchen zeigen in dieser Höhe von 1600 bis 1700 Meter die derzeitige Waldgrenze an.

Der Weiterweg auf den Gipfel ist gut markiert und biegt nach Umrundung des 1720 Meter hohen Feuerkogels nach Norden ab. Mäßig steigend wandern wir durch lockeren Alm-Lärchenwald weiter. *Felsenbaldrian,* der im Herbst dann sehr „kräftig" nach Käse riecht und von den Einheimischen daher auch „Kaskraut" genannt wird, *Erika* und *Sonnenröschen* bereichern hier die Flora, während es schon in Richtung auf die Gipfelkuppe zugeht. Eine Stange im Almboden und die Markierungsnummer 695 bezeichnen die Abzweigung für unseren Rückweg über die Westseite hinunter.

Durch Latschengassen werden wir nun ganz nahe an die Nordabstürze des Zinken herangeführt und erreichen bald die hübsche, beraste Gipfelkuppe mit dem mächtigen, hölzernen Gipfelkreuz auf 1845 Metern, das dem Gedenken an die Gefallenen beider Weltkriege geweiht ist. Rund um das Kreuz gedeiht die reizende, lila blühende *Alpenaster,* und im Hochsommer weiden hier heroben die Schafe.

Vier Stunden sind wir heraufgestiegen und werden durch eine hervorragende Aussicht für die Aufstiegsmühe entschädigt: Dominierend ist der Blick auf den Dachstein mit dem weit herabziehenden Hallstätttergletscher, links davon der Schladmingergletscher und anschließend der Koppenkarstein. Eindrucksvoll ist aber auch die Rundschau über das gesamte Steirische Salzkammergut, das Tote Gebirge, Grimming, Kemetgebirge und den Gosaukamm.

Der Abstieg kann nun sehr gut in Form eines Rundweges durchgeführt werden: Nur ein kurzes Stück geht man auf dem Aufstiegsweg zurück und läßt sich dann von der Markierungsnummer 695 über das flache, latschenbestandene Dolinenplateau leiten. Durch Latschengassen geht der Pfad neben niedrigen Felsbänken dahin und führt so eine gute halbe Stunde in

Richtung Planeralm, wobei der Eislochkogel umrundet wird. Sodann folgt ein romantischer Abstieg durch Schrofenwandln in vielen Serpentinen hinab in den sogenannten Planergraben, wobei der Pfad durch Holzstaffeln an einigen Stellen gut gangbar gemacht wurde. Man hat dabei einen sehr schönen Blick auf den Sommersbergersee zu Füßen des Sarsteins, der wegen seines Moorwassers als wärmster Badesee des Ausseerlandes gelten kann; schön ist aber auch, darüber hinweg, der Blick auf den Sandling.

Weiter geht es durch Hochwald abwärts, und schließlich erreicht man die Koppentalstraße und ist in wenigen Minuten beim Ausgangspunkt am Bahnhof. Zweieinhalb Stunden sind für den Abstieg zu rechnen.

Auch Albrecht Dürer liebte die Akelei

Der Ausdruck „Akelei" leitet sich wahrscheinlich von der lateinischen Bezeichnung „Aquilegia" ab, was soviel wie „Adlerklauen" bedeutet, womit die auffälligen, gekrümmten Honiglippen der Pflanze gemeint sind; er könnte allerdings auch von „Aquilegus" = „Wassersammler" stammen. – Reizend ist ihr in der Oststeiermark zu hörender Name „Fünf Vögerl zsam", mit Bezug auf die fünf Honiglippen der Blüte.

Schon Hildegard von Bingen erwähnt erstmals die Akelei als Medizin gegen Wunden, Ausschläge, Geschwüre und Krebs, und im ausgehenden Mittelalter scheint sie ein begehrtes Aphrodisiakum gewesen zu sein. Seit dem Beginn des 16. Jahrhunderts wird sie auffallend häufig von großen Künstlern wie Dürer, Leonardo und Raffael dargestellt.

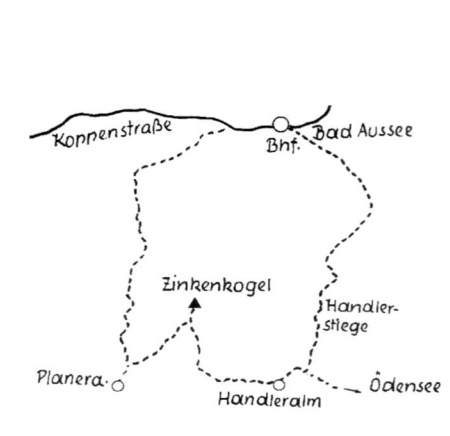

Kurzinformation:
Anspruchsvolle Bergwanderung; 6 Std.;
1100 HM; KW Nr. 20
AP: Bahnhof Bad Aussee bzw. erste Forstwegabzweigung linkerhand an der „Koppenstraße"
Der Zinken wird entweder von Ost nach West überschritten oder nur auf der westl. Route Nr. 695 im Auf- und Abstieg begangen. Die östl. Route Nr. 696 – über die „Handlerstiege" – ist nur im Aufstieg leicht zu begehen.
Am Bahnhof findet sich schon Tafel „Zinken über Handleralm": Es geht ein Stück neben Bahngeleise und dann im Mischwald zügig aufwärts. An der „Handlerstiege" ist eine kurze Steilstufe versichert (bei trockenem Wetter im Aufstieg kein Problem). Schon vor den Hütten der Handleralm (1649 m) wendet sich der Pfad nach West, um über das ausgedehnte Plateau schließlich von Süden das Gipfelkreuz (1854 m) zu erreichen. Abstieg auf Route 695 über Planeralm um ein Drittel kürzer als 696.

Der eisendurchsetzte Rötelstein

An der kaum merkbaren Anhöhe des Radlingpasses finden wir das Hinweisschild „Rötelstein". Nur ein kurzes Stück wird eine Wiese begangen, auf der die *Sterndolde*, der gelbblühende *Ziest*, das auffällige *Mädesüß* mit seinen großen, weißen Blütenständen und die *Nesselblättrige Glockenblume* gedeihen. Anschließend geht es gleich in den Hochwald hinein; der gesamte Anstieg ist in den Morgenstunden angenehm schattig. Auf kleinen Waldlichtungen gedeihen *Bingelkraut, Perlgras, Gelber Fingerhut, Klatschnelke, Fuchs'sches Kreuzkraut* und die *Ährige Teufelskralle;* der Waldboden ist überall von den Blättern der *Schneerose* bedeckt.

Bald erreichen wir die Abzweigung zur „Talalm", wir folgen aber der Beschilderung „Langmoosalm – Rötelstein". Es geht nun durch Wald etwas steiler hinauf, der Hochwald wird schütterer. *Mandelblättrige Wolfsmilch, Schwalbenwurzenzian, Bergflockenblume, Wiesenbaldrian, Katzenminze,* aber auch *Wilde Heckenrosen* sowie der *Wiesenstorchschnabel* wachsen überall. Nach etwa eineinhalb Gehstunden gibt es einen ersten Prachtblick auf den Dachstein mit den anschließenden Hochflächen, auf die Kammspitze bei Gröbming und das Kemetgebirge sowie auf Teile der Schladminger Tauern.

Weiter geht es durch den Berg-Hochwald; riesige Fichten stehen hier, die wegen des schwierigen Geländes nie geschlägert werden konnten. An einer sprudelnden Quelle, in ein nettes Holztrögl gefaßt, geht es vorüber, und nun folgt ein sehr romantisches Wegstück mit großen Felsblöcken und Wandabstürzen vor uns. Der Wald wird lichter; auf den kleinen Raseninseln gedeiht viel *Frauenmantel,* und die Felsbankungen längs des Pfades sind von tiefen Riefen durchfurcht.

Gleich darauf – wir sind nun knapp zwei Stunden unterwegs – erreichen wir die hübsch gelegene Langmoosalm mit sechs Hütten, die jedoch alle unbewirtschaftet sind; wohl wird natürlich Jungvieh auf die Alm aufgetrieben. Knapp vor der Langmoosalm zweigt unser Weiterweg zum Gipfel links ab: Über Schrofen, an kleinen Felsabstürzen vorüber, einige Schotterfelder querend, geht es im lockeren Almwald aufwärts. Die ersten Latschen zeigen sich, und manch gebleichter Baumstrunk weist auf seinerzeit höher hinaufreichenden Hochwald hin. Das Kalkgeröll am Weg ist rot gefärbt, und die Wandabstürze zum Radlingpaß zeigen auch große rötlich gefärbte Wandstellen, von denen der Rötelstein seinen Namen hat.

Im Hochsommer blüht und duftet es überall: *Sonnenröschen, Teufelskralle, Hornschotenklee,* aber auch die hübschen Ranken der *Waldrebe* sind allenthalben zu sehen. – Nach einer guten Viertelstunde ist das verkarstete, aber voll begrünte Hochplateau erreicht, und hier gibt es auch schon einen sehr guten Ausblick auf die benachbarten Berge des Toten Gebirges. Durch Latschengassen erreichen wir schließlich das Gipfelkreuz des 1612 Meter hohen Rötelsteins, das nicht ganz am höchsten Punkt steht, sondern etwas gegen Kainisch vorgeschoben ist. – Zweieinhalb Stunden sind wir vom Radlingpaß heraufgegangen.

Ein Prachtblick wird uns vom Rötelstein auf den Dachstein mit Hallstätter- und Schladmingergletscher beschert sowie auf Sarstein und den direkt vor uns liegenden Zinken. Aber auch Hirzberg, Hochgolling, Höchstein, Wildstelle und Gumpeneck grüßen herüber, und – nicht zu vergessen – direkt zu unseren Füßen liegt der dunkle Spiegel des Ödensees.

Unsere Wanderung können wir nun zu einer lohnenden Rundtour ausdehnen, wenn wir über die Teltschenalm und Weißenbachalm zum Grundlsee zurückkehren: Wir gehen zuerst wieder die halbe Stunde zur Langmoosalm hinunter, folgen aber dort der Markierung 270 in nordöstliche Richtung über die Almfläche. An einem reizenden Brünnlein mit einem geschnitzten Dackelkopf geht es vorüber, und – mäßig ansteigend – erreichen wir nochmals einen besonders schönen Standort mit Aussicht zum Dachstein.

Über flache Almböden, von Spitzfichten eingerahmt, geht es weiter. *Wilder Schnittlauch* und *Wollgras* stehen auf anmoorigen Flächen. Den latschenbestandenen Hasenkogel lassen wir linkerhand liegen und folgen der Markierung durch ein Weidetörl in eine baumbestandene, große Doline hinunter. Die zartgefächerte, rosafarbene *Raute* und der hübsche, blaue *Milchlattich* blühen hier im Juli in verschwenderischer Fülle. Die Markierung 270 zweigt nun rechterhand nach Bad Mitterndorf ab, und in südlicher Richtung geht es hinüber zum Kampl.

Durch schönen lockeren Lärchenwald steigen wir abwärts, rechterhand fallen alte Mauerreste auf, die zum seinerzeitigen alten Eisenerzbergbau gehört haben: Noch 1906 wurde im „Eisengraben" unterhalb der Teltschenalm nach Eisen geschürft. Der Bergbau wurde wegen der schwierigen Bringung und der Minderwertigkeit des Erzes aber bald aufgegeben.

Gleich darauf erreichen wir die „Ausseer Teltschenalm" mit ihren fünf Hütten und lassen uns von der Markierung in einen steilen Grabeneinschnitt leiten, der im Hochsommer von einem Bacherl durchflossen wird. Der gute Pfad führt ein Stück ziemlich steil hinunter; das Bacherl wird überschritten, und dann geht es in den Hochwald hinein. Hier hören wir auch schon das Bimmeln der Weideglocken, und nun ist es nicht mehr weit bis zu den Hütten der Weißenbachalm; es sind ihrer ein gutes Dutzend.

Mit den romantischen Pfaden und Steigerln ist es ab hier allerdings vorbei, denn nun geht es auf einer Forststraße – die allerdings kaum befahren wird – hinunter in die Nähe des Grundlseer Westufers.

Der Abstieg wird jedoch durch ständig guten Ausblick auf Zinken, Sarstein, Sandling und Loser bereichert. Nach einer Stunde erreichen wir die Abzweigung der Landesstraße und müssen nun auf ihr etwa drei Kilometer zu unserem Ausgangspunkt zurückgehen, wenn wir nicht vorher ein zweites Fahrzeug richtig plaziert haben. – Fünfeinhalb Stunden nimmt die gesamte Rundwanderung in Anspruch.

Die Sterndolde „erhellt" den Waldschatten

Die Große Sterndolde gehört zu den auffallenden Erscheinungen des Bergwaldes. Mit ihren in Dolden angeordneten zartweißen bis grauen Blütenköpfchen, die manchmal auch eine purpurne Tönung zeigen, ist sie ein entzückendes Gewächs.

Albrecht von Haller widmete der hübschen Blume schon im Jahre 1729 in seinem Gedicht „Die Alpen" die Zeilen:
>*Dort wirft ein glänzend Blatt, in Finger ausgekerbet*
>*Auf einen hellen Bach den grünen Widerschein;*
>*Der Blumen zarten Schnee, den matter Purpur färbet,*
>*Schließt ein gestreifter Stern in weiße Strahlen ein.*

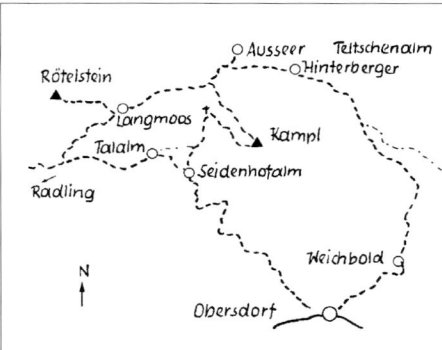

Kurzinformation:
Leichte Bergwanderung; 4 Std; 730 HM; KW Nr. 20
AP: Radlingpaß bei Umkehrstelle Postauto
Die Markg. Nr. 253 und das Hinweisschild „Rötelstein" leiten durch Wald aufwärts; Forststraßen werden mehrmals gekreuzt. Bei den Hütten der „Langmoosalm" wendet sich der Pfad über eine kleine Steilstufe nach West und sodann fast eben über das latschenbewachsene Plateau zum Gipfelkreuz (1612 m), das nicht am höchsten Punkt steht. (Abstieg über Ausseer Teltschenalm und Weißenbachalm mit 2 km Rückweg bis Radlingpaß möglich.)

Vom Radlingpaß auf den Kampl

Zu den Fossilienfunden auf der Seidenhofalm

Die Seidenhofalm zwischen Rötelstein und Kampl kann man vom Radlingpaß aus oder direkt von Obersdorf auf markierten beziehungsweise beschilderten Wegen erreichen. Will man eine Rundwanderung unternehmen, dann ist der Radlingpaß der bessere Ausgangsort.

Wir folgen zuerst der Markierung in Richtung „Rötelstein": Der alte Almpfad führt in mittlerer Steigung, aber recht zügig, durch Hochwald aufwärts (siehe Kapitel „Rötelstein") und quert dabei mehrmals Forststraßen. Nach etwa 200 Höhenmetern zeigt uns ein Hinweisschild die weitere Richtung zur „Seidenhofalm" an. Die Abzweigung zu Langmoosalm und Rötelstein lassen wir linkerhand liegen und folgen nun unmarkiert, aber problemlos einem Forstweg.

In angenehmer Steigung geht dieser in östlicher Richtung aufwärts, und schließlich erreichen wir die auf 1459 Meter Seehöhe gelegene „Talalm" mit ihren Hütten, von denen zwei als Wochenendsitz ausgebaut sind. Ab hier begleitet uns das Bimmeln der Glocken des Weideviehs weiter aufwärts. Die Talalm liegt sehr hübsch, wenngleich auch ohne Fernsicht, noch in der Waldzone, die im Norden von einem langgezogenen Felsabbruch begrenzt wird, der sich vom Rötelstein zum Kampl herüberzieht.

In einigen Kehren führt uns nun der Forstweg hinauf zu den weiten Flächen der Seidenhofalm mit ihren vielen Hütten, von denen eine bewirtschaftet ist. Vom Nordwestrand der Alm leitet die Markierung weiter aufwärts. Bald erreichen wir auf dem nur noch locker bewaldeten Almboden ein Marterl; daneben stehen mehrere Wegweiser: Einer zeigt uns die Richtung zum wenig ausgeprägten Gipfel des 1685 Meter hohen Kampl, von dem es einen besonders lohnenden Ausblick hinüber zu Grimming und Kemetgebirge und hinunter auf die Hochebene von Bad Mitterndorf gibt. In zwanzig Minuten haben wir das Kampl-Gipfelkreuz erreicht, gehen von hier wieder zurück zum Marterl und folgen nun dem Schild in Richtung „Rötelstein".

An eine auf Bodensteinen angebrachte Farbmarkierung können wir uns halten. Ihr folgen wir in westlicher Richtung über den flachen, von einzelnen Baumgruppen bestandenen Almboden, der mehrere anmoorige Stellen aufweist.

Etwas südlich unserer Wegstrecke, am Rand der Almfläche, zieht sich ein Felsriegel dahin, zu dem wir hinaufsteigen. Hier liegt nämlich eine der interessanten Fossilienfundstätten, von denen es im Rötelsteingebiet mehrere gibt. Einige werden von den Einheimischen geheimgehalten, und da im Naturschutzgebiet eine Entnahme verboten ist, gibt es hier sogar gelegentlich einen „Kleinkrieg" zwischen Bergwacht und Fossiliensammlern.

Durch umherliegende, herausgebrochene Steine von auffallend roter

Farbe ist es leicht, den genauen Platz zu finden, und hier können wir auch – ohne Hammer und Meißel zu benützen – verschiedene versteinerte Muschelstücke auflesen. Aber auch Ammoniten und andere „Petrefakten" lassen sich finden. Man erkennt an diesem Platz, daß sogar einmal von Laien verbotenerweise gesprengt wurde, was ein absolut abzulehnender Eingriff in die Natur ist.

In westlicher Richtung weitergehend, sind wir in zwanzig Minuten bei den Hütten der Langmoosalm am Fuß des Rötelsteiner Gipfelaufbaues, von dem wir in einer halben Stunde zum Gipfelkreuz hinaufsteigen könnten.

Um den Rundweg zu schließen, gehen wir von der Alm den markierten Weg hinunter zum Radlingpaß und müssen fünf bis sechs Stunden für unsere Rundwanderung einplanen.

Kurzinformation:
Leichte Bergwanderung; 5–6 Std; 780 HM; KW Nr. 20
AP: Radlingpaß bei Umkehrstelle Postauto
Zuerst längs Mrkg. 253 Richtung „Rötelstein" und sodann nach etwa 200 Höhenmetern (nun ohne Markg.!) Hinweisschild „Seidenhofalm" und weiter auf Forststraße. Zuerst wird Talalm (1459 m) und sodann Seidenhofalm (etwa 1520 m; Jausenstation während des Sommers) erreicht. Ab hier über Almflächen längs Markg. Nr. 24 zum Gipfelkreuz des Kampls (1685 m). – Rückweg über Langmoosalm Markg. Nr. 270 und später Nr. 253 empfehlenswert.

„Künstlerwege" im Ausseerland

Die wunderbare Ausseer Landschaft hat schon im vorigen Jahrhundert, aber besonders in der Zwischenkriegszeit und bis herauf in unsere Tage eine große Zahl von Künstlern angezogen. Hier haben sie ihre Sommerurlaube verbracht, und nicht wenige haben sich sogar dauernd niedergelassen. Die „kontrastreiche Harmonie" des Landstriches, aber auch die gegenseitigen Kontakte haben sie zu bedeutenden Leistungen inspiriert und uns manche Werke hinterlassen, für die das Ausseerland sozusagen Pate stand.

Es war eine gute Idee der Verantwortlichen für den Fremdenverkehr, die „Via Artis" als speziell ausgeschilderten Wanderweg zu schaffen, der in Altaussee, Bad Aussee und Grundlsee die ehemaligen Wohnstätten der Künstler auf jenen Wegen und Pfaden verbindet, die sie selbst bevorzugt gegangen sind.

An mehreren Punkten der „Via Artis" sind Tafeln in Form einer Staffelei aufgestellt, auf denen die Künstler mit einigen ihrer bedeutenden Werke und dem Hinweis auf ihre jeweiligen Wohnhäuser vorgestellt werden.

Viele dieser Routen führen auch an landschaftlich besonders reizvollen Punkten vorbei, so daß sie sich als ausgedehnte Spaziergänge besonders eignen.

Der „Altausseer Künstlerweg"

Rund um das reizende Altaussee

Die „Via Artis Altaussee" umrundet den Ortsteil Fischerndorf und führt ein Stück den See entlang, vorbei an den Häusern und Feriendomizilen der Künstler, bis zum Fuß des Losers.

Das „Stahelschießen" (Armbrustschießen) hat in Bad Aussee große Tradition
Oben: Der „Zieler" zeigt die Treffer an
Unten: Schützenscheiben (Fotos Senft)

Ausgangs- und Endpunkt des Rundweges ist die im Kurhaus untergebrachte Informationsstelle mit dem angeschlossenen Literaturmuseum: Fotos, Briefe, Kritiken, Bücher und Erinnerungsgegenstände an die im Ausseerland lebenden und wirkenden Dichter, Maler, Komponisten und Schauspieler können hier in Ruhe studiert werden.

Beim Musikpavillon im Kurhauspark, überragt von Loser und Sandling, steht inmitten der kleinen Anlage die „Dreifaltigkeitssäule" von 1687 mit einer kleinen Steinskulptur. Von hier wenden wir uns in Richtung Volksschule und wählen dann beim „Cafe Fischer" das Straßerl zum See. Nach wenigen Metern erreichen wir mit der Hausnummer Fischerndorf 59 die reizvolle, ehemalige „Königsgartenvilla" mit dem heutigen Atelier der Kunstglaserei Jandl.

In diesem Haus lebte und arbeitete der große Literat Friedrich *Torberg* (1908–1979), der im Exil in USA in das Gedicht „Sehnsucht nach Altaussee" seine ganze Liebe zu diesem wunderbaren Landstrich hineinlegte und seinen Schmerz über die räumliche Trennung zum Ausdruck brachte.

Einige der Verse lauten:

Wieder ist es Sommer worden,
dritter, vierter Sommer schon.
Ist es Süden, ist es Norden
wo ich von der Heimat wohn?

Gelten noch die alten Strecken?
Streben Gipfel noch zur Höh?
Ruht im bergumhegten Becken
noch der Altausseer See?

Kulm und Kuppe: noch die kleinern
hielten Wache rings ins Land.
Aufwärts ragten grün und steinern
Moosberg, Loser, Trisselwand.

Ins Plateau zu hohem Rahmen
wölbte sich die Pötschen schlank,
und es wuchsen die Zyklamen
nur auf ihrem drübern Hang.

Ach, wie war ich aller Richtung
sommerlich vertrautes Kind!
Ach, wie war mir Wald und Lichtung,
Bach und Mulde wohlgesinnt!

Ach, wo hat's mich hingetrieben.
Pötschen weiß ich und Plateau.
Aber welcher Hang ist drüben?
Aber die Zyklamen – wo?

Weitere Dichternamen sind mit den umliegenden Häusern verbunden: Adalbert *Stifter*, Ludwig *Ganghofer*, Arthur *Schnitzler* u. a. – Im Haus Nr. 39, das sehr hübsch vor der Kulisse des Losers liegt, lebten zeitweise die Mitglieder der Familie Binzer, von denen Karl von *Binzer* als „Maler des Ausseerlandes" Bedeutung erlangte.

Bei unserem Weiterweg kommen wir an der interessanten „Gradieranlage" vorüber („gradieren" bedeutet eigentlich „eine Salzsole verstärken"), die Kurzwecken dient: Die im Salzberg auf natürliche Weise gewonnene Salzsole rieselt hier über Tannenreisig und nimmt dabei aromatische Harze und ätherische Öle auf – es entsteht ein eigenes Klima gegen Erkrankungen der Atemwege. Tatsächlich herrscht in dem zwölfeckigen, neuen und dem danebenliegenden älteren Pavillon ein herrlicher Duft und eine sehr angenehme Atmosphäre, die noch durch das gleichmäßige Geräusch des tropfenden Wassers drinnen und das beruhigende Vogelgezwitscher draußen verstärkt wird. Hübsch sind auch die weißen, dick salzüberkrusteten Zweige – als wären sie von Rauhreif überzogen. Gerne hält man sich zur „Bronchialkur", vielleicht mit einem Buch in der Hand, eine Weile hier drinnen auf.

Daneben befindet sich eine Kneippanlage mit einem Wasserbecken, und dort ist auch der deftige Spruch von Pfarrer Kneipp zu lesen: „Saufa wölle se alle, aber sterba will koiner!«

Nun ist es nicht mehr weit zur dritten Station der „Via Artis": Es ist dies das vornehme Hotel-Restaurant „Seevilla", direkt neben der Seeklause des Altausseer Sees. Die „Seevilla", Fischerndorf 60, wurde vom großen Kunstmäzen Prof. Laszlo Wagner erbaut. Hier fanden am 25. August 1882 die Uraufführungen des Trios in C-Dur und des Quintetts in F-Dur von Johannes *Brahms* statt, bei denen Brahms selbst spielte.

Nachdem wir beim Seeabfluß den Jungfischen eine Weile zugeschaut haben, wenden wir uns ein kurzes Stück zurück, gehen am Schiffsanlegeplatz und am hübschen Badeplatz, der von den Bundesforsten gewidmet worden ist, vorbei und genießen den Prachtblick auf die Trisselwand. Die altehrwürdige, gotische Kirche, überragt von der „Loserkrone", ist unser nächstes Ziel. Nun spazieren wir beim „Seewirt" vorbei und die Friedhofsmauer entlang; dieses Wegstück heißt „Andrian-Werburg-Promenade", benannt nach Ferdinand Leopold Freiherr von *Andrian-Werburg* (1835–1914).

Andrian-Werburg war ein bedeutender Anthropologe, dem das Ehrendoktorat der Universität Wien verliehen wurde. Durch seine für die Alpenwelt begeisterte Gattin, eine Tochter des Komponisten Giacomo Meyerbeer, kam der Gelehrte 1870 erstmals nach Aussee und erwarb hier einen Sommersitz. Die nächsten drei Jahrzehnte hielt er sich jährlich für mehrere Monate in Altaussee auf und widmete einen Großteil seiner Forschertätigkeit den Altausseer Menschen. Das heute noch äußerst wichtige Resultat dieser Arbeit war das 1905 erschienene Buch „Die Altausseer" („Ein Beitrag zur Volkskunde des Salzkammergutes"). Die Menschen und ihr Brauchtum, vom Hausbau bis zur Volksmedizin und vom Almleben über die Seefischerei bis zur Wilderei, wurden somit der Nachwelt erhalten, und es ist sehr erfreulich, daß das Buch vor einigen Jahren neu aufgelegt wurde.

Nur ein kurzes Stück längs der Seepromenade weiter, gelangen wir zur „Wassermann-Villa", in einem großen Park direkt gegenüber der wuchtigen Trisselwand gelegen. Hier lebte und starb der große deutsche Romancier Jakob *Wassermann* (1873–1934). Er, der ruhelos von Land zu Land gezogen war, hatte hier seine Heimat gefunden. In einer seiner Erzählungen schreibt er: „So fand ich den Ort, an dem ich mich dauernd niederließ, das Tal im steirischen Gebirge, und diese Landschaft wurde mir zum Freund wie ein Mensch zum Freund wird, nach jahrelanger Erprobung." Seine vielen Erzählungen und Romane können hier gar nicht aufgezählt werden. Sein letztes großes Werk war die dreibändige „Kerkhoven-Trilogie". – Das literarische Werk Jakob Wassermanns ging um die ganze Welt; seine Bücher wurden in 35 Sprachen übersetzt.

Weitere Dichternamen knüpfen an dieses und weitere Häuser der Umgebung: Freiherr Christian von *Zedlitz*, Chlodwig *Hohenlohe-Schillingsfürst*, Hugo von *Hofmannsthal*, Rainer Maria *Rilke* und Hermann *Bahr*.

Nun verläuft die „Via Artis" an der Seepromenade noch ein Stück weiter, vorbei an Jausenstation und Badeplatz „Kalßenegg", wendet sich dann scharf nach links und mündet in den „Arnethweg". Dieser ist vorerst ein steiniges Waldwegerl, für das man festeres Schuhwerk benötigt. Der markierte Fußweg zur Loserhütte wird gekreuzt, und dann zweigt eine kleine Wegvariante zum sogenannten „Kleinen Künstlerblick" bei der Kalvarienbergkapelle ab und führt nach 100 Metern wieder bei der Pfarrkirche in den Ortskern.

Wir wollen aber oberhalb der Kapelle weitergehen, um zum „Großen Künstlerblick" zu gelangen. Hier gibt es einen sehr malerischen Ausblick über den Ort, zum Altausseersee und darüber hinweg zum Dachstein. Ganz in der Nähe bewohnte hier Christl *Kerry* (1889–1978) das höchstgelegene Haus von Altaussee, und es gehört heute zum guten Ton in Altaussee, ein von ihr gemaltes Bild zu besitzen. Es gibt im Ausseerland kaum ein Fleckchen, das sie nicht in ihren Zeichnungen festgehalten hätte. Sie erfreute sich auch im hohen Alter so guter Gesundheit, daß sie noch in ihrem neunzigsten Lebensjahr Aquarelle malte. In ihrem Haus führte sie auch zeitweilig eine Fremdenpension, und zu ihren Gästen gehörten Wilhelm *Kienzl,* der große Sänger Josef *Schmidt* und andere.

Nun schließt sich bald der „Künstlerrundweg"; es geht durch Wald parallel zur „Loser-Blaa-Alm-Straße" mit Blick auf den Sandling abwärts und hinunter in den Ort zu einem Gedenkstein für den Erbauer dieses Promenadenweg-Stückes Dr. Richard *Kerry* (1886), den Vater von Christl Kerry.

Durch den Ortsteil Posern mit einigen sehr schönen alten Häusern, die sich durch den kleinen „eingezogenen" Balkonteil im Obergeschoß unterhalb des Walmdaches auszeichnen, geht es schließlich zurück zu unserem Ausgangspunkt beim Kurhaus.

Der „Bad Ausseer Künstlerweg"

Kulturdenkmäler, Narzissenwiesen und Bergesrund

Ausgangs- und zugleich Endpunkt ist der sogenannte „Künstlerwinkel" im Obergeschoß des modernen Kurzentrums von Bad Aussee. Hier sind auf einer Reihe von Fotomontagen und Tafeln mit äußerst interessanten Schwarzweißfotos fast alle bedeutenden Künstler festgehalten, die den Status von Bad Aussee als Ferienort und Künstlerdomizil geprägt haben.

Die erste Station des „Künstlerweges" soll als Rundgang durch die kulturhistorischen Sehenswürdigkeiten der Stadt verstanden werden:

Bad Aussee liegt an keinem See, doch fließen die Altausseer und Grundlseer Traun am Rand des Kurparks zusammen, um dann als Koppen-Traun den Hallstättersee zu durchströmen. Das durch die beiden Flußläufe im engen Talbett geprägte Städtchen ist nicht groß, seine alten Häuser zeigen aber heute noch die wirtschaftliche Bedeutung ihrer einstigen Besitzer. Sie sind durch die weit auskragenden Traufen charakterisiert, die auf gelegentliche längere Regenperioden hinweisen, den Gebäuden aber auch eine gewisse Würde verleihen.

Die zwischengestellten moderneren Baulichkeiten passen einigermaßen in das gesamte Stadtbild; am Hauptplatz lenken aber mehrere alte Häuser die Aufmerksamkeit auf sich, wie zum Beispiel das Apothekerhaus oder das „Herzheimerhaus", das heutige „Weiße Rößl", mit einem „steinernen Schutzbrief" des Kaisers Maximilian an der Wand. Hans Herzheimer war der mächtige Salzamtsverweser und fast uneingeschränkte Vertreter Kaiser Maximilians I. im Ausseerland.

Vor dem Gasthof zum „Weißen Rößl" können wir ein technisches Kuriosum, die „Lößl-Uhr", bewundern. Sie wurde nur durch die natürlichen Luftdruckschwankungen angetrieben. Ihr Erfinder, der in Aussee heimische Friedrich Ritter von Lößl, war zu Ende des vorigen Jahrhunderts als technischer Physiker ein Begriff. Er entwickelte u. a. Präzisions-Meßgeräte, baute Flugmodelle und vieles mehr. Solange der Erfinder lebte, funktionierte die „Luftdruckuhr" auch bestens; heute versteht sich niemand mehr so recht auf ihr „Innenleben", und so läuft sie derzeit wieder über ein normales Triebwerk.

Nach der Traunbrücke, in Richtung Grundlsee, bewundern wir noch heute eine alte Postmeisterei; es ist das Geburtshaus Anna *Plochls*, der späteren Gemahlin von Erzherzog Johann.

Direkt gegenüber steht die sehr sehenswerte, 1395 erbaute Spitalskirche mit ihrem prachtvollen gotischen Flügelaltar, der von Kaiser Friedrich III. gestiftet wurde; aber auch die Bogenfresken aus dem 15. Jahrhundert sowie die Christophorusfigur sind bedeutend.

Wenige Schritte sind es, der alten „Salzstraße" aufwärts folgend, bis zur großen Pfarrkirche St. Paul mit ihrem charakteristischen, holzschindelgedeckten Keilturmdach. Eine sogenannte „Schöne Madonna" von 1420 und ein gotisches Sakramentshäuschen aus einheimischem, rotem „Fludergrabenmarmor" sind die wertvollsten Inventare des Gotteshauses. An der Außenwand sind die beiden seinerzeit wohl mächtigsten Männer des Ausseerlandes, Hans *Herzheimer* und sein Nachfolger Christoph von *Praunfalk* (nach ihm ist auch ein Ortsteil in Richtung Altaussee benannt), in Stein gehauen verewigt, wobei es sich um keine Grabsteine handelt.

Einige Kilometer der alten Salzstraße („In der Gassen" heißt es bei den Einheimischen) aufwärts folgend, steht die sehenswerte alte Kirche St. Leonhard, die um 1470 erbaut wurde und interessante alte Tafelbilder der Leonhardslegende zeigt.

Nun aber nochmals zurück in das Zentrum der Stadt. Auf der oberen Geländestufe, die durch schmale, mittelalterliche Gassen mit dem Hauptplatz verbunden ist, liegt der „Kammerhof", das wahrscheinlich kunsthistorisch interessanteste Gebäude Bad Aussees. Wir haben einen der bedeutendsten gotischen Profanbauten der Steiermark mit aus rotem Marmor gefertigten Fenstersäulen und schönen schmiedeeisernen Fensterkörben im Erdgeschoß vor uns.

Der Kammerhof ist der ehemalige Verwaltungssitz des Salzbergbaues, von wo aus das wirtschaftliche Geschehen des gesamten Gebietes gelenkt wurde; heute befindet sich dort das besuchenswerte Heimatmuseum und die öffentliche Leihbibliothek. Anschließend steht das „Hoferhaus" mit den zwei auffallenden Türmchen und interessanten spätgotischen Freskomalereien, die für Profanbauten dieser Epoche sehr bemerkenswert sind.

Auf dem Weg zur dritten Station der Via Artis gelangen wir vom Kurpark über die Postbrücke und Erzherzog-Johann-Promenade zur „Marktleiten", über die noch vor zwei Jahrzehnten der gesamte „Pötschen-Verkehr" lief. An ihrem Fuß biegen wir rechterhand in die Elisabeth-Promenade ein und folgen dieser der Traun entlang bis zur Tennishalle, wo unser markierter Weg bald linkerhand, über Holzstaffeln im Wald, in Richtung „Sommersbergersee" aufwärts führt. – Im Mai ist dieses Waldstück flächendeckend mit dem intensiv riechenden *Bärlauch* bedeckt.

Wir queren die Bundesstraße, biegen in die Wilhelm-Kienzl-Gasse ein und folgen dieser bis zum bekannten Gasthof „Teichwirt". Zinken, Dachstein, Sarstein, Sandling und Loser sowie im Hintergrund Elm und Weiße Wand bilden das prachtvolle Bergrund, das das Wiesenplateau beim Teichwirt in Lerchenreith einrahmt.

Beim Teichwirt wohnte 49 Sommer lang der bekannte Burgschauspieler Richard *Eybner,* und in den umgebenden Häusern verbrachte Wilhelm *Kienzl* (1857–1941) fast ebenso lang seine schöpferischen Sommermonate.

Auf einem Wiesenweg queren wir nun das herrlich gelegene Hochplateau hinüber zum Hotel „Wasnerin". In einem nahegelegenen Wäldchen komponierte Kienzl fast alle seine Werke, und direkt neben der „Wasnerin" steht das kleine, efeubewachsene „Stöckl", wo Kienzl 1896 den „Evangelimann" komponierte.

Nun gehen wir gut einen Kilometer auf dem Asphaltstraßerl in Richtung Sommersbergersee, bis rechterhand eine Schotterstraße abzweigt, die wir nach 150 Metern gleich linkerhand verlassen, um über einen Wiesenpfad (ohne Markierung!) den Wald zu erreichen, in dem es auf einem neu angelegten Steigerl in Richtung „Alpengarten" aufwärts geht. Bald erreichen wir die Bauernhäuser des Weilers Ischlberg, und wenig später kommen wir zum sehenswerten „Alpengarten", der seine volle Pracht im Mai/Juni entfaltet.

Rund um den Sommersbergersee und in seinen angrenzenden Wäldern findet man bemerkenswerte Pflanzen: So zum Beispiel die *Eibe;* am See und am Rand des „Pötschenwaldes" an Moorstellen den *Sonnentau.*

Durch ein kleines Wiesental, parallel zur nahen Bundesstraße, leitet uns die Markierung, vorbei an „Narzissenwiesen" zu Ende Mai, hinauf auf den malerischen „Lenauhügel", einer wunderbaren Aussichtskuppe mit Blick nach allen Seiten, besonders eindrucksvoll aber hinüber zu den Gletschern des Dachsteins. Richtigerweise sind hier zwei Rastbänke, um 180 Grad versetzt, aufgestellt, damit man Dachstein–Sarstein auf der einen und Loser–Trisselwand auf der anderen Seite in Muße auf sich einwirken lassen kann.

Der Dichter Nikolaus *Lenau* (1802–1850) empfand eine große Wertschätzung für die Landschaft des Ausseerlandes. Seine Briefe und seine überlieferte Vorliebe für die schönsten Plätze der Gegend bezeugen dies. „Die Gegend ist von unerschöpflicher Schönheit" und „Aussee hat Gott selbst gemacht" schrieb dieser bedeutende österreichische Lyriker des 19. Jahrhunderts.

Nun wandern wir über das Tal hinüber zur letzten Station der „Bad Ausseer Via Artis": Beim Feuerwehr-Rüsthaus in Reitern überqueren wir die Bundesstraße, gehen die „Hiasngasse" abwärts – genau auf die Trisselwand zu – und lassen uns von den Hinweistafeln durch die Ortschaft Reitern und das anschließende Wiesenplateau zum Waldrand leiten. Über ein steiles Waldwegerl geht es schließlich hinunter zur tief eingeschnittenen Traun, die wir auf einer Brücke überschreiten und sogleich auch die Altausseer Straße überqueren. Der „Emil-Ertl-Weg" (er gehört schon zum Ortsteil Obertressen) weist uns nun zum Landesschülerheim, von wo es auf einem netten Waldpfad in Serpentinen aufwärts geht. Wenig später gelangen wir schon hinaus auf (im Mai!) prachtvolle Narzissenwiesen unterhalb des Tressen, mit Ausblick zum Loser. Vorbei an einigen Bauernhöfen, überqueren wir die Grundlseer Straße und steigen nun nochmals über wunderschöne Wiesen hinauf zur weitum sichtbaren „Hofmannsthal-Linde" mit ihrem Rastbankerl.

Hugo von *Hofmannsthal* (1874–1929) hielt sich an diesem herrlichen Fleckerl Erde immer wieder auf. Mehr als dreißig Sommer lang schöpfte er Kraft für sein großes literarisches Schaffen aus dem schönen Ausseerland. Er wohnte, zum Teil bewußt äußerst bescheiden, in verschiedenen Häusern von Obertressen und Grundlsee. – „Ich liebe diese Landschaft so sehr; je älter ich werde, desto reicher wird sie mir" schrieb er. Seit 1908 verging kein Sommer, wo Hofmannsthal seinen Aufenthalt in Obertressen nicht oft sogar bis zum Wintereinbruch ausdehnte. 1926 schrieb er an einen Freund: „Seit diesen letzten Jahren sind mir die Herbstmonate in Aussee das Wichtigste und Kostbarste vom ganzen Jahr geworden!" In mehreren seiner Erzählungen, wie etwa „Das Dorf im Gebirge", erkennt man unschwer die Anfänge des Fremdenverkehrs im Ausseerland wieder – aber unsterblich geworden ist der große Meister deutscher Prosa, der Lyriker und Dramatiker natürlich mit dem „Jedermann", den Texten für die Richard-Strauss-Opern u. v. a.

Es darf nicht unerwähnt bleiben, daß sich auch andere Künstler und Gelehrte, wie Emil *Ertl,* Frank *Thiess,* Sigmund *Freud,* um nur einige zu nennen, in Obertressen zu Hause fühlten.

Am Rückweg zum Ausgangspunkt folgen wir dem „H. v. Hofmannsthal-Weg", kommen an einem hübschen Bauernhaus (Hofmannsthals letztem Sommerdomizil mit Gedenktafel) und am Feuerwehrdepot vorbei und gelangen auf das Wiesenplateau oberhalb von Bad Aussee. Hier befindet sich die „Ramgut-Villa" in besonders schöner Lage, die vom gegenüberliegenden Sarstein dominiert wird. – Neben der Kalvarienberg-Kapelle mit alten Fresken steigen wir nun über das steile Wegerl der „Himmelsleiter", vorbei an den Stationen des Kalvarienberges, direkt in die Stadt hinunter.

Der „Grundlseer Künstlerweg"

Wasser, Berge und bäuerliche Kulturlandschaft

Direkt am Beginn des Grundlsees, bei der ehemaligen „Seeklause", dort wo der Wasserspiegel in alten Tagen zur Holztrift aufgestaut werden konnte, befindet sich die erste Station der „Via Artis".

Hier steht der alte Fischkälter auf Pfählen im See, der ebenso wie der in der Nähe befindliche ehemalige „Kaiserliche Reitstall" mit seinem schindelgedeckten Walmdach auf alten Stichen noch deutlich auszunehmen ist. Seit kurzem ist hier eine kleine Galerie untergebracht. Im Kälter werden auch heute noch direkt im durchströmenden Wasser des Seeausflusses die gefangenen Saiblinge gehalten, und gleich gegenüber befindet sich das alte „ärarische" Forsthaus, das heute in Verwaltung der Bundesforste als Nachfolger des kaiserlichen „Kammerbesitzes" steht.

Oben: Am Fuxbichl (Hintergrund Schoberwies, Hundskogel und Backenstein)
Unten: Gaiswinkel mit Backenstein (Fotos Senft)

Besonders reizvoll ist von hier der Blick über den Grundlsee hinweg bis zur lotrechten Gößlerwand und zum düsteren Talschluß beim Kammersee mit den darüber stehenden weißen Kalkfelsen des Toten Gebirges. Kein Wunder, daß dieser Platz ein Anziehungspunkt besonderer Art für bedeutende Menschen wurde: Die Reformpädagogin Dr. Eugenie *Schwarzwald* (1872–1940) ließ gleich oberhalb der Seeklause das verfallene Hotel „Seeblick" umbauen und eröffnete es 1920 als „Erholungsheim für geistige Arbeiter". Das Haus wurde tatsächlich ein geistiges Zentrum besonderer Art und ein Treffpunkt für Künstler und Wissenschafter. Zu den Gästen des „Seeblicks" gehörten Felix Braun, Franz Theodor Csokor, Sinclair Lewis, Thomas Mann, Robert Musil, Manès Sperber, Jakob Wassermann, Carl Zuckmayer, Oskar Kokoschka, Käthe Gold, Heinz Hilpert und viele andere mehr. – Heute ist der „Seeblick" das Haupthaus eines „modernen" Feriendorfs geworden, dessen Gebäude sich glücklicherweise sehr gut in die Landschaft einfügen.

Direkt neben der Seeklause steht die Villa „Rebenburg". In diesem Haus erhielt der große „Seelenarzt" und Begründer der Psychoanalyse Sigmund *Freud* (1856–1939) im Jahre 1930 den „Goethepreis der Stadt Frankfurt" überreicht; mehrere Sommer vorher verbrachte er in Obertressen, gleich in der Nähe.

Der Dichter Felix *Braun* (1885–1973) und seine Schwester Käthe *Braun-Prager* (1888–1967), eine angesehene Dichterin und Malerin, verbrachten ebenfalls manche Sommer in der „Rebenburg" und ließen sich von der vielgeliebten Landschaft Anregungen für ihr Schaffen geben.

Weiter führt unser Spaziergang auf der „Via Artis" vom direkten Seeufer weg, vorbei am Haus Nr. 53 mit dem verspielten Erker und der gegenüberliegenden herrschaftlichen „Villa Antonius" hinauf auf den Panoramaweg in Richtung Gößl. Das Haus Nr. 53 wird auch die „Seiller-Villa" genannt; hier lebte und arbeitete der Schriftsteller Rudolf Jeremias *Kreutz,* der sich in seinen Werken schon vor 1938 massiv gegen den Nationalsozialismus und für Österreich einsetzte und während des NS-Regimes Verfolgungen ausgesetzt war.

Wunderbar sind linkerhand die Bergwiesen, eingerahmt von Wald und darüber der Felszug vom Trisselkogel bis zum Backenstein. (Weitere Landschaftseindrücke dieses Wegabschnittes im Kapitel „Rund um den Grundlsee".) Vorüber an einigen stilechten alten Ausseer Häusern kommen wir zum lieben Grundlseer Kirchlein, das vollständig mit Holzschindeln verkleidet ist. Vor wenigen Jahren wurde sein hundertjähriges Bestehen feierlich begangen. Am danebenliegenden stimmungsvollen Friedhof, einheitlich geprägt von seinen schmiedeeisernen oder aus Holz gezimmerten Kreuzen, werden wir wohl ein bißchen innehalten.

Direkt am See steht in der Nähe das Haus Bräuhof Nr. 21, in dem der gebürtige Holländer Dietrich Heinrich *Volz* lebte und seine Landschaftsbilder, die Porträts der Grundlseer Bürgermeister und viele Schützenscheiben malte.

Vorbei am traditionsreichen „Gasthof Max Schraml" und oberhalb der „Villa Meran", geht es durch Wiesengelände zum Weiler Rößlern mit seinen drei Anwesen. Hier wohnte im Bauernhaus vulgo Ruadler (Bräuhof Nr. 25) der große Theologe und Philosoph Univ.-Prof. DDDDr. Johannes *Ude:* Er war bis 1938 Theologieprofessor in Graz, mußte seine Professur aus politischen Gründen aufgeben und versorgte während des Krieges die Pfarre Grundlsee als Seelsorger. Johannes Ude war ein leidenschaftlicher Kämpfer gegen den Krieg, gegen politische Verderbtheit und gegen den ausufernden Kapitalismus.

Aus mehr als 150 Publikationen ragt sein 1948 erschienenes Buch „Du sollst nicht töten" heraus. Er engagierte sich auch in der Tagespolitik und kandidierte 1951 sogar bei der Bundespräsidentenwahl. Ude verstarb 1965 und liegt im Grundlseer Friedhof begraben.

Nach einem kurzen Waldstück kommen wir zum reizenden, kleinen Ortsteil Gaiswinkel, wo der dritte Abschnitt der Via Artis, genannt „Im Kreuz", seinen Anfang nimmt:

Die zum Ortsteil Gaiswinkl gehörende kleine Landzunge zwischen Straße und See trägt die Bezeichnung „Im Kreuz", nach einem 1684 hier zur Erinnerung an die Errettung eines im zugefrorenen See eingebrochenen Benediktinerpaters aufgestellten Kreuzes. Das Kreuz wurde später durch eine Kapelle mit einem Votivbild ersetzt, das die Dramatik des Geschehens bildlich festhält. – Zu eben dieser Kapelle, die direkt unterhalb der Straße am Seeufer steht, lohnt es sich, die paar Schritte hinunterzugehen, um das Votivbild zu betrachten, das klugerweise durch eine Kopie ersetzt wurde. Beim Original handelt es sich nämlich um das älteste Votivbild des Ausseerlandes, das im Kammermuseum aufbewahrt wird.

Gleich daneben befindet sich das schindelgedeckte „Elfen-Haus", in dem der bekannte Filmschauspieler Paul *Dahlke* (geboren 1904 in Pommern, gestorben 1984, begraben im Grundlseer Friedhof) als begeisterter Wahlgrundlseer lebte. Seine Witwe, die Wiener Schauspielerin und Bildhauerin Elfe *Gerhart,* lebt noch in der stilvoll renovierten Villa, die man „per Schiff" gut sehen kann.

An die „Dahlke-Villa" schließt das bekannte „Gabillon-Haus" an, das der Burgschauspieler Ludwig *Gabillon* 1875 erworben hatte. Das Anwesen wurde sehr bald zu einem Begriff in der Welt des Wiener Burgtheaters, aber auch für Maler, Bildhauer, Schriftsteller und Gelehrte. Bald hieß es, daß im Sommer das ganze k.u.k Hoftheater in Grundlsee versammelt sei; im Gästebuch kann man berühmte Namen wie Hugo Thimig, Fanny Elßler, Peter Rosegger, Ferdinand von Saar, Katharina Schratt u. v. a. lesen.

In den letzten Jahren wurde das Gabillon-Haus revitalisiert und bildet alljährlich einen der Schauplätze des „Ausseer Kultursommers".

Wir spazieren nun wieder die paar Schritte hinauf zum „Panoramaweg" und begehen hier ein Stück die „Hohenegg-Forststraße", parallel zum See, mit einigen Rastbankerln, und genießen den Blick zur Bischofsmütze und zum Sarstein auf der einen und zur Weißen Wand auf der anderen Seite. Ein Stichwegerl leitet uns hinunter zum traditionsreichen Gasthof Ladner, mit dem sehenswerten „Erzherzog Johann-Stüberl", das noch die Einrichtung aus den ersten Jahrzehnten des vorigen Jahrhunderts mit Schützenscheiben aus verschiedenen Anlässen zu Ehren „derer von Meran" birgt. Der Erzherzog hat sich hier öfters aufgehalten.

Längs der Verbindungsstraße nach Gößl geht es nun ein kurzes Stück durch Wald, und wir gelangen gleich in den Ortsteil „Schachen", wo wir rechterhand auf ein unscheinbares Häuschen, das „Kronhütterhaus" (Gößl Nr. 26), stoßen. Hier verbrachte der Dichter Hermann *Broch* (1886–1951) einige Sommerurlaube. Broch mußte 1938 nach USA emigrieren, wo er auch verstarb. Er gehört mit Kafka und Musil zu den Begründern des modernen Romans im deutschen Sprachraum; zu seinen wichtigsten Werken zählen die Romane „Der Tod des Vergil", „Die Schlafwandler", „Die Schuldlosen" usw.

Ein paar Häuser weiter steht linkerhand das Anwesen vulgo „Schachner" (Gößl Nr. 4), wo zu Beginn dieses Jahrhunderts Josef *Kainz,* einer der größten Schauspieler seiner Zeit, gerne im Sommer weilte, nachdem die Gegend es besonders seiner Frau angetan hatte. Kainz war ein Künstler mit großer körperlicher Ausdruckskraft, der sein Publikum besonders in klassischen Rollen zu Begeisterungsstürmen hinriß.

Im selben Haus wohnte später einer der großen Maler des Ausseerlandes, Hanns *Kobinger,* dessen ansprechende und aussagekräftige Bilder (Öl, Aquarell und Kohle) in vielen Grundlseer und Ausseer Häusern hängen.

Der Gehweg der Via Artis führt nun durch die Siedlung zurück zur Uferstraße, an der hübschen alten Volksschule vorbei, in der heute eine Weberei beheimatet ist, bis zur Schiffsstation und hinauf in den reizenden Ort Gößl. Das Dorf ist durch seine Dorfgemeinschaft bemerkenswert. Sie besteht aus einem Dutzend Gößler Bauern, die auch heute noch, wie seit Jahrhunderten, aus ihrer Mitte einen Dorfrichter wählen, der nicht nur die üblichen kleinen nachbarlichen Streitigkeiten, sondern auch größere Konflikte, soweit sie den Grundbesitz betreffen, schlichtet, wodurch schon manche „Advokatenkosten" vermieden wurden. Außerdem bestimmt er den Viehauftrieb auf den Almen, teilt gemeinsame Arbeiten ein usw.

Der Dorfrichter beruft sich dabei auf das alte „Raspelbuch", das sich „Ratgeber im täglichen Recht des Bauernstands" nennt. Der Richterspruch wird mit einem Klopfen auf das Buch unanfechtbar und muß von den Parteien angenommen werden.

Die reizende kleine Kirche St. Rafael wurde 1819 von der Dorfgemeinschaft erbaut und ist deren Eigentum.

Vorbei am bodenständigen Gasthof Veit mit seinen traditionellen Gerichten, wie „Eschbohnkoh" (Erdbohnenkoch = geröstete Kartoffeln), „Bunzen" (magere Blutwurst), Griesschmarrn mit Zwetschkenpfiff u. v. a. m., wandern wir nun unter der fast bedrückend mächtigen und leicht überhängenden Gößlerwand zwischen einem Waldstreifen und Wiesengelände zum Toplitzsee. Bald nach den letzten Häusern steht hier direkt am Weg ein Gedenkstein, der dem „unvergeßlichen Freund und Forscher heimischen Brauchtums Konrad *Mautner*" gewidmet ist: 1880 als Sohn einer Wiener Industriellenfamilie geboren, verbringt er seit seiner Kindheit seine Ferien beim „Veit" in Gößl und teilt dort das Leben seiner Gößler Altersgenossen, geht mit ihnen jagen und fischen, rudert die Plätte und singt, tanzt und arbeitet mit ihnen. Die Gößler Mundart wird zu seiner zweiten Muttersprache. Aus dem tiefen Verständnis für das Leben der Bewohner rund um den Grundlsee erwächst sein Lebenswerk: Er erforscht die Volksmusik, das Brauchtum und die Tracht und zeichnet alle alten Lieder, Jodler und „Almschreie" auf. Als Ergebnis seiner Sammeltätigkeit erscheint 1910 das „Steyerische Raspelwerk" („Vierzeiler, Lieder und Gasslreime aus Goessl am Grundlsee") mit farbigen Bildern, von Mautner selbst reich illustriert. Mit nur 400 Exemplaren ist das Werk heute eine große bibliophile Rarität. Später publiziert er noch weitere Bücher, wie etwa „Alte Lieder fürs Landvolk". Sein früher Tod im Jahre 1924 vereitelt seinen Plan, zusammen mit dem Grazer Volkskundler Prof. Viktor von Geramb ein „Steirisches Trachtenbuch" herauszubringen; das Werk erscheint dann erst 1932.

Wir wandern entlang der Toplitzsee-Traun weiter bis zur Seeklause und wenden uns über deren Brücke nach rechts zum „Erzherzog Johann Gedenkstein". Er trägt als Datum den „19. July 1819" eingraviert, als der „Steirische Prinz" hier zum ersten Mal seine spätere Frau, die Ausseer Postmeistertochter Anna Plochl, traf, sie – als Bürgerliche – aber erst 10 Jahre später nach langwierigen Bemühungen heiraten konnte. (Tatsächlich fand die Begegnung erst am 22. August statt, wie Johanns Tagebuch ausweist.)

Bei den Steirern ist der „Herzog Johann" (1782 bis 1859) nicht nur wegen seiner Volkstümlichkeit so beliebt, sondern er war auch ein Mann von unglaublichem wirtschaftlichem Weitblick. Im steirischen Bergbau und in der Industrie schuf er Tausende Arbeitsplätze und förderte auch die Wissenschaft besonders. Noch heute erinnern Grazer Museen – unter ihnen das „Joanneum" – oder die nach ihm benannte Forschungsgesellschaft an den großen „Freund der Steiermark".

Der Rückweg der „Via Artis" nach Gößl führt zunächst ansteigend durch Wald und dann fast eben weiter, bis links ein Pfad zur sehenswerten „Ranftlmühle" abzweigt. Der Maler *Ranftl* hat sich an diesem herrlichen Platz bei der nach Regenfällen tosenden Traunquelle, dem „Stimitz-Wasserfall", sehr gerne aufgehalten. Ranftl war ein gefühlsbetonter Biedermeiermaler, der romantische Motive bevorzugte.

Dieses letzte Wegstück, zurück zur Grundlseer Ostseite, ist nach Alexander *Baumann* (1814 bis 1857) benannt, der – obwohl Beamter – musikalisch und dichterisch sehr begabt war und viele Lieder komponierte. Das bekannteste ist „I bin da Altausseer Postillion". Mit Freunden weilte Baumann im Sommer oft mehrere Wochen auf der Vordernbachalm, wo er die Abende mit den Almdirnen, Holzknechten und Jägern am liebsten bei Gesang und Zitherspiel verbrachte.

Via Salis

Rundgang durch die Salzreviere von Aussee

Im waldreichen Gebiet rund um den Sandling, den Salzberg von Altaussee, nutzt man seit alten Zeiten das Salz, das sogenannte „Weiße Gold" des Landes. Ein 1992 neu angelegter Wanderweg, die „Via Salis" („Salzweg") – als Ergänzung zur „Via Artis" („Künstlerweg") –, führt zu verschiedenen Abbaustätten des Salzbergbaues und offenbart zugleich ein bemerkenswertes Stück Ausseer Landschaft mit prächtiger Flora im Frühjahr und Sommer und bunten Farben im Herbst.

Eine Markierung mit dem Symbol eines Stollenmundlochs, aus dem die pfiffigen Augen eines „Grubenhunds" (eigentlich „Grubenhunt") hervorlugen, leitet von Station zu Station.

Das Pfannhauswiesl

Der Kurpark in Altaussee mit dem hübschen Musikpavillon und der aus dem Jahre 1678 stammenden Dreifaltigkeitssäule aus rotem Fludergrabenmarmor ist unser Ausgangspunkt. Von hier folgen wir der Markierung zur Blaa-Alm-Straße, überqueren den Augstbach auf der „Donisbrücke" und freuen uns über die liebe Architektur der Ausseer Häusln. Auf einem Schotterstraßerl geht es aufwärts, und schon nach wenigen Minuten erreichen wir das „Pfannhauswiesl" am Augstbach, wo bereits im frühen Mittelalter zwei Sudpfannen standen.

Schon 1147 (dem ersten urkundlich verbürgten Jahr des Salzbergbaus in Aussee) übergab Markgraf Ottokar III. aus Steyr dem Zisterzienserstift Rein bei Graz zwei Salzpfannen in „Ahorn", wie der heutige Altausseer Bereich damals hieß. Die Sole wurde vermutlich schon zu dieser Zeit zum „Pfannhauswiesl" geleitet. Heute ist davon aber nichts mehr zu sehen.

Auf einem Waldweg spazieren wir mehr oder weniger parallel zur Blaa-Alm-Straße weiter, queren bald hübsche Waldwiesen, auf denen es prachtvoll blüht und gehen in der Hauptrichtung auf den Sandling zu. Dieser Weg ist nun ein Stück identisch mit dem „Wiesenwanderweg zur Blaa-Alm", über den im Winter auch die Langlaufloipe geführt wird. Rechts unten rauscht der Augstbach über kleine Wasserfallstufen, und bald wird auch der Blick zum Loser frei. Dann nimmt uns wieder Wald auf, bis wir schließlich in ein romantisches Wiesentälchen gelangen. Hier wurde im Jahre 1918 der

Scheibenstollen

aufgeschlagen, dessen Mundloch, so wie überall im Gebiet, mit einem Stollenhaus überbaut ist. Hier stieß man auch auf eine Natrium-Sulfat-Quelle, die unter dem Namen „Ausseer Heilquelle" im Kurhaus Altaussee und im Kurzentrum Bad Aussee bei Trinkkuren Verwendung findet.

An Wildfütterungen vorbei geht es im Wald weiter, ein Bacherl wird gequert, und schon gelangen wir zum wuchtigen, 1907 aus Fludergrabenmarmor erbauten Haus über dem Mundloch des

Franzberg Stollens

Er wurde 1756 in 877 Meter Seehöhe aufgeschlagen. Der Franzberg-Horizont ist mit seiner Ausdehnung von 1,1 km^2 der zur Zeit tiefste und größte Abbauhorizont des Altausseer Salzberges. Die Ausdehnung der Lagerstätte reicht hier 1500 Meter von Ost nach West und 1000 Meter von Nord nach Süd. Rund 86% der in Altaussee gewonnenen Sole stammen aus diesem Horizont. Benannt ist der Stollen nach Kaiser Franz I. (1708–1756).

Gleich oberhalb liegt die

Solemeßstation

Von ihr fließt die gesamte im Salzbergbau Altaussee erzeugte Sole (ca. 170 Kubikmeter pro Stunde) über die Blaa- und Rettenbachalm und über Bad Ischl zur Saline Ebensee. Mit dieser Menge können 250.000 Tonnen Salz erzeugt werden.

Nur fünf Minuten sind es zum

Ferdinandberg Stollen

Er wurde 1621 aufgeschlagen und liegt in 916 Meter Seehöhe. Ein Großteil der heute teilweise noch in Betrieb befindlichen Werksanlagen im Stollen wurde während des Zweiten Weltkrieges errichtet. Benannt ist der Stollen nach Kaiser Ferdinand (1608–1657).

Wieder steigen wir nur ein kurzes Stück aufwärts und gelangen nach etwa zehn Minuten zum

Steinberg Stollen

Schon im Jahre 1319 wurde der Stollen aufgeschlagen und in westlicher Richtung vorgetrieben. Mehr als 600 Jahre lang, bis zu Anfang der siebziger Jahre in unserem Jahrhundert, stand der Steinberghorizont zur Soleerzeugung in Betrieb. Im östlichen Teil der Lagerstätte befindet sich das Schaubergwerk für die Besucher unserer Tage mit dem Solesee und der Seebühne, auf der schon mancher Kunstgenuß zu erleben war. Hier lagerten während des Zweiten Weltkrieges auch bedeutende Kunstgegenstände, die Schutz vor kriegerischer Einwirkung fanden. – Ein Gedenkstein am Platz vor den „Steinberghäusern" zeigt, wie die heilige Barbara schützend ihren Mantel über ein stilisiertes Gemälde breitet. Am Stein ist zu lesen: „Heilige Barbara, Beschützerin des kulturellen Erbes in Gefahr und Not".

Vom Steinberg gelangen wir weiter über „Schmiedebühel" und „Presslwiese" auf einer asphaltierten Forststraße, auf der ein Stück auch der Wanderweg zur Ausseer Sandlingalm führt, zum

Kriechbaumberg Stollen

Auch er wurde schon vor langer Zeit, nämlich im Jahre 1625, aufgeschlagen. Hier, in 1001 Meter Seehöhe, wurde der Stollen vorangetrieben, um einbrechendes Wasser aus dem oberhalb liegenden Horizont „Moosberg" abzuleiten. Bernhard Kriechbaum war zu jener Zeit Verweser der Herrschaft Pflindsberg.

Nun leiten uns die Symbole der „Via Salis" durch Wald aufwärts in Richtung Sandlingalm, bis wir eine Forststraße erreichen und dieser linkerhand bis zum

Breunerberg Stollen

folgen, der eine traumhaft schöne Aussicht auf Altausseer See und Loser zuläßt. Auch dieser Stollen wurde schon im 17. Jahrhundert zur Wasserableitung aus dem „Moosberg" angelegt.

Auf dem „Sandling-Rundweg" geht es nun weiter bis zum

Sandlingberg Stollen

Dieser diente ebenfalls der Wasserableitung.

Auf der ebenen Forststraße wandern wir an einem Hochmoor vorbei, bis uns die Markierung dann rechterhand durch Hochwald auf neu angelegter kleiner Steiganlage hinauf zum historisch bedeutsamsten, weil ältesten Stollen, dem

Ahornberg Stollen

mit seinem interessanten, schmalen Eingang, der aber weiter innen verstürzt ist, führt. Bereits im Jahre 1147 wurde dieser älteste und mit 1052 Metern auch höchstgelegene Horizont in Betrieb genommen und lieferte über Jahrhunderte hinweg die in damaliger Zeit so bedeutenden Salzmengen des Ausseerlandes. An die 500 Jahre lang wurde hier gearbeitet, bis im Jahre 1613 große Wassereinbrüche den Abbau des Lagers unmöglich machten.

Längs eines alten, gemauerten Wassergerinnes und über neu angelegte Holzstaffeln geht es abwärts zur Forststraße und zum

Moosberg Stollen

der mit seiner Jahreszahl 1209 auch schon zu den historisch ganz bedeutenden Bergwerksanlagen Österreichs gehört.

Die „Moosberg Dammwehr", in der sich 16 Schöpfbaue vereinigten, war mit einer Deckenfläche von 92.000 Quadratmetern die größte Werksanlage des Salzbergs, die auch immer wieder durch unkontrollierte Wassereinbrüche gefährdet war, die aber letztlich alle unter großen Anstrengungen abgeleitet werden konnten.

Damit ist unser Rundweg beendet, und wir können nun bis zum Gasthof „Sarsteinblick" und bis Lupitsch weitergehen oder auf direktem Wege zu unserem Ausgangspunkt zurückkehren: Wir folgen zu diesem Zweck dem Hinweisschild „Altaussee", queren über einen aufgeschütteten Weg das Hochmoor unterhalb des Moosberg-Stollens und gehen durch Wald und vorbei an moorigen Wiesen über einen offensichtlich sehr alten Saum- beziehungsweise Karrenweg hinunter in Richtung Altaussee. Die kleine Pflindsberg-Erhebung lassen wir rechterhand liegen und kommen hinaus auf schönes Wiesengelände und haben nun vor uns die hübschen Häuser, die Kirche, den See und die Trisselwand hintereinander gestaffelt daliegen. – An die fünf Stunden müssen wir für die gesamte Rundwanderung an Gehzeit einplanen.

Vom Ödensee auf Gsprangalm und Handleralm

Unser Ausgangspunkt ist die „Kohlröserlhütte" am romantisch gelegenen Ödensee: Wir umrunden den See in seinem östlichen Teil zur Hälfte, bis neben dem kleinen Rinnsal des Seisenbaches, der im Spätsommer schon meist ausgetrocknet ist, ein Forstweg rechterhand abzweigt. Knapp nachher würden wir bereits den nächsten Forstweg erreichen, der mit einem Riesenumweg zur Gsprangalm führt; ihn sollten wir nicht wählen.

Wir folgen also dem ersten Forstweg; jedoch nur ein kurzes Stück und begehen dann gleich einen deutlich erkennbaren alten Holzziehweg aufwärts. Dieser Weg ist – obwohl in der „Kompaß Karte" rot bezeichnet – aber nicht markiert. Dennoch ist er leicht zu finden, denn als alter „Forst-Almweg" ist er wohl schon seit dem vorigen Jahrhundert mit meist beiderseits geschlichteten Stützmäuerchen bestens ausgebaut. Seine Unebenheiten wurden begradigt, und so war er in alten Zeiten zum Holzschlittentransport bestens geeignet.

Dieser Weg bringt uns ziemlich rasant aufwärts, wobei es manchmal durch Hochwald, dann wieder durch Jungwald geht. Häufig gibt es auch einen Blick zurück zum Ödensee. Wir queren eine Forststraße, finden aber dort gleich wieder den Ziehweg und erreichen schließlich den oberen Teil dieser Forststraße, der wir nur ein kurzes Stück um eine Kurve folgen, bis rechterhand ein Almweg abzweigt, dem wir nun nachgehen. Wir haben hier bereits die erste obere Geländestufe erreicht und folgen dem Weg, der bald in einen Pfad übergeht, flach weiter. Vorbei an ein paar versumpften Stellen, erreichen wir dann auch gleich die Hütten der „Sillalm". Bei der am Berghang stehenden ersten Hütte beginnt unser Weiterweg auf einem Steigerl vorerst eben in nordöstlicher Richtung. Bald gelangen wir zu einem großen Steinmandl, das uns dann auch die Abzweigung für unseren Rückweg anzeigt.

Von links nach rechts:
Oben: Sonnentau, Türkenbund, Teufelskralle
Mitte: Sterndolde, Felsenbaldrian, Sonnenröschen
Unten: Alpendost, Silberwurz, Bergnelke (Fotos Senft)

Fürs erste wenden wir uns beim Steinmann aber nach Westen und haben nun einen hübschen Steig, der einige Felswandln umgeht, hinauf bis zur Gsprangalm. (Knapp vor der Alm kreuzen wir den Forstweg, der vom Ödensee bis hier heraufkommt.) Nach wenigen Schritten sind wir bei den drei Hütten der auf etwa 1450 Meter Seehöhe gelegenen Gsprangalm, von denen eine die echte Ausseer „Bilderbuch-Almhütte" darstellt.

Zweieinhalb Stunden haben wir vom Ödensee herauf gebraucht, und ein großes Steinmandl im Hintergrund der freien Amfläche zeigt uns nun den Weiterweg zur Handleralm über die begrünte Dolinen-Plateaulandschaft mit ganz lockerem Fichten-Lärchen-Wald sowie einzelnen Zirben und den dazwischenliegenden Latschenflächen an. *Wundklee, Hornklee* und *Sonnenröschen* lockern das Grün mit hübschen gelben Farbflecken auf.

Ab hier ist das gute Wegerl neben den Steindauben auch mit roten Farbstrichen und -tupfen sehr gut markiert und führt uns, in mäßiger Steigung sowie gelegentlich im Auf und Ab, vorbei am 1660 Meter hohen Mattkogel, von dem aus wir einen ersten Blick zum Zinkengipfelkreuz haben, durch eine sehr ansprechende Landschaft bis zur ausgedehnten Handleralm. Sie liegt auf 1649 Metern sehr reizvoll zu Füßen des Zinkengipfelaufschwunges. Eine Dreiviertelstunde haben wir von der Gsprangalm herüber gebraucht, und eine weitere Dreiviertelstunde wäre es auf markiertem Steigerl noch bis zum Zinkengipfel.

Zurück gehen wir zuerst noch bis zum Steinmann vor der Sillalm. Doch dann wählen wir einen anderen Weg als im Aufstieg und lassen uns von den Steindauben in östlicher Richtung auf gutem Pfad zum ebenen Waldplateau der „Himmeleben" auf 1317 Metern leiten.

Durch lockeren Hochwald, der manchmal fast parkartige Züge trägt, geht es abwärts. Wir kommen an einer echten alten Holzknecht-Rindenhütte, einer „Duck" mit den interessanten Schlafstellen und dem offenen Feuer, vorüber und sehen schließlich auch schon den ruhigen Wasserspiegel des Ödensees heraufblinken. Wir queren eine Forststraße und kürzen sie auf einem alten Güterweg ab, um schließlich knapp vor unserem Ausgangspunkt wieder „Asphalt" zu erreichen.

Bis zur Handleralm und zurück waren wir sechs Stunden unterwegs; wenn wir den Zinken noch „mitgenommen" haben, waren es siebeneinhalb Stunden.

Der Wundklee

Die gelbblühenden, weißfilzig behaarten Blütenköpfchen sind auf trockenem Almrasen mittlerer Höhenlagen oft bestandesbildend und auffällig.

Wegen seines hohen Gehaltes an Gerbstoffen und Schleim ist der Wundklee ein altbekanntes, jetzt aber nur noch wenig gebrauchtes Volksmittel bei Verletzungen. Häufig ist er aber heute noch ein Bestandteil von Blutreinigungs- und Abführteemischungen, und in manchen Alpengegenden wird der Absud aus den Blüten des Wundklees auch als Tee-Ersatz getrunken. Der Pflanze kommt im Volksglauben auch magische Bedeutung zu. Sie ist ein „Beruf- oder Beschreikraut", das heißt, sie wird Kindern in die Wiege gelegt, und zwar als Schutz gegen das „Berufen oder Beschreien", d. h. gegen Verwünschungen. Manchmal wird auch ein Absud des Wundklees verhextem Vieh eingegeben, damit es wieder gesunden möge.

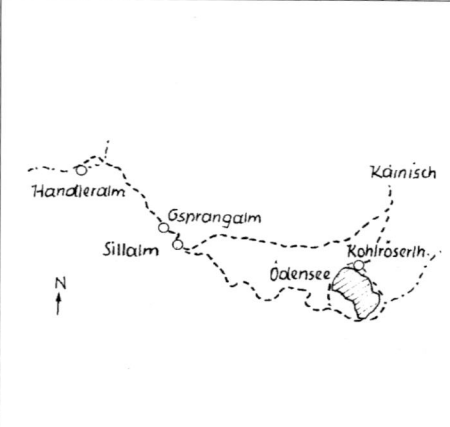

Kurzinformation:
Längere Bergwanderung; Landkarte mitnehmen, weil unmarkiert; 6 Std.; 800 HM; KW Nr. 20
AP: Parkplatz Ödensee
Der See wird im östl. Teil etwa zur Hälfte umrundet, bis neben dem Rinnsal des Seisenbaches rechterhand Forstweg abzweigt. Dem Forstweg nur ein kurzes Stück folgen und sodann einen deutlich erkennbaren alten Holzziehweg aufwärts. Forststraße wird gequert, weiter auf Ziehweg bis wieder Forststraße und auf ihr kurzes Stück, bis rechterhand Almweg abzweigt. Auf ihm bis zu den Hütten der Sillalm. Bei der ersten Hütte beginnt Weiterweg bis zu Steinmann; dort nach West und auf gutem Steig bis zur Gsprangalm (ca. 1500 m). Nun Steindaubenmarkg. in nordwestl. Richtung bis Handleralm (1649 m) folgen.

Zum stillen Finetsee

Für geübte Pfadfinder

Im einsamen Kemetgebirge, zwischen Ödensee und Hirzberg, liegen vier kleine Seen, die Grüne Lacke, der Schwarzsee, der Karsee und der Finetsee. Der letztere dieser stillen Gewässer – weitab von markierten Touristenwegen – ist der reizend gelegene Finetsee, ein landschaftliches Kleinod.

Man muß einige Geländeerfahrung und Spürsinn für die Wegführung im letzten Drittel mitbringen, weil der Pfad sich öfters im unübersichtlichen, weitläufigen Dolinen-Bergwald-Gebiet verliert und nur zwischendurch mit dürftigen Steinmännchen markiert ist. Es dürfen sich also wirklich nur erfahrene und gut ausgerüstete „Berggeher" an diese Tour wagen! Eine genaue Landkarte ist unerläßlich.

Man beginnt die Wanderung am Parkplatz des friedlich gelegenen Ödensees in der Nähe der „Kohlröserlhütte" und geht entlang dem Ufer auf gutem Pfad in südöstlicher Richtung bis zum Forstweg, der den See umrundet. Ihm folgt man ein kurzes Stück nach Osten, bis rechts der erste Wirtschaftsweg abzweigt; er führt nach wenigen Metern zu einem kleinen Heustadel. An ihm vorbei folgen wir nun dem Weg bergwärts und erreichen bald den ersten Forstweg, den wir überqueren. Ab hier beginnt der alte Holzziehweg, der in seiner Richtung genau den Finetsee „anpeilt".

Mittelsteil leitet uns der schon in alten Zeiten erstklassig angelegte Weg nach oben; alle Geländeunebenheiten hat man schon vor vielen Jahrzehnten ausgefüllt und ausgeglichen, Stützmäuerchen aufgeschlichtet und für die Wasserführung gesorgt. Ein solcher Weg diente nicht nur dem Viehtrieb zu den Almen, sondern war vor allem für den Holztransport mit Schlitten im Winter angelegt – eine sehr gefährliche Arbeit für die Holzknechte.

Rasch führt uns der Weg nach oben; bald queren wir nochmals die Forststraße und kommen schließlich zur „Finetstube" auf 1242 Meter Seehöhe, einer alten Holzknechtunterkunft, von der aber nur noch das Steinsockelfundament erhalten ist. Hier erreichen wir wieder die Forststraße, deren weitausholende Kurve wir mittels des alten Weges nochmals abkürzen und dann wieder den Forstweg erreichen. Auf ihm gehen wir an die 100 Meter aufwärts, sehen linkerhand einige geschlichtete „Treppensteine" und gelangen über sie wieder auf den alten Holzziehweg, dessen Verlauf eben nur durch den modernen Forststraßenbau mehrmals unterbrochen wurde. Schließlich erreichen wir wieder die Forststraße bei einer Gabelung und folgen dem Forstweg ab hier nicht nach links, sondern gehen ein kurzes Stück geradeaus, bis der Forstweg in einer Schleife endet. Etwa 30 Meter vorher suchen wir uns nun den Weiterweg über eine Kahlschlagfläche (der alte Holzziehweg hatte hier geendet) in ziemlich gerader Linie bergauf. Wenn wir genau achtgeben, finden wir schon hier immer wieder einige übereinandergeschlichtete Steine (oft liegt nur ein kleiner auf einem größeren), die den Einheimischen als Wegmarkierung dienen. Leider sind diese Steinmännchen hier längst nicht so deutlich angebracht wie in anderen Teilen des Kemet- und Toten Gebirges.

Es geht mäßig steil aufwärts; im Sommer weidet in diesem Waldgelände ziemlich viel Vieh, so daß man oft durch Viehtrittpfade etwas in die Irre geleitet wird. Meist finden sich aber doch brauchbare Pfadspuren, und mit einigem Geschick läßt sich auch das Hauptsteiglein zum Finetsee immer wieder finden. Mitten im lockeren Almwald sehen wir auch gelegentlich Tafeln der alten Skimarkierung (eine mit dem Richtungshinweis „Hirzberg"), und wenn wir unseren Spürsinn gut eingesetzt haben, dann sollten wir auch das Hauptsteigerl weiter oben, wo es schon flacher wird, schließlich endgültig finden. Dem See zu sind dann immer deutlichere, wenn auch dürftige, Steinmännchen zu sehen, und wir können nun getrost dem Steig folgen, der sich hier durch das recht unübersichtliche Gelände schlängelt.

Umgestürzte, uralte Baumriesen liegen über verkarsteten Felsbänken. Latscheninseln umgeben kleine Dolinen, und im lockeren Bergwald, der hier aus Lärchen, Fichten und wenigen Zirben besteht, tun sich überraschend häufig kleine Almrasenflecken auf. Im Juli ist alles voll mit prachtvoll rotblühendem *Almrausch,* auf der dünnen Humusschicht über dem nackten Fels wächst überall die *Erika,* und zu Anfang September findet man hier erstaunlich viele *Preiselbeeren* und *Heidelbeeren.*

Unser schmaler Pfad führt uns an eine Geländestufe heran und schließlich in eine große begrünte Mulde hinunter. Bald sehen wir auch schon das stille grüne Gewässer, das nur fünfzig mal dreißig Meter mißt, heraufleuchten. Wir haben nach dreistündiger Gehzeit den Finetsee – auf etwa 1480 Metern gelegen – erreicht: In einem wunderbaren Karrund liegt der reizende See, umgeben von einem Wollgrasgürtel und umstanden von Lärchen, da und strömt ungestörten Frieden in einer durch menschliche Eingriffe überhaupt nicht beeinträchtigten urtümlichen Landschaft aus.

> **Kurzinformation:**
> Anspruchsvolle Bergwanderung; guter Orientierungssinn notwendig; nur für erfahrene Bergwanderer; Landkarte mitnehmen; 5–6 Std; 700 HM; KW Nr. 20
> AP: Ödensee
> Entlang des Ödensee-Ufers in südöstl. Richtung und auf Forstweg, bis rechts der erste Wirtschaftsweg abzweigt (in der Nähe Heuhütte). Auf ihm zu Forstweg hinauf, der gekreuzt wird. Nun auf altem, sehr gut angelegtem Holzziehweg weiter bis zum Steinsockelfundament der ehem. „Finetstube" (1242 m). Weiter kurz auf Forststraße, die nochmals abgekürzt wird, und wieder Forstweg, dem wir 100 m folgen, bis linkerhand Treppensteine die Böschung aufwärts führen und wir Forstweg nochmals abkürzen. Nun auf Geländeabsatz auf Forstweg gerade weiter, bis dieser in einer Schleife endet. Über Kahlschlagfläche dann in ziemlich gerader Linie bergauf; Steigspuren und gelegentlich Steindauben. Nach einigem Suchen läßt sich auch das Hauptsteiglein (immer wieder Steindauben) finden, das uns schließlich an eine Geländestufe und ein kurzes Stück bergab zum Finetsee (1480 m) leitet.

Von Obersdorf zur Kochalm

Ein gemütlicher dreistündiger Spaziergang (hin und zurück), der ohne weiters mit Halbschuhen unternommen werden kann, soll uns vom hübschen Ort Obersdorf mit seinen schönen alten Bauernhäusern zur Jausenstation „Kochalm" im Öderntal führen.

Am östlichen Ortsende von Obersdorf folgen wir dem Hinweisschild „Bad Mitterndorf" mäßig ansteigend durch Hochwald auf einem bestens angelegten Pfad vorerst in Richtung der Feriensiedlung „Sonnenalm", deren „Dreieckshäuser" man sich bei dieser Gelegenheit einmal aus der Nähe ansehen kann.

Von hier leitet uns sodann die Markierung weiter zur „Kochalm": Auf einem ebenen Forstweg geht es beschaulich längs des lustig plätschernden Rödschitzbaches taleinwärts; am sogenannten „Krautmoos" vorbei, bis wir zu den ausgedehnten Weiden der „Pichlmayerhalt" und „Singerhalt" gelangen. Bei der „Singerhauserhütte" ist eine urige „Almlabung" möglich, und wir wandern nun durch die reizvolle Almlandschaft mit den verstreuten Heuhütten und den einzelnen Baumgruppen, kaum ansteigend, weiter.

Viel *Johanniskraut* zeigt zur Sommerszeit seine gelben Blüten.

Schließlich geht es wieder durch Wald. Wir gehen nun das kurze Stück ins Öderntal hinüber; linkerhand begrenzen felsige Ausläufer des Kampls und rechterhand des Lawinensteins den weiten Talboden.

Über ausgedehnte Weideflächen geht es weiter zum Gasthof „Kochalm" mit seiner angeschlossenen Landwirtschaft, wo wir „bodenständig" einkehren können.

Von der Kochalm kann man auf markierten Wegen in eineinhalb bis zwei Stunden über die reizvolle Schneckenalm Gößl am Grundlsee erreichen, von wo man aber mit einem Auto abgeholt werden müßte.

Johanniskraut

In den Tallagen steht die Pflanze zu „Johannes" in schönster Blüte. Sie wurde seinerzeit in vielen Gegenden zu diesem Fest gepflückt, zu Kränzen gebunden und an die Türen und Fenster gesteckt. Sie soll nach dem Volks-

glauben Gewitter und Behexung abhalten, daher wird die Pflanze in manchen Gegenden Österreichs auch Hexenkraut genannt. In einigen Gegenden der Steiermark wird die gelbblühende auffallende Pflanze auch als „Tausendlöcherlkraut" bezeichnet, weil eine Legende erzählt, daß der über die Heilkraft des Krautes erboste Teufel die Blätter und Blüten mit unzähligen Nadelstichen durchlöchert hat.

Beim Verreiben und Auspressen der gelben Blüten geben diese einen lilagefärbten Saft von sich, so daß das Johanniskraut in manchen Gegenden auch „Blutkraut" genannt wird. Nach dem Zerreiben färben sich übrigens die Finger violett.

Die schwarzen Punkte an den Laub- und Blütenblättern enthalten ein sehr wirksames Harz, das im Wasser unlöslich, in Alkohol und Ölen aber leicht löslich ist und um dessentwillen die Pflanze bereits im Altertum zu Heilzwecken verwendet wurde.

Die zur Blütezeit gesammelten Zweigspitzen oder auch die ganzen Pflanzen sind getrocknet ein weit verbreitetes Volksheilmittel gewesen, das Lunge, Magen und Nieren reinigt, und gegen innere Krämpfe gut sein soll. Das Kraut hilft auch als Nervenmittel, gegen Gelbsucht, Kopfweh und andere Schäden.

Die Homöopathie verwendet Johanniskraut-Tinkturen heute bei Blasenkrampf und ähnlichen Erkrankungen.

Johannisöl ist auch bei Brandwunden sehr wirksam.

Kurzinfomation:
Leichte Wanderung (mit Halbschuhen möglich); 3 Std.; 100 HM; KW 68
AP: Östl. Ortsrand von Obersdorf
Wir folgen Hinweisschild „Bad Mitterndorf" und Wegnummer 17 zuerst durch Wald mäßig aufwärts. Vorbei an „Sonnenalm-Feriensiedlung"; weiter Weg Nr. 16 längs Rödschitzbach und über „Singerhauserhütte" (Jausenstation während des Sommers) zum Gasthaus „Kochalm" (ganzjährig geöffnet).

Obersdorf – Seidenhofalm – Kampl – Teltschenalm

Eine äußerst lohnende Alm- und Bergwanderung kann, von Obersdorf ausgehend, als sehr schöne Rundtour unternommen werden: Wir gehen beim Feuerwehrdepot los und folgen der Markierung hinauf in Richtung „Kampl".

Die hübschen Häuser im bunten Blumenschmuck lassen wir bald hinter uns und erfreuen uns an den schönen Bergwiesen. Neben einer Wildbachverbauung geht es aufwärts, und der Güterweg geht bald in einen alten Holzziehweg über, der rasant nach oben leitet. Nach Überwindung der ersten Steilstufe wird die Geländeneigung etwas mäßiger, und es geht im Wald nun weniger steil hinauf. Eine Forststraße wird überquert, und weiter führt uns der alte Alm- und Holzziehweg, der die Geländeunebenheiten voll ausgleicht, nach oben. Ein schönes Bründl erfrischt die Wanderer.

Bald gelangen wir auf den Geländeabsatz des „Obernbergwaldes" mit den Fundamentresten einer ehemaligen Jagdhütte – eines „Jägerstübls" –, wie die Hinterberger sagen. Es ist ein besonders hübscher freier Platz mit vielen alten Bergahornbäumen und einer botanischen Sensation: Im lockeren Almwald stehen mehrere Exemplare des über einen Meter hohen *Gelben Enzians*. Die im Juli mit den auffallenden gelben Blüten besetzten Pflanzen kommen nämlich nur in den Südalpen Mitteleuropas, etwa in den Julischen Alpen, vor und sind wildwachsend in der Steiermark oder in Oberösterreich völlig unbekannt. Eine Rücksprache mit dem zuständigen Förster hat ergeben, daß die Gewächse vermutlich von einem seiner schon verstorbenen Vorgänger hier einmal ausgepflanzt wurden und sich am Standort recht wohl fühlen und auch gut vermehrt haben.

Da der Gelbe Enzian also eine große Rarität darstellt, ihn bitte ja nicht pflücken, sondern nur bewundern und fotografieren! – Ihm wurde in den Südalpen früher auch sehr stark wegen seiner mächtigen Wurzeln zum Schnapsbrennen nachgestellt, und er wurde an manchen Plätzen völlig ausgerottet.

Weiter geht es im Wald aufwärts; an einer kleinen Schrofenstelle gibt es eine Gedenktafel für einen 1992 hier Verunglückten. Das Gelände wird flacher; im lockeren Bergwald stehen mächtige alte Fichten, und schließlich erreichen wir die weite Seidenhofalm mit ihren sechs Hütten, von denen eine an Schönwettertagen auch als Jausenstation bewirtschaftet ist. – Überall auf diesen Almen gedeiht hier das hübsche, aber für den Weidewirt lästige Unkraut, der *Weiße Germer*.

Wir gehen über den Almboden weiter in Richtung Kampl und kommen zu einem auffallenden Wegkreuz, das im Volksmund „Zum heiligen Nam'" heißt. Ein paar Meter absteigend und dann in südöstlicher Richtung hinaufquerend, sind wir bald oben am ausgedehnten Gipfelplateau des Kampl mit seinem nach Süden vorgebauten Gipfelkreuz in 1685 Metern. Im Hochsommer häufig von weidendem Almvieh umgeben, ist der Platz stimmungsvoll und auch der Rundblick vom gegenüberliegenden Grimming über Teile der Niederen Tauern bis zum nahen Dachstein und den Gipfeln des Toten Gebirges ist sehr lohnend; besonders eindrucksvoll ist aber der Tiefblick auf Bad Mitterndorf und die „Hinterberger Hochebene".

Sodann lassen wir uns von der Markierung in Richtung „Teltschenalm" hinunterleiten und verlassen dabei zwischendurch das wellige Almgelände, auf dem der *Almrausch* im Juli prächtig blüht. Zwischen Felsschrofen geht es abwärts, und wir kommen dabei nahe an die auffallend rot gefärbten Felspartien des Hasenkogels heran und entdecken hier auch Gesteinsüberreste eines Eisenerzabbaues aus alten Zeiten.

Die Abzweigung nach Obersdorf lassen wir vorerst rechts liegen, um die paar Minuten zur „Ausseer Teltschenalm" hinunterzugehen. Ihr Besuch lohnt sich wegen der romantisch von Bergwald umschlossenen Almhütten auf einem kleinen „Anger" ganz besonders. Eine der Hütten ist meist bewirtschaftet, und es gibt hier auch eine ergiebige Quelle. Beim Weiterweg steigen wir nun nicht zur Weißenbachalm ab, sondern gehen das kurze Stück zur Abzweigung zurück, um weiter der Markierung nach Obersdorf zu folgen.

Über welliges, teilweise feuchtes Almgelände mit großen Flächen voll *Wilden Schnittlauchs* geht es gemütlich abwärts, und hier kommen wir auch an eine kleine Halde voll schwarzbraunen Gesteins vorüber. Die Brocken sind überdurchschnittlich schwer, und schon dem Laien wird klar, daß es sich hierbei um Erz handelt. Gleich hinter dem Gesteinshaufen liegt der Stolleneingang, aus dem das Material in den dreißiger Jahren unseres Jahrhunderts gewonnen wurde. Genauere Analysen haben aber noch vor dem

Abtransport gezeigt, daß sich ein weiterer Abbau nicht lohnen wird. Interessant ist, daß auf der vor nunmehr schon 60 Jahren aufgehäuften Halde keinerlei Pflanzenwuchs zu sehen ist; dem Eisenerz müssen hier also auch andere, giftige Schwermetalle beigemischt sein.

An dieser Stelle beginnt ein breiter Forstweg, dem wir ein Stück abwärts bis zur Abzweigung „Kochalm" folgen, um dann durch Wald eine weitere Forststraße zu erreichen, die wir aber nach einer Viertelstunde auch schon wieder verlassen können. Rechterhand geht es auf einem ein kurzes Stück recht steilen alten Holzziehweg abwärts, und wenig später kommen wir in freies Wiesengelände hinaus und erreichen bald den Bauernhof vulgo „Weichbold". Ein kleines „Königreich" wird hier auf einem wunderschön gelegenen Geländeabsatz nach gediegener alter Bauerntradition bewirtschaftet. Auch der im Wald halb versteckte Kirchturm von „Maria Kumnitz" grüßt herüber, und in wenigen Minuten sind wir unten in Obersdorf mit seinen besonders schönen Bauernhäusern im Stil des Steirischen Salzkammerguts, mit sehr viel verbautem Holz und dem prachtvollen Blumenschmuck.

Die Hemmerstaude, der Weiße Germer

Dieses auffallende Liliengewächs mit den hübschen weißgelben Blüten wird oft bis zu eineinhalb Meter hoch und gedeiht häufig auf leicht feuchten Almweiden der mittleren Höhenlagen. Jedem Bergwanderer sind diese großen Stauden mit den grünglänzenden Blättern schon aufgefallen.

Im jungen Zustand ist das Kraut sehr giftig, besonders für Jung- und Kleinvieh, weniger für Pferde, die es gelegentlich fressen, ohne Schaden zu nehmen. Zweieinhalb Gramm des Giftes können einen Menschen töten. Gelegentlich sind schon ganze Viehherden vergiftet worden, wenn irrtümlicherweise Germer zusammen mit den anderen Pflanzen der Almweiden als Heu gewonnen und dann dem Vieh gehäckselt vorgesetzt wurde. Die Almleute stehen in ständigem Kampf gegen dieses „Unkraut", das möglichst frühzeitig abgemäht oder ausgerissen werden soll.

Aus dem Wurzelabsud wurde früher allerdings ein wirksames Mittel gegen Läuse hergestellt, daher heißt die Staude auch in manchen Gegenden der Alpen Hemdwurz. In der Volksmedizin hat der Germer (im Gegensatz zur Tierheilkunde) nie Verwendung gefunden.

Kurzinformation:
Mittlere Bergwanderung; 6 Std.; 800 HM; KW Nr. 20
AP: Feuerwehrrüsthaus in Obersdorf
Weg Nr. 24 in Richtung „Kampl". Über die ehem. Jagdhütte (1259 m) im „Obernbergwald" auf Waldwegen zur Seidenhofalm (ca. 1530 m; eine Hütte bewirtsch.) und weiter auf den Kampl (1685 m). Markg. Nr. 24 zur „Ausseer Teltschenalm" (ca. 1400 m) und auf Forstwegen und im Wald hinunter nach Obersdorf, das beim Gehöft „Weichbold" erreicht wird; in wenigen Minuten zurück beim AP.

Von Bad Mitterndorf auf die Simonywarte

Eine kurze, aber besonders lohnende Wanderung führt uns auf einen „Aussichtsbalkon" oberhalb von Bad Mitterndorf.

Direkt im Ortszentrum, unterhalb der Kirche, mit seinen gediegenen, im alpenländischen Stil errichteten Häusern, folgen wir ein kurzes Stück der Straße entlang der Salza. Hier finden wir auch gleich die Markierung, die uns zum Felsriegel des Planwipfels mit dem Holzhäuschen der Simonywarte hinaufleitet.

Das besonnte Wiesenplateau am Ortsrand ist bald durchschritten, und dann nimmt uns ein sehr schön angelegter Waldpfad auf. In angenehmen Serpentinen geht es im lockeren Hochwald aufwärts. Ein Marterl fordert zum Gedenken an einen tödlich verunglückten Holzknecht auf, und bereits hier werden immer wieder Blicke auf die Mitterndorfer Hochebene frei. Unzählige Schneerosen gedeihen im Wald und erfreuen im April den Wanderer mit ihren wunderbaren Blüten. Das Steiglein schlängelt sich im felsig werdenden Gelände zwischen einigen „Wandln" hindurch, und ein Seilgeländer sichert den Pfad am Rande eines kleinen Felsabsturzes. Hier wird der Blick nach Süden plötzlich frei, und es gibt eine Prachtaussicht auf den Dachstein, zur Kammspitze und ins Kemetgebirge, auf viele Gipfel der Niederen Tauern und besonders zum gleich direkt gegenüberliegenden Grimming: Kein Wunder, daß die hier in 1224 Metern aufgestellte, kleine Unterstandshütte nach dem großen Dachsteinforscher Simony benannt wurde, der diesen Platz bevorzugt aufsuchte, wenn er durchs „Hinterberger Tal" reiste. – Das „Hüttenbuch" ist in einer alten Schultasche im Hintergrund des teilweise offenen Hütterls gut verwahrt.

Man kann nun in Form einer kleinen Rundwanderung der Markierung auf gutem Waldpfad mäßig abwärts folgen, gelangt angesichts der „Tauplitzalm-Straße" in nordöstlicher Richtung zur Ledereralm und steigt von dort zur Straße ab. Leider muß man ihr nun knapp zwei Kilometer bis zur Mautstelle nachgehen, wo man dann aber über den sogenannten „Waldweg", abseits weiteren Verkehrs, zum Ausgangspunkt zurückgelangt.

Kurzinformation:
Kurze Bergwanderung; 3 Std; 450 HM; KW Nr 68
AP: Bad Mitterndorf
Direkt vom Ortszentrum (unterhalb der Kirche) ausgehend, folgen wir ein kurzes Stück der Salza aufwärts und finden gleich die Markierungsnummer 6. Auf gutem Waldpfad geht es in Serpentinen hinauf zur Simonywarte am Planwipfel (1224 m). Abstieg in Form eines Rundweges von hier längs der Markierung Nr. 7 über Ledereralm und zum Schluß 2 km auf der „Tauplitzalmstraße" möglich.

Das Große Tragl

Von der Tauplitzalm in den Karst des Toten Gebirges

So belebt die Tauplitzalm im Winter ist, so angenehm und beschaulich ist es hier im Sommer. Besonders zu Sommerbeginn, wo die Almflora im Kalkgebirge ganz bezaubernd ist, lohnt es sich, von hier aus eine der vielen möglichen Wanderungen zu unternehmen. Ein schönes und interessantes Bergziel sind die beiden Tragln, 2179 und 2164 Meter hoch, bereits mitten im Toten Gebirge gelegen.

Die Tauplitzalm kann übrigens nicht nur über die Mautstraße oder per Sessellift erreicht werden (er überwindet bei einer Gesamtlänge von 4,2 Kilometern einen Höhenunterschied von über 700 Metern), sondern vom Ort Tauplitz aus führt ein sehr lohnender Weg vorerst bis zur „Niederblas", das ist eine Waldblöße mit Almboden und einer gefaßten Quelle. Von hier leitet ein Steig durch lichten Bergwald in die „Lahnergrube" empor. Unterwegs bietet sich ein herrlicher Ausblick auf den im Süden aufragenden Grimming. Nach zirka zwei Stunden Aufstieg erreicht man den Rand des Tauplitzplateaus bei etwa 1550 Meter Seehöhe, und von ihm öffnet sich erstmals der Blick auf den Steirersee mit dem dahinterliegenden Sturzhahn.

Üblicherweise werden wir aber über die Mautstraße auf die „Tauplitz" hinauffahren und unser Auto am Parkplatz beim Hollhaus (1621 Meter See-

Kalkriefen am Weg zum Großen Tragl (Foto Senft)

höhe) verlassen. Von hier folgen wir den Hinweisschildern in Richtung „Traweng" und „Steirersee" und wandern dabei geruhsam über die abwechslungsreiche Hochfläche dahin. Den „Großsee" lassen wir nördlich unter uns liegen; von ihm führt eine interessante Wanderung durch das Öderntal bis zum Grundlsee hinüber. Wir gehen weiter in Richtung Steirersee, auf den wir nach einer knappen Dreiviertelstunde vom hübschen Aussichtsplatz des sogenannten „Wernerbankerls" hinunterschauen. Dann geht es ein kurzes Stück abwärts zu den unbewirtschafteten Steirerseehütten, und von hier weg folgen wir der Markierung in Richtung „Tragl – Leistalm", wobei letztere bald rechterhand in Richtung „Schwarzensee – Leistalm" abzweigt, von wo man zu Almberg und zum Hochmölbingstock weiterwandern kann.

Wir steigen aber nun steiler durch eine Latschenzone hinauf und genießen oberhalb, wo es wieder flacher wird, einen großartigen Blick auf den Felsklotz des über 2000 Meter hohen Sturzhahns mit seiner lotrechten Westkante; eine begehrte Tour für Kletterer. Aber auch der Blick in die Tiefe auf den Steirersee mit seinem smaragdgrünen Uferrand und den beiden Inselchen ist bezaubernd.

Wunderbar ist die Bergflora: Der *Almrausch* steht im Juli und dort, wo sich schattseitig der Schnee lange hält, auch noch zu Anfang August, in voller Blüte (auf kalkreichem Boden ist es jene Art mit Haargebilden auf der Blattunterseite). Die gelben Köpfchen der *Trollblume* leuchten links und rechts des Steiges. *Sonnenröschen, Katzenminze, Wilder Thymian,* verschiedene, gelbblühende *Fingerkrautarten,* hübsche, lilablühende *Storchschnabel* und viele andere Gewächse begleiten unseren Pfad.

Unser Weglein führt uns nun hinauf in die eigenartige Welt der Felsplatten, Dolinen, Kare und Runsen; hier beginnt ja bereits der Karst des Toten Gebirges. Knapp am Osthang des zusammenhängenden Bergmassivs „Sturzhahn – Kleines Tragl – Großes Tragl" geht es, nunmehr eher mäßig ansteigend, weiter. Der Pfad ist gut markiert, wobei Steinmännchen und die langen Stangen der Skimarkierung mithelfen, sich auch bei einfallendem Nebel nicht zu verirren.

Die Eiszeitgletscher haben hier viele der riesigen Kalkblöcke zu ebenen Platten geschliffen, wenngleich sie nicht so glatt wie drüben in den Tauern, im Urgestein, sondern voller scharfer Kanten, Riefen und Kolklöcher sind. Die im Niederschlagswasser gelöste Kohlensäure der Luft trägt ja das Ihre zur Kalkgesteinsverwitterung bei. Auf diesen ebenen Kalkstufen entdecken wir bei näherem Hinschauen unzählige Versteinerungen, vor allem Muscheln und Schnecken, darunter besonders hübsch und auffallend das herzförmige Leitfossil des Dachsteinkalks, „Megalodon", von den Einheimischen wegen seines Aussehens auch „Kuhtritt" genannt. Auch die Felsstufen und Bankungen an Tragl und Sturzhahn weisen durch ihre Form eindeutig auf die geologische Formation des Dachsteinkalks hin, von dem uns die Geologen sagen, daß er 200 Millionen Jahre alt ist.

Wir wandern in dieser interessanten Umgebung weiter in Richtung „Traglhals". Ehe wir zum sogenannten „Jungbauernkreuz" kommen – hier ist 1948 ein Schifahrer in eine Doline gestürzt, aus der er nicht geborgen werden konnte –, fallen uns aber in den Ostwänden des Traglstockes besonders eigenartige Felsriefen auf: Mehr als 200 Meter hoch formen diese orgelartigen Gebilde einen eigenen Felskessel.

Nun kommen wir an immer mehr Dolinenschächten vorbei; in manchen rauschen im Frühsommer noch geheimnisvolle Wasserfälle. Viele dieser Schächte sind registriert und mit einer römischen Ziffer versehen, aber längst nicht alle sind voll erforscht und befahren, weil sie sich teilweise in unzugängliche Tiefen erstrecken. Besonders bei Skitouren muß man hier achtgeben!

Vor der flachen Einsattelung des Traglhalses, er liegt etwa 2000 Meter hoch, gibt es eine kleine, ständig fließende Quelle, den „Schwaigbrunn". Gegen den Herbst zu, wenn sämtlicher Schnee geschmolzen ist und alle Wässerlein zu fließen aufgehört haben, hat eine solche Quelle im Karstgebirge besonderen Wert. Eine Hinweistafel am Traglhals zeigt in Richtung „Pühringerhütte und Prielschutzhaus" und ist mit der wichtigen Warnung „Achtung auf Dolinenschächte" versehen; gleichzeitig kann man hier aber auch lesen: „Im Sommer unpassierbar". Tatsächlich ist das Auf und Ab äußerst mühsam, vor allem aber die Gefahr des Verirrens wirklich so groß, daß nur erfahrene Alpinisten diesen Weg begehen sollten.

Wir wenden uns in einer großen Schleife – ständig in mäßiger Steigung und auf gutem Pfad – zuerst nach Westen und dann nach Süden, um den 2179 Meter hohen Gipfel des Großen Tragls fast mühelos von der „Rückseite" her zu ersteigen. Drei Stunden sind wir von der Tauplitzalm bis zum kleinen, aus Stahlrohren gefertigten Gipfelkreuz heraufgestiegen.

Äußerst interessant sind die Nahblicke auf die Einöde und die Kalkgipfel der umgebenden Berge des Toten Gebirges, aber der Blick geht natürlich hinaus zum Dachstein und zu den Schladminger Tauern und zum nahen, wuchtigen Grimming.

Vielleicht haben wir beim Rückweg nochmals genügend Muße, um uns der prachtvollen Kalkflora zuzuwenden: Die zartrosa blühende *Zwergalpenrose,* die blauen Köpfchen der *Kugelblume, Felsenbaldrian, Mandelblättrige Wolfsmilch* und viele andere, die eingangs noch nicht erwähnt wurden, werden uns auch am Rückweg Freude bereiten.

Die Trollblume müßte eigentlich „Rollblume" heißen

Mit ihren runden, gelben Blütenköpfchen auf schlankem Stengel ist sie besonders auf den höheren Bergwiesen eine rechte Augenweide. Die Blattform zeigt uns, daß sie zu den Hahnenfußgewächsen gehört und – so wie alle Mitglieder dieser Familie – auch giftig ist und vom Weidevieh gemieden wird. Die Blüten sollen allerdings früher mit Erfolg gegen Skorbut angewandt worden sein.

Der Name „Trollblume" geht auf die Schweizer Bezeichnung „Rolle" für ein rundes, kugeliges Ding zurück und bezieht sich dabei auf die kugelige Blütenform. Die Pflanze heißt in Schwaben daher auch häufig „Bachrolle", anderswo „Moosrolle"; in Bayern auf Grund der Form aber auch „Butternocke".

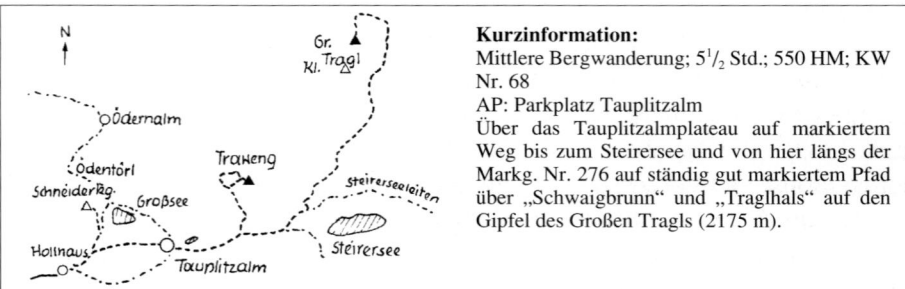

Kurzinformation:
Mittlere Bergwanderung; 5^1/$_2$ Std.; 550 HM; KW Nr. 68
AP: Parkplatz Tauplitzalm
Über das Tauplitzalmplateau auf markiertem Weg bis zum Steirersee und von hier längs der Markg. Nr. 276 auf ständig gut markiertem Pfad über „Schwaigbrunn" und „Traglhals" auf den Gipfel des Großen Tragls (2175 m).

Traweng

Zünftiger Hausberg der Tauplitzalm

Neben den bekannten Skigipfeln Lawinenstein und Schneiderkogel beherrscht vor allem der Traweng mit seinen mächtigen Felsaufbauten den mittleren Teil der Tauplitzalm. Er ist allerdings kein Skigipfel, sondern ein Wanderberg, den man wegen seiner überreichen Flora vor allem im Juli besteigen sollte. An einem heißen, aber dennoch gewittersicheren Sommertag hat eine Trawengbesteigung auch den Vorteil, daß man nicht von „warmen Niederungen" aus ansteigen muß, sondern die 1600 Höhenmeter auf die Tauplitzalm hinauffahren kann, wo dann jedenfalls ein angenehmes „Almlüfterl" weht.

Der Traweng ist nur 360 Meter höher als die Tauplitzalm, so daß man das Gipfelkreuz vom Einstieg aus in einer guten Stunde erreichen kann. Er ist ein hervorragender Aussichtsberg, der Nahblicke und Einblicke in die fast lotrechte Sturzhahnsüdwestkante oder hinunter zum Geisterwald und auf die Ödernalm gewährt; Blickwinkel, die man sonst von keinem Gipfel hat.

Allerdings muß man für eine Trawengbesteigung trittsicher sein, denn es gilt, ein Stück schutterfüllter Rinne zu bewältigen, wo man zwar nicht abstürzen, aber bei entsprechender Ungeschicklichkeit sich doch verletzen kann.

Unser Fahrzeug lassen wir am Parkplatz beim Hollhaus zurück und genießen nun die kurze Wanderung über das Almplateau. Das Bimmeln der Glocken des Weideviehs, der Blick hinunter zum Großsee und die Flora vermitteln uns richtige „Almstimmung". Leider gibt es manche Bausünde auf der „Tauplitz" zu beklagen, aber zum Glück ist die Hochfläche so weit und die Bergumrahmung so schön, daß man darüber hinwegzusehen vermag.

Um den Traweng zu besteigen, gehen wir in Richtung Steirersee bis zur Hütte des „Grazer Turnvereines" und finden dort die Hinweistafel „Traweng – 1981 Meter". Ein kurzes Stück geht es über den Almboden und zwischen kleinen Latscheninseln aufwärts, und dann führt die Markierung in eine stellenweise schutterfüllte Rinne, die ziemlich rasant nach oben leitet. Wenn man sich immer nahe der begleitenden Felswand hält, dann findet man dort ganz gut gestuftes Gelände, wobei man gelegentlich auch die

Hände zu Hilfe nehmen muß. Nach einer halben Stunde ist diese etwas unangenehme Passage aber überwunden, und wir erreichen das erstaunlich ausgedehnte Gipfelplateau mit seinen Dolinen und Karsterscheinungen. Hier oben ist ein kleiner Rundweg markiert, den man unbedingt begehen sollte.

Wir wählen beim Aufstieg aber vorerst einmal die direkte Variante zum Gipfelkreuz in östliche Richtung. Zwischen Felsblöcken geht es hinauf, und bald erreichen wir Rasengelände voller *Sonnenröschen, Katzenminze, Alpennelke, Wilden Thymian, Storchschnabel und Schwarzer Schafgarbe* und stehen auch schon beim Kreuz mit einem Prachtblick zum direkt gegenüberliegenden Grimming sowie zum Dachstein, der mit dem Hallstättergletscher verführerisch herüberglänzt. Dahinter ist der Großvenediger mit seinen ausgedehnten Gletschern zu sehen und im Vordergrund natürlich viele Gipfel der Niederen Tauern, unter denen die Hochwildstelle herausragt. Nach Norden schauen wir direkt in das Tote Gebirge hinein, auf die Tragln, auf Großen Priel, Weiße Wand und Elm; Steirersee, Großsee und Tauplitzalm liegen zu unseren Füßen.

Den Rückweg werden wir nun längs der markierten Variante über den Nordrand des Trawengplateaus nehmen, wo wir bei einem Steinmann einen sehr schönen Ausblick auf die Ostseite des Grundlsees mit Gößl haben. Hier begehen wir auch ein sehr interessantes Karen- und Riefengelände, wobei in kleinen Karststeinwannen im Juli unzählige Almrauschbüsche blühen.

Viel zu schnell haben wir wohl wieder den Aufstiegspunkt am Rundweg erreicht.

Der Thymian schützt die „Weiberleut" vor dem Teufel

Der zarte, lilablühende Feldthymian, auch Quendel genannt, gedeiht von den Ebenen bis in die höchsten Gebirgslagen; er kommt fast auf der ganzen Welt – ja sogar am Kilimandscharo in Ostafrika – vor.

Die Pflanze wird seit altersher in Form von Tee, Extrakt, Kräuterkissen usw. als belebendes Volksmittel gegen Magen- und Darmbeschwerden, aber vor allem auch gegen Hustenreiz (Keuchhusten) verwendet. Bäder und Einreibungen sollen wirkungsvoll gegen Rheumatismus und Lähmungen sein, und auch als Viehheilmittel wird der Thymian häufig gebraucht. In der

Schweiz wurden früher schwächliche Kinder längere Zeit mit Thymianabsud gebadet.

Sehr alt ist die gynäkologische Verwendung, und zwar als Unterlage für Wöchnerinnen zur Verhinderung frühzeitiger Empfängnis und so weiter. Damit hängt zusammen, daß der Thymian bei den alten Germanen der Freya geweiht gewesen sein soll und später dann im ganzen bajuwarischen Gebiet als Marien- und Weihekraut eine große Rolle gespielt hat. Der Thymian wird hier als „Unser lieben Frau Bettstroh" bezeichnet.

In den meisten Alpenländern soll ein Sträußlein von Thymian die Frauen vor dem Teufel und anderen bösen Geistern schützen. Früher wurde vielfach der Thymian auch als sogenanntes „Kranzelkraut" zusammen mit anderen Pflanzen in die bei der Fronleichnamsprozession getragenen „Antlaßkranzerln" eingebunden.

Kurzinformation:
Kurze, anspruchsvolle Bergwanderung; Trittsicherheit erforderlich; 3 Std; 350 HM; KW Nr. 68
AP: Parkplatz Tauplitzalm
Über das Tauplitzalmplateau auf markiertem Weg bis zur Hütte des „Grazer Turnvereins"; hier Hinweistafel „Traweng". Auf markiertem Steig durch teilweise schutterfüllte Rinne auf das kleine Gipfelplateau, wo Gipfelkreuz (1981 m) auf kurzem Rundweg erreicht wird.

Von Tauplitz über den Schwarzensee auf den Almkogel

Der Almkogel liegt an einer Engstelle des Toten Gebirges, dort, wo sich das Stodertal mit dem Steyrursprung weit nach Süden vorschiebt und die Warscheneckgruppe von der Hauptmasse des Toten Gebirges abtrennt. Der Name „Almkogel" ist zumindest für seine Süd- und Westseite zutreffend, denn da ziehen sich die Almen, unterbrochen von einem kurzen Latschengürtel, bis fast unter den Gipfel, der aber immerhin eine respektable Höhe von 2122 Metern aufweist. An der Nord- und Ostseite stürzt er mit gewaltigen Abbrüchen ins Stodertal ab. Freilich, die letzten 100 Höhenmeter bis zum Gipfel sind auch auf der freundlicheren Südseite schutt- und schrofendurchsetzt. Alles in allem bietet sich der Almkogel als lohnende Bergwanderung an.

Als Ausgangspunkt schlagen wir nicht die Tauplitzalm, sondern den Ort Tauplitz beziehungsweise die von dort in die „Gnanitz" führende Straße vor. Von der Tauplitzalm bis zum Schwarzensee ist es etwas länger als von unten hinauf, wenngleich fast 600 Höhenmeter Aufstieg erspart werden können, wenn man auf die Tauplitzalm hinauffährt.

Wir fahren also vom Ort Tauplitz noch an die drei Kilometer bis in die Nähe der „Kreithbauernhalt" auf der Forst- und Almstraße in die Gnanitz, bis wir zuerst zur Wegmarkierung hinauf zum Steirersee und gleich nachher zur Markierung Richtung Schwarzensee gelangen. Ein Hinweisschild trägt die Aufschrift „Leistalm – Hinterstoder", denn hier führte früher auch der berühmte „Salzsteig" nach Oberösterreich hinüber.

Zweimal einen Forstweg kreuzend, geht es im Hochwald aufwärts. Nach einer guten Dreiviertelstunde treten wir auf eine Bergwiese hinaus, die vom Felsenrund des Roßkogels und Mitterbergs eingeschlossen ist. In Serpentinen wird schließlich die latschenbewachsene Wandstufe, hinauf auf die östlichen Ausläufer des Tauplitzplateaus, bewältigt. 1604 Meter sind wir hier hoch, haben sechshundert Höhenmeter hinter uns gebracht und dazu etwa eineinhalb Stunden benötigt. „Rieshöhe" heißt der hübsche Platz mit großartigem Blick auf Grimming und Kammspitze sowie Hechlstein im Süden und auf den zu Füßen liegenden Schwarzensee im Norden mit seiner tiefgrünen Wasserfläche. Interessant sind die direkt von seinem Ufer aufsteigenden glatten Wände der Grubsteinabstürze mit vielen Höhleneingängen.

Hier stoßen wir auch auf den Weg, der von der Tauplitzalm über den Steirersee herüberkommt, und gehen nun, kaum steigend, in zwanzig Minuten weiter zur Leistalm (sie liegt auf 1650 Meter Seehöhe). Die hier gelegene Hütte der Alpenvereinssektion Linz ist als Jausenstation bewirtschaftet. Der markierte „Salzsteig" führt hier über den „Mirtlbrunn", unterhalb der wilden Abstürze des Gamsspitz, kaum steigend ins 1648 Meter hoch gelegene „Salzsteigjoch", wo man ins oberste Stodertal hinuntersieht – eine Kurzvariante für jene, die den Weg bis auf den Almkogel nicht mehr unternehmen wollen.

Die „Almkogelbesteiger" wenden sich von der Leistalm aber zuerst in östliche Richtung, überwinden eine kleine Steilstufe und gelangen durch lockeren Almwald auf die Kampalm. Im Sommer bimmeln überall die Glocken der aufgetriebenen Weidetiere; besonders fasziniert uns aber die großartige Flora: Solche *Kugelblumenpolster* wie hier haben wir noch nirgends gesehen!

Einige Sumpfstellen müssen überquert werden, und vor uns, 500 Meter höher, baut sich die breite Kuppe des Almkogels auf. Wir folgen der Markierung, die über die Interhüttenalm hinunter auf den „Grimmingboden" und drüben hinauf über die Sumperalm zur Hochmölbinghütte leitet. Fast eben geht es im flachen Almgelände dahin. Erst dort, wo von Norden ein mäandrierendes Bacherl herunterkommt und der Pfad auf zwei dicken Baumstämmen den kleinen Wasserlauf überbrückt, zeigt eine Hinweistafel an, daß wir den Hauptpfad verlassen müssen.

Wir folgen nun der Wegnummer 277, die aber nicht immer leicht zu finden ist; jedenfalls müssen wir uns im steilen Almwald vorerst mehr oder weniger nach Norden halten. Die Hauptrichtung ist aber klar, weil wir die Einsattelung vor dem Almkogel, auf die wir zuhalten müssen, immer sehen. Bald stoßen wir aber wieder auf rotweißrote Markierungsstreifen. Der Wald bleibt nun zurück, und der Steig windet sich durch kleine Latschenfelder. Schließlich erreichen wir die kurze Rinne, die in die Einsattelung zwischen Gamsstein und Almkogel führt.

Im Hochsommer gedeihen hier unzählige, wunderbar duftende *Kohl-*

röserln, aber auch die weißen Blüten der *Narzissenblütigen Anemone* fallen auf.

Nun liegt der breite Gipfelaufbau mit dem Kreuz schon direkt vor uns. Zuerst über Bergwiesen, dann durch schotterig schrofiges Gelände steigen wir aufwärts und sind bald oben beim Gipfelkreuz. Wir genießen einen umfassenden Blick über das Stodertal hinweg zum Großen Priel und zur schneidigen Spitzmauer; nach der anderen Seite aber zum Grimming und besonders gut auf viele Gipfel der Niederen Tauern. Dreieinhalb Stunden an reiner Gehzeit sind für den Aufstieg einzuplanen.

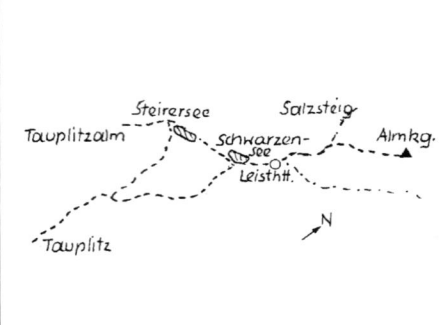

Kurzinformation:
Längere Bergwanderung; 6 Std.; 1200 HM; KW Nr. 68
AP: Vom Ort Tauplitz 3 km bis „Kreithbauernhalt"
Zuerst kurz Wegmarkierung zum Steirersee und gleich nachher Markierung Nr. 216 zum Schwarzensee mit Hinweisschild „Leistalm – Hinterstoder". Zweimal Forstweg kreuzend in Serpentinen aufwärts zur „Rieshöhe" (1604 m). Weiter auf Pfad Nr. 216 zu den Hütten der Leistalm (Jausenstation im Sommer). Fast eben weiter längs Markg. 218, bis linkerhand Pfad Nr. 277 zum Almkogel und dessen Gipfel (2116 m) abzweigt.

Tauplitz – Türkenkarscharte – Hochmölbinghütte

Die romantische Schlucht des Grimmingbaches

Zu Füßen der Tauplitzalm, zwischen der Kernzone des Toten Gebirges und der von ihm etwas getrennten Warscheneckgruppe, liegt ein landschaftlich besonders reizvolles Gebiet. Wir wollen es auf einer Rundtour erwandern. Wer aber nicht sieben Stunden gehen will, der kann sich mit dem landschaftlich besonders schönen Teilstück „Grimmingboden – Türkenkarscharte" begnügen.

Am besten ist es, wenn wir uns von einem örtlichen Taxiunternehmer, der die für den allgemeinen Verkehr gesperrte Straße benützen darf, vom Ort Tauplitz bis zur „Gnanitzalm", unserem direkten Ausgangspunkt, vorbei an der „Gretl- und Hansljagdhütte", hineinfahren und zu einer vereinbarten Uhrzeit dort auch wieder abholen lassen.

Auf der 1098 Meter hoch gelegenen Alm verlassen wir unser Fahrzeug, gehen vorerst in nördliche Richtung los und benützen dabei den alten Almtriebweg, dem Grimmingbach aufwärts. Es ist selbst in der Steiermark kaum bekannt, daß der Grimmingbach nicht am Grimming, sondern gegenüber, in der Warscheneckgruppe, entspringt.

Allein dieses erste Stück unserer Wanderung ist schon die Reise hierher wert, denn der Pfad führt durch eine romantische Schlucht, in der eine Wasserfallstufe auf die andere folgt. In den herrlichen, grünen Gumpen möchte man am liebsten baden, wenn man nicht wüßte, wie „frisch" das Wasser hier sein kann. Eine urtümliche Landschaft durchwandern wir, und es ist eine Selbstverständlichkeit, daß wir die besonders attraktive Flora nur betrachten und fotografieren und keine einzige Blume pflücken. Im Frühsommer blühen nämlich neben der prachtvollsten Orchidee unserer Flora, dem *Frauenschuh, Raute* und weißblühender *Hahnenfuß* sowie die *Türkenbundlilie*.

Der Pfad wird manchmal schmal, und man kann sich gut vorstellen, daß es seinerzeit nicht einfach war, bis zu 1000 Kilogramm schwere Ochsen durchzutreiben; heute geht nur noch Jungvieh auf den Almen. Vor uns tauchen nun das Hirscheck und links der breite Almkogel auf, und der Steig führt hoch über dem schäumenden Grimmingbach dahin. Links oben liegt das Plateau der Interhüttenalm, und hier kommt auch der markierte Pfad herunter, der von der Tauplitzalm zur Hochmölbinghütte führt.

Beinahe eben gehen wir nun weiter auf den „Grimmingboden" zu. Riesige Lärchen und Fichten begleiten den Steig, und dann taucht nordöstlich von uns der Hochmölbing auf. Der Talboden weitet sich, der Grimmingbach schlängelt sich in Mäandern dahin, und die weite Alm des Grimmingbodens liegt vor uns. Hier auf 1500 Meter Seehöhe erstreckt sich eine alpine Parklandschaft voller Blumen, durch die sich der Pfad wie ein Promenadenweg windet. Eineinhalb Stunden sind wir von der Gnanitzalm bis hierher gegangen und sollten nun unbedingt den Abstecher über die Graßeckalm hinauf zur Türkenkarscharte machen. Die gelben Köpfchen der *Trollblume,* die roten Bausche der *Grasnelke,* der orangerote *Goldpippau,* die zarte *Graslilie* sowie die *Katzenminze* gedeihen in Massen und geben hübsche Farbtupfen ab.

Der Bergzug über Kleinmölbing, Hochmölbing, Kreuzspitze, Zoderberg und Schönberg schließt den Grimmingboden in einem Halbrund ein; auf der anderen Seite sind es Große Scheibe und Hirscheck, so daß man aus dem Gipfelschauen gar nicht herauskommt.

Die Abzweigung über die Sumperalm zur Hochmölbinghütte lassen wir vorerst rechts liegen und folgen nun der Markierung 280 und 09 über die Hütten der auf 1601 Meter Seehöhe gelegenen Graßeckalm, die sozusagen den oberen Teil des Grimmingbodens darstellt, in einer halben Stunde hinauf in die Türkenkarscharte. Über hübsche, locker bestandene Lärchwiesen führt der Pfad hinauf auf 1741 Meter. Einen überraschenden Prachtblick haben wir von der romantisch gelegenen Einsattelung hinüber auf die höchsten Gipfel des Toten Gebirges, auf Spitzmauer und Großen Priel, und man könnte von hier über die Bärenalm und den Schafferkogel (dort gäbe es sogar einen Sessellift bis ins Steyrtal) in etwa eineinhalb Stunden an die Straße nach Hinterstoder absteigen. Wir haben bis in die Türkenkarscharte zweieinhalb bis drei Stunden heraufgebraucht.

Wir kehren nun wieder um, denn wir wollen ja eine Rundwanderung über die Hochmölbinghütte unternehmen oder denselben Weg – je nach Wetterlage – in die „Gnanitz" zurückgehen.

Unten, am Grimmingboden, folgen wir also nach Süden der Markierung vorerst einmal hinauf auf die Sumperalm mit ihren beiden Hütten auf 1755 Meter Seehöhe. Für den dreiviertelstündigen Aufstieg werden wir mit einem großartigen Ausblick auf Grimming und Hechlstein belohnt.

Nur 15 Minuten sind es nun hinunter zur Hochmölbinghütte auf der 1684 Meter hoch gelegenen Niederhüttenalm. Die bestens geführte Hütte ist von Mitte Juni bis Ende Oktober bewirtschaftet und verfügt über sechzig Schlafstellen. In zweieinhalb Stunden kann man von hier auf den Gipfel des Hochmölbing steigen; hinüber zum Warscheneck geht man allerdings vier Stunden.

Um von der Hochmölbinghütte in die Gnanitz zurückzugelangen, folgt man dem breit ausgebauten Pfad in Richtung Bärenfeichtenalm und steigt unterhalb der Schneehitzalm unmarkiert auf einem Steigerl rechterhand in den Schneehitzgraben hinunter. Das Wegerl ist manchmal auf den Bergwiesen etwas verwachsen, aber im wesentlichen gibt es keine Orientierungsprobleme, und so erreichen wir schließlich den Forstweg und gehen auf ihm etwa dreieinhalb Kilometer flach hinaus auf die Gnanitzalm.

Unser gesamter Rundweg erfordert an die sieben Stunden reine Gehzeit, läßt man den Abstecher zur Hochmölbinghütte aus, sind es aber nur fünf Stunden.

Die Alpengrasnelke hat die letzte Eiszeit überdauert

Diese hübsche Pflanze mit dem roten Blütenköpfchen auf jeweils einem grasartigen Stengel (daher der Name) heißt in Kärnten Rote Gamswurz oder Tauernröserl und in Südtirol Schlernhexe.

Sie ist eine äußerst robuste Hochgebirgspflanze, die man meist erst ab 1700 Metern trifft und die die Eiszeit bei uns auf gletscherfreien, dem Eis entragenden Felsgipfeln, sogenannten „Nunatakkern", überlebt hat. Sie erträgt nämlich tiefe Frosttemperaturen und besiedelt vor allem steile Südhänge.

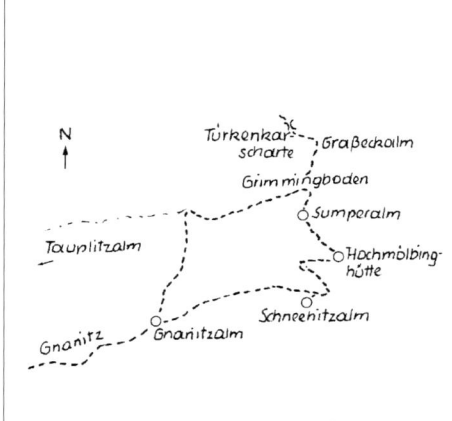

Kurzinformation:
Lange Bergwanderung; 7 Std.; 650 HM; KW Nr. 68
AP: Gnanitzalm (nur mit Taxi erreichbar; sonst von Kreithbauerhalt weitere 6 km Fußmarsch)
Von den Hütten der Gnanitzalm durch die Schlucht des Grimmingbachs aufwärts, bis Markg. Nr. 218 erreicht wird. Fast eben längs dieser Markg. zum „Grimmingboden" (1500 m) und weiter über „Graßeckalm" (1601 m) zur „Türkenkarscharte" (1741 m). Nun wieder zurück zum Grimmingboden (der Abstecher zur Türkenkarscharte kann auch unterbleiben). Vom Grimmingboden längs Markg. Nr. 209 zur „Sumperalm" (1755 m) und von dort nur 15 Minuten zur „Hochmölbinghütte" (1684 m). Rückweg zur „Gnanitz" am besten über Weg Nr. 209 bis zur „Langpoltner Klamm" und dort auf unmarkiertem Steig durch den „Schneehitzgraben" und sodann auf Forstweg zur Gnanitzalm.

Der Gwendling

Ein prachtvoller Aussichtsberg

Von Tauplitz ausgehend, ist die Besteigung des Gwendling, der auf manchen Karten auch als „Gwöhnlistein" bezeichnet wird, nur eine Halbtagestour.

Von der Kirche in Tauplitz gehen wir in nordöstlicher Richtung hinab zur Umfahrungsstraße, kommen an einer Kapelle vorbei und überqueren den Grimmingbach. Mäßig ansteigend gelangen wir auf einen Güterweg und über ihn aufwärts, vorbei am Gehöft Lurger, zum Bauern vulgo „Gewessler", von wo aus eine blauweiße und rotweißrote Markierung über das Anwesen „Hechl" und den „Wörschachwalderhof" zum Spechtensee führt.

Wir folgen aber vom „Gewessler" aus der blauen Markierung auf einem Wirtschaftsweg nach links, der sich dann bald nach Nordosten aufwärts wendet und unter den Felsschrofen des Gwendling, denen wir nun schon recht nahe sind, in einen Waldweg übergeht. Auf schmäler werdendem Pfad geht es im Wald mäßig steil hinauf, bis wir den Beginn eines Forstweges erreichen. Hier lassen wir uns durch die weißblaue Markierung über eine Hutweide aufwärts leiten, und bald geht es auch wieder in den Wald hinein.

Nach einigen steilen Serpentinen haben wir auch schon den Kammrücken zwischen Hechlstein und Gwendling erreicht, und nun folgt das schönste Wegstück: Genau in westlicher Richtung führt der schmale Steig an Felswandln vorbei in sehr romantischer Landschaft zum Gipfel hinauf. In 15 bis 20 Minuten erreichen wir, mehr oder weniger leicht ansteigend, über den nach beiden Seiten aussichtsreichen Gratrücken das Gipfelkreuz in 1645 Meter Seehöhe. – Etwa drei Stunden haben wir herauf benötigt, können aber die gesamte Gehzeit halbieren, wenn wir bis zum „Gewessler" auf 1114 Meter hinauffahren.

Selten lohnend ist die Aussicht: Ganz nahe sind die Berge der Tauplitz mit Traweng, Sturzhahn, Tragln und Almkogel; daran schließt der Hochmölbing, das prachtvolle Gnanitztal, Hechelstein, Gesäuseberge, die Ortschaften Selzthal und Lassing; die Niederen Tauern vom Bösenstein zur Hochwildstelle sowie Grimming, Kammspitze und Dachstein.

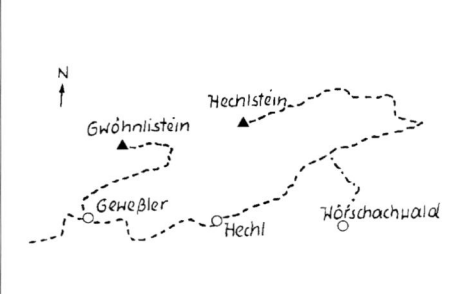

Kurzinformation:
Kürzere Bergwanderung; 5 Std. bzw. 3 Std; 750 bzw. 530 HM; KW Nr. 68
AP: Ort Tauplitz (Kirche) bzw. Gehöft „Gewessler"
Von der Kirche Wegmarkierung Nr. 6 in Richtung „Spechtensee" zur Umfahrungsstraße und über den Grimmingbach bis zum Gehöft „Gewessler". Von dort blauweiße Markg. nach links und später in nö. Richtung bis zum Beginn einer Forststraße. Von hier weiter blauweiße Markg. über Hutweide, dann durch Wald auf Gipfelrücken und über den Kamm nach Westen zum Gipfelkreuz (1645 m).

Der schroffe Hechlstein

Vom Toten Gebirge gegen das Ennstal zu nach Süden vorgeschoben, erstreckt sich zwischen dem Gnanitztal und Wörschachwald ein Bergzug, dessen höchste Erhebung der 1814 Meter hohe Hechlstein ist. Sein ebenso markanter Nachbar, der Gwendling, ist um 150 Meter niedriger. Seiner nach allen Seiten hin offenen und verhältnismäßig leicht erreichbaren Lage wegen verdankt der Hechlstein zurecht den Ruf eines vortrefflichen Aussichtsberges.

Als Ausgangspunkt kann man sowohl das Anwesen vulgo „Hechl" als auch das Gasthaus „Wörschachwalderhof", das an der Straße Wörschachwald – Spechtensee liegt, wählen. Vom „Wörschachwalderhof" geht es über die kleine Skipiste hinauf, dann durch Wald und über Bergwiesen weiter, und bald stößt unsere Markierung auf jene, die vom vulgo „Hechl" heraufkommt.

Weiter leitet uns die Markierung auf Waldpfaden ziemlich weit nach Osten, um den steilen Felsbastionen des von unten wie ein Kletterberg aussehenden Hechlsteins auszuweichen. Ein Forstweg wird gequert, und schließlich lassen wir die Abzweigung zur Stoiringalm und Bärenfeichtenalm rechts liegen und steigen steil über eine prachtvolle Bergwiese auf den breiten Felskammrücken hinauf, der sich vom Hechlstein über Hochtor, Feidl und Dürrneck bis zum Bärenfeichtmölbing hinzieht.

Das *Bärenkreuzkraut* mit seinen orangefarbenen Blüten und den geschlitzten Blättern (das „Schiwoukräutel" der Sennerinnen), *Sonnenröschen, Bergglockenblume* und *Frauenmantel* sowie oben am Kamm der *Almrausch* blühen in Massen. Einen wunderbaren Blick haben wir nun hinunter in die „Gnanitz", und vor uns erhebt sich der turmartige Gipfelaufbau des Hechlsteins mit seinem Kreuz.

Einmal erlebten wir heroben, daß sich eine abziehende Schlechtwetterfront langsam auflöste und die Ennstalseite noch in Nebel gehüllt war, während Tauplitz und Totes Gebirge schon wolkenfrei waren. Der Kamm zum Hechlstein war gerade die Wetterscheide, und so zog der Nebel genau bis zum Kamm herauf und löste sich dahinter auf. Bilder wie auf chinesischen Gemälden konnte man ausnehmen: Die Wetterlärchen waren hinter mystischen Grauschleiern halb verborgen, und langsam kam der Felsgrat im strahlenden Sonnenlicht scharf hervor…

Nun geht es am Felsrücken im Auf und Ab zwischen Latschenfeldern weiter; an einigen Stellen wird der Pfad schmal, und man muß vorsichtig sein. Schließlich ist der Gipfelaufbau erreicht, und zwischen den Latschen windet sich der Steig zum Gipfelkreuz hinauf.

Mächtig und in all seiner Wucht steht der Grimming beherrschend vor uns. Vom Lawinenstein über Traweng, Sturzhahn und Tragln reihen sich alle Berge der Tauplitz bis zu Almkogel und Hochmölbing an, und über das Ennstal hinweg drängen sich die teilweise bewaldeten Bergketten der Wölzer und Rottenmanner Tauern aneinander.

Die reizende *Kugelblume* mit ihren blauen Blütenköpfchen, der schafgarbenähnliche *Schwarze Speik, Katzenminze, Goldpippau* und der wunderbar duftende, niedrigwüchsige *Zwergbuchs* gedeihen zwischen den Steinen am Gipfel, und beim Rückweg sind wir nochmals angetan von den

Von links nach rechts:
Oben: Waldrebe, Kohlröschen, Weißer Waldveigel
Mitte: Wilder Schnittlauch, Kreuzblume, Katzenminze
Unten: Niederliegendes Leimkraut, Pannonischer Enzian, Schwalbenwurzenzian
(Fotos Senft)

„Baumruinen", die malerisch zwischen Steinblöcken und Felswandln angeordnet sind.

Wir können unsere Wanderung noch bis zur Stoiringalm ausdehnen und verlängern dadurch die an sich nur zweieinhalbstündige Tour um eine knappe weitere Stunde.

Das Bärenkreuzkraut (auch „Eberreisblättriges Kreuzkraut) läßt die Milch der Kühe versiegen

Auf Kalkschrofen in den höheren Lagen unseres Wandergebietes blüht das hübsche Bärenkreuzkraut mit seinen zart geschlitzten Blättern und den gelben Blütenköpfchen erst im Spätsommer.

Die Pflanze gehört zur Familie der „Kreuz"- oder „Greiskräuter". Der Familienname kommt daher, weil die Blütenköpfchen nach Ausfallen der Früchte mit einem nackten Blütenboden an den Kahlkopf eines Greises erinnern.

Interessant ist die in Teilen der Steiermark gängige Bezeichnung „Schiwoukraut" für die Pflanze, was sich von der altdeutschen Benennung „Schababkraut" ableitet. „Schabab" bedeutet, daß der Milchfluß der Kühe abnimmt, wenn sie zuviel von dem Kraut fressen. Recht frivol sind manche Sennerinnen in der Steiermark, wenn sie das „Schiwoukraut", als Sträußchen gebunden, gewissen Männern beim Almabtrieb überreichen...

Kurzinformation:
Kürzere, Trittsicherheit erfordernde Bergwanderung; $3^1/_2$ Std.; 700 HM; KW Nr. 68
AP: Gh. „Wörschachwalderhof" oder Anwesen vlg. „Hechl" in Wörschachwald
Vom „Wörschachwalderhof" folgt man der Markierung nach Nord, bis man auf jene mit Nr. 278 stößt, die vom vlg. Hechl heraufkommt. Nun durch Wald in Richtung „Stoiringalm" bis linkerhand Markg. zum „Hechlstein" abzweigt. Über Bergwiese und weiter am Felsrücken zum Gipfelaufbau und zum Gipfelkreuz (1814 m).

Tauplitz – Liegelloch – Bergeralm

Felsritzzeichnungen im Liegelloch

Dieser Wandervorschlag geht vom Ort Tauplitz aus und umrundet Bergerwand, Weißkirchl und Krahstein. Erstes Ziel ist aber das fast am Weg liegende Liegelloch, eine Höhle am Fuß der Bergerwand, die als zwischeneiszeitliche Jägerstation und als Fundstelle von Felsritzzeichnungen für die Frühgeschichte der Steiermark von Bedeutung ist. Zusammen mit den Felszeichnungen in der Nothgasse und im Mausbendlloch bei Gröbming sowie auf der Bärenfeichtenalm – alle Fundstellen nicht besonders weit voneinander entfernt – dürften sie mehr oder weniger einer Zeitepoche angehören und teilweise viertausend Jahre alt sein.

Wir gehen am besten bei der Talstation des Sesselliftes in Tauplitz los, wo wir auch das Hinweisschild „Liegelloch" finden. Neben der Sessellifttrasse geht es ein Stück auf einer Asphaltstraße aufwärts, die aber bald in ein Schotterstraßerl übergeht. Die ruhige Wald-Wiesenlandschaft wird natürlich vom mächtigen Grimmingstock im Hintergrund sowie von Gwendling und Hechlstein, den „Felswächtern" von Wörschachwald, beherrscht.

Bald zweigt linkerhand, steil durch Hochwald, der Steig hinauf zum Liegelloch ab. *Sanikel, Waldmeister* und *Einbeere* zeigen guten Waldboden an, und knapp an den Felsabstürzen der Bergerwand, dort wo der Pfad ein bißchen schmal und steinig wird, wachsen *Bergflockenblume* und *Weißer Hahnenfuß.*

Dann erreichen wir schon das riesige Höhlenportal, in dem ein Tischerl und Bankerl zur vielleicht in diese urige Umgebung nicht ganz passenden, aber dennoch bequemen Rast einladen. Die Höhle ist vollkommen trocken, verengt sich nach hinten und hat sicher einer großen Steinzeit-Jägersippe Platz geboten. An mehreren Stellen sieht man Spuren von Grabungen, die schon 1926 begonnen wurden und Knochen von Höhlenbären sowie jungsteinzeitliches Gerät zutage förderten.

So wie die Gravierungen im Mausbendlloch befinden sich auch hier die Ritzzeichnungen ausschließlich an den Portalwänden, und zwar im Einflußbereich des hellen Tageslichtes. Wie Probegrabungen ergeben haben, finden sich Zeichnungen auch bis zu siebzig Zentimeter unter dem heutigen Niveau. – Bedauerlicherweise haben auch hier, so wie an vielen anderen Fundstellen, Touristen und wohl auch Einheimische neben und sogar über die alten Felszeichnungen ihr eigenes Gekratzel, vor allem Initialien und Besuchsdatum „verewigt". Über so viel Unverstand kann man nur traurig sein.

Wenn man sich ein bißchen Zeit läßt und Geduld hat, kann man aber die alten Zeichnungen von den neuen gut unterscheiden: Es sind alte Zählzeichen in Form von Rauten und Leitern; die interessanteste Zeichnung ist aber ein großer Krummstab mit seitlich abgesetztem Wurzelast am Schaftende. (Die Darstellung eines Krummstabes ist bei den österreichischen Felsbildern sonst nirgends beobachtet worden, sie findet sich jedoch häufig an den Steingräbern in der Bretagne.) Bedeutend im Liegelloch ist auch das Bild eines kleinen gekrönten Vogelköpfchens, knapp über dem heutigen Bodenniveau. Am Ofenauerberg bei Golling hat man einen ähnlichen Kronenschmuck an einem Hahnenkopf mit weit ausladendem Kamm gefunden.

Wir steigen vom Liegelloch wieder ab, bis wir auf die Markierung stoßen, die uns zuerst nach Norden und dann nach Westen zu den „Brentenmöserhütten" führt. Wir können aber auch gleich der Skitrasse folgen, die vom Tauplitzplateau in den Ort Tauplitz führt. Die kleine Alm bei den Brentenmöserhütten liegt auf 1346 Metern, und von hier gibt es einen markierten Aufstieg über die sogenannten „Sieben Steine" zum Hollhaus. Eine andere Markierung führt von diesem Kreuzungspunkt hinunter in südwestlicher Richtung nach Zauchen.

Wir folgen aber der Markierung in Richtung „Bergeralm": Teilweise auf Forstwegen wird der Krahstein westlich umgangen. Durch lockeren Almwald führt unser Pfad weiter. An einigen sumpfigen Stellen wurde hier mit dem Streifenpflug eine Aufforstung ermöglicht; dabei wird das Bodenmaterial in kleinen Dämmen so über das versumpfte Niveau gehoben, daß sich die Wurzeln der Bäumchen im Trockenen entwickeln können.

Kleine Dolinen finden sich auch auf diesem Kalkplateaustock von Weißkirchl und Bergerwand; wir umrunden ihn bei unserer Wanderung vollkommen. Nun dreht sich unser Pfad langsam dem Grimming zu, der wieder ins Blickfeld gerät. Wir erreichen die Hütten der Bergeralm, die leider langsam verfallen; mächtige Lärchen stehen hier im Kreis, und es gibt auch viele, uralte Bergahornbäume zu bestaunen. Auch die Kalkbankungen der Bergerwand finden immer wieder unsere Aufmerksamkeit.

Bad Mitterndorf taucht südwestlich von uns auf, und bald schauen wir auch auf die Kulmsprungschanze hinunter. Auf unserem aussichtsreichen Weg kommt nun auch der Gwendling ins Blickfeld, und wir gehen auf einem Forstweg in bequemen Kehren weiter. Er führt uns langsam nach Tauplitz zurück. Zum Schluß gelangen wir in den Ortsteil Furth, von wo wir auf einem Asphaltstraßerl in 15 Minuten zur Sessellift-Talstation kommen. – Drei Stunden waren wir vom Liegelloch bis hierher unterwegs und müssen daher für die gesamte Rundwanderung vier Stunden an reiner Gehzeit kalkulieren.

Die Sanikel galt unseren Vorfahren als Wundheilmittel

In den Salzkammergutwäldern gedeiht die Sanikel mit ihren unscheinbaren weißen Blüten und den gespaltenen, herzförmigen Blättern im Schatten auf gut humosen Böden. Die zu den Doldengewächsen gehörende Pflanze diente in der Volksmedizin für Umschläge bei Wunden, und Pfarrer Kneipp empfahl einen Aufguß des Krautes gegen Leiden der Atemwege. Die Homöopathie stellt aus dem blühenden Kraut ein Präparat her.

Der Name „Sanikel" kommt von lateinisch „sanare" = „heilen".

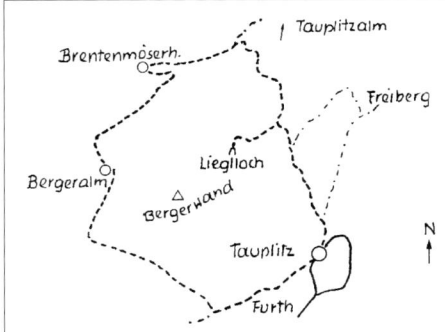

Kurzinformation:
Leichte Bergwanderung; 4 Std.; 550 HM; KW Nr. 68
AP: Talstation Sessellift auf Tauplitzalm
Neben Lifttrasse auf markiertem Weg bis linkerhand Abzweigung „Lieglloch"; nach Besichtigung wieder zurück und weiter durch Wald auf markiertem Weg (vorbei an Mittelstation Sessellift) bis „Brentenmöserhütte". Ab hier längs Markg. 273 zur „Bergeralm" und weiter zurück nach Tauplitz.

Über die „Himmelsleiter" auf das Gindlhorn bei Pürgg

Oberhalb von Pürgg, genau gegenüber dem allesbeherrschenden Grimming, fallen steile Felswände auf. Sie gehören zum Stock des Brandangerkogels, dessen bizarre Westseite sozusagen im Gindlhorn gipfelt. Ein Zugang von Pürgg wird „Himmelsleiter" genannt, nicht weil es sich um einen ausgesetzten Klettersteig handelt – sondern weil der Pfad zwischen den Felspartien „himmelstrebend" geschickt angelegt wurde; lediglich Trittsicherheit ist gefragt.

Genau zwischen dem Schwimmbad und dem Tennisplatz in Pürgg beginnt ein Güterweg, dem wir bis zu einem unbewohnten Haus folgen. Ein Hinweisschild „Gindlhörndl" sowie die Markierung leiten uns von hier in mehreren Kehren über Bergwiesen auf schönem Pfad aufwärts. Unterhalb der ersten Felsabstürze geht es auf einem bewaldeten Rücken in kurzen Serpentinen weiter hinauf, und sodann wird der ständig sehr gut zu begehende Steig zwischen Felswandln und Schrofen so gekonnt durchgeführt, daß man unmerklich die Felsbarrieren überwunden hat; lediglich an einer Stelle ist eine Holzleiter zum Überwinden eines kleinen Absturzes notwendig. Auf angenehmem Waldpfad geht es weiter, und bald darauf wird – schon oberhalb der Abstürze – eine kleine Almfläche mit einer Jagdhütte erreicht. Kurze Zeit wird ein Forstweg begangen, und dann kommen wir schon zur Kreuzung, die uns aufs Gindlhorn, auf den Brandangerkogel und auch hinunter zum Gasthof „Dachsteinblick" weist.

Auf gutem Pfad geht es steil durch lockeren Wald und zwischen Schrofen aufwärts; eine Holzleiter erleichtert den Aufstieg, und wir stehen auch schon am Gindlhorn (1259 m) mit dem kleinen hölzernen Gipfelkreuz, das die Inschrift „Herrgott, die Heimat ist schön«! trägt. Und wahrlich, es gibt einen Prachtblick hinüber zum urgewaltigen Grimming, hinaus zum Dachstein und auf die Salzkammergutstraße. Eineinhalb Stunden sind wir heraufgestiegen und in einer halben Stunde sind wir unten beim Gasthof „Dachsteinblick", wo die Aussicht fast ebenso beeindruckend ist. Auf einem angenehmen Waldpfad können wir von hier gemütlich direkt nach Pürgg zurückkehren.

Das Gindlhorn kann aber auch auf sehr interessantem, wenn auch längerem Weg über den Aufstieg zum Brandangerkogel her erreicht werden: Am Ortsanfang von Pürgg finden wir die Markierungszeichen und auch eine Hinweistafel „Brandanger". Über hübsche Bergwiesen geht es hinauf bis zum Waldrand, und es gibt bald einen besonders eindrucksvollen Blick auf Pürgg mit dem dahinter fast erdrückend wuchtigen Grimming. *Immenblatt,* verschiedene *Knabenkräuter,* die *Waldrebe* und die *Bergflockenblume* fallen besonders auf. In zügigen Serpentinen geht es im Wald aufwärts, und nach einer Dreiviertelstunde zweigt rechterhand der Pfad zur Leistenalm und zum Spechtensee ab. Das Gelände wird schrofig und der Wald lockerer. Bei einer beschilderten Abzweigung zum „Brandanger" einerseits und zum Gasthof „Dachsteinblick" andererseits, folgen wir letzterer auf hübschem Steiglein fast eben weiter. Eine Bergwiese mit vielen *Trollblumen* wird gequert, und schließlich gelangen wir – bereits oberhalb der Felsabstürze – auf einen steil abfallenden Aussichtspunkt mit beeindruckendem Blick hinüber zum Grimming. Nun wird ein steiler Bergwald gequert, und über einen Holzziehweg, vorbei an einer Quelle, erreichen wir schließlich den Weg, der von der „Himmelsleiter" heraufkommt.

Nach der kurzen Gindlhornbesteigung können wir beim Abstieg zum Gasthof „Dachsteinblick" noch einen zweiminütigen Abstecher zum „Kleinen Gindlhorn" machen, das sich als scharfer Felsvorsprung unterhalb des „Großen Gindlhorns" nach Westen vorschiebt.

Wollen wir den Brandanger selbst besteigen, dann müssen wir den Hinweistafeln von der letzten Abzweigung weiter durch locker werdenden Almwald folgen. Wir gelangen bald zu einem grandiosen Aussichtspunkt über das Ennstal bis zum Gesäuseeingang. Der markierte Pfad führt nun nicht auf den voll bewaldeten Gipfel hinauf, sondern umrundet ihn zum Teil fast eben, wobei wir zuerst zur romantischen Brandangeralm kommen. Der direkte Abstieg zum Gasthof „Dachsteinblick" führt dann allerdings teilweise über verwachsene Holzschläge und ist wenig lohnend.

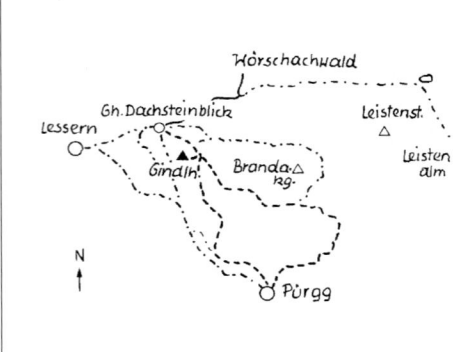

Kurzinformation:
Trittsicherheit erfordernde, kürzere Bergwanderung; 3 Std., 470 HM; KW Nr. 68
AP: Güterweg zwischen Schwimmbad und Tennisplatz in Pürgg
Auf Güterweg der Hinweistafel „Gindlhörndl" bis zu nicht bewohntem Haus folgen. Weiter über Bergwiesen in Kehren auf mark. Pfad aufwärts; sodann auf bewaldetem Rücken in Serpentinen hinauf und ohne Schwierigkeiten durch Schrofengelände (Leiter) auf Alm und weiter bis zur Abzweigung „Gindlhorn", das in wenigen Minuten erreicht wird (1259 m); Abstieg durch Wald über Gasthof „Dachsteinblick" direkt nach Pürgg.

Spechtensee und Bärenfeichtenalm

Schwingrasen, „fleischfressende Pflanzen" und Kultstein

Über den Ort Tauplitz erreicht man auf guter Straße das Moorgewässer des Spechtensees. Auf 1051 Meter liegt der reizende Platz, von Almwiesen und Wäldern umgeben. Nach längeren Schönwetterperioden eignet sich der Spechtensee sogar zum Baden; das Besondere sind aber seine botanischen Raritäten: Direkt an den See schließt ein kleines Hochmoor an, und die „Überleitung" zum Wasser bildet ein kurzes Stück echten Schwingrasens. Das ist eine auf dem Grundwasserhorizont des Sees schwimmende Rasenwurzelschicht, die man vorsichtig begehen kann. Bei jedem Schritt schaukelt und schwingt der ganze Boden, was natürlich für die Kinder ein großer Spaß ist. Am besten unternimmt man solche Vergnügungen barfuß.

Die interessanteste Pflanze der Hochmoore ist der *Sonnentau,* den wir auch hier am Spechtensee in seinen beiden Arten, der rundblättrigen und schmalblättrigen Form, in reicher Zahl finden. Er ist eine echte „fleischfressende", d. h. in Wahrheit „insektenfangende" Pflanze. An den Blättern befinden sich Fangtentakel, die mit einer klebrigen Flüssigkeit bedeckt sind. Diese glitzernden Schleimtröpfchen und die rote Färbung der Blätter locken Insekten an, die kleben bleiben und durch eiweißverdauende Säfte langsam aufgelöst werden. Da so eine Moorfläche fast völlig stickstofffrei ist, kann sich die Pflanze diese lebenswichtige Substanz nicht aus dem Boden holen. Die Natur hat es so weise eingerichtet, daß Insekten das notwendige Eiweiß liefern.

Am Hochmoor des Spechtensees gedeihen weiters eine seltene *Läusekrautart*, eine *Nelkenwurzart*, das *Heidekraut*, die hübsche *Rosmarinheide*, die *Moosbeere* und das *Wollgras* mit seinen weißen Wollschöpfchen, die den Flugapparat der Samen darstellen. Auch die Latsche gedeiht hier in einer besonders niedrigwüchsigen Form, was für derartige Hochmoore sehr typisch ist. Nicht vergessen dürfen wir auch den reizenden „Gürtel" von *Seerosen*, der den See an mehreren Stellen einrahmt.

Vom Spechtensee ausgehend, sollten wir aber auch die Wanderung hinauf zur Bärenfeichtenalm unternehmen: Wir gehen ein Stück in Richtung Osten und folgen dann der Markierung, die sich gleichzeitig mit dem Weitwanderweg 09 deckt. Über Forstwege und durch Hochwald, dann wieder entlang von Bergwiesen voller *Klappertopf* und anderen Wiesenkräutln geht der Weg, der uns schließlich auf die weiten Flächen und zum Almdorf der Bärenfeichtenalm führt, die sehr hübsch zwischen lockerem Almwald und Felswandln eingebettet liegt. Ein oder zwei Hütten sind auch heute noch bewirtschaftet, das heißt, es werden auch Kühe und nicht nur Jungvieh aufgetrieben.

Etwa 10 Gehminuten von den Almhütten entfernt, gibt es einen uralten Kultstein mit Felszeichnungen, ähnlich jenen in der Nothgasse, im Mausbendlloch, im Liegelloch und noch an anderen Plätzen im Gebiet: Es sind vor allem Zählzeichen in Form von Leitern und Rauten, aber auch Fruchtbarkeitssymbole sowie ein Baum mit einer Tiergestalt. Leider finden sich auch hier Kritzeleien aus der Neuzeit von „unberufener Hand". Die Zählzeichen sollen an die viertausend Jahre alt sein.

Beim Gang zum Kultstein findet man aber noch eine botanische Rarität, und zwar die *Mondraute,* eine seltene Farnart. Von den Einheimischen wird sie wegen der zackigen Form der Blätter, die einem Schlüsselbart ähnlich sind, „Peterschlüssel" genannt. Es handelt sich um ein kaum 10 Zentimeter langes Blattgebilde, das sich dem Boden anschmiegt.

Am Rückweg fällt uns auf den Böschungen der Forstwege noch der *Weiße* und *Gelbe Steinklee auf;* diese beiden Pflanzen riechen ganz stark nach Kumarin, dem Duftstoff des Wiesenheus. Wir finden aber auch viel *Schachtelhalm,* den *Süßblättrigen Tragant* mit seinen sich dem Boden anschmiegenden gelben Blüten sowie den *Gelben Fingerhut.* Im Hochwald wächst die reizende *Sterndolde,* der man die Zugehörigkeit zur Familie der Doldenblütler, die üblicherweise viele grobe Wiesenunkräuter umfaßt, gar nicht ansieht; weiters aber auch *Sanikel* und *Waldmeister.*

Der „fleischfressende" Sonnentau

Der Name dieser interessanten Moorpflanze bezieht sich auf die glänzenden, von den Blättern ausgeschiedenen Tröpfchen, die man als „Tau" ansah. Der Sonnentau besitzt daneben Tentakeln, mit denen die an den klebrigen Tröpfchen „angeleimten" Insekten regelrecht umschlungen werden. Gleichzeitig ausgeschiedene Fermente, die mit tierischem Magensaft Ähnlichkeit haben, verdauen dann vor allem das in den Insekten enthaltene Eiweiß. – Der Sonnentau hat seinen Standort ja auf praktisch eiweißfreiem Moorboden.

Getrocknete Sonnentaublättchen fanden früher in der Heilkunde gegen Erkrankungen der Atemwege Verwendung, und die Alchimisten glaubten in der geruchlosen Droge von bitterem Geschmack einen Stoff zur Bereitung von Gold, aber auch ein Lebenselixier gefunden zu haben.

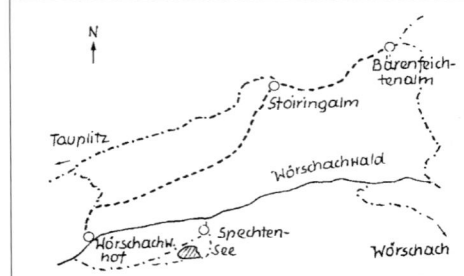

Kurzinformation:
Leichte Wanderung; 3 Std.; 430 HM; KW Nr. 68
AP: Spechtensee
Längs Markg. Nr. 209 zuerst auf Wörschachwalderstraße und sodann linkerhand durch Wald aufwärts zur Bärenfeichtenalm (1474 m). – Rückweg über Stoiringalm und Wörschachwalderhof möglich.

Das Hochmühleck

Ins geheimnisvolle Kemetgebirge

Das Kemetgebirge ist jener östlichste Ausläufer des Dachsteinstocks, der sich als „Anhängsel" an die Hochfläche „Auf dem Stein" bis zum Grimming hin erstreckt. Sind die Gipfel am „Stein" alle etwa 2000 Meter hoch, so sind die Erhebungen und Kuppen im Kemetgebirge um 300 Meter niedriger. Wie der Name sagt, handelt es sich beim „Stein" um teilweise verkarstete, felsige Hochflächen mit Dolinen und starkem Latschenbewuchs; beim Kemetgebirge treten die Karsterscheinungen etwas zurück, und neben den Latschen spielt hier der Hochwald eine bedeutende Rolle. Das Kemetgebirge wird auf älteren Karten auch als Kammergebirge bezeichnet, war es doch als Brennholzlieferant für die Sudpfannen der Hofkammer in Aussee von besonderer Wichtigkeit. Heute sind die Bundesforste als Nachfolger des ärarischen Besitzes hier die Wirtschaftsbetreiber und haben die tieferen Lagen auch schon ausgiebig mit Forstwegen erschlossen.

Das Kemetgebirge ist recht unübersichtlich, ja man kann ruhig sagen: ein bißchen geheimnisvoll, was nicht zuletzt durch die vielen, hier in den letzten Jahrzehnten aufgefundenen Stellen mit urgeschichtlichen Fels- und Höhlenritzzeichnungen unterstrichen wird. Nur sehr wenige Pfade sind in diesem Bereich markiert; unsere Tour auf das Hochmühleck ist so eine markierte Route, die sich übrigens gleichermaßen gut auch als Skitour eignet.

Ausgangspunkt ist entweder der Parkplatz in Bad Heilbrunn oder die Ortschaft Obersdorf bei Bad Mitterndorf. Gehen wir von Bad Heilbrunn los, was den Vorteil hat, daß man sich nach der Wanderung gleich in das muskelentspannende Thermalbad begeben kann, dann kommen wir an der Salzamündung vorüber. Es handelt sich um Feuchtwiesen und Auwald, die als Pflanzen- und Tierschutzgebiet ausgewiesen sind. Wir folgen hier – vorerst noch in der Ebene – einem Schotterstraßerl, das am Kraglweidenlift vorbeiführt. Wir haben einen sehr schönen Ausblick auf Grimming, Hechlstein, Lawinenstein und Kampl und erreichen bald nachher eine Wegkreuzung, wo die Straße von Obersdorf herführt, und zwar über den „Hubertushof". Wenn man sich die zwanzig Minuten von Heilbrunn hier herüber ersparen will, dann kann man über Obersdorf fahren; es gibt einen Parkplatz.

Nun beginnt die Wegmarkierung, die uns längs eines Forstweges in mäßiger Steigung vorerst einmal bis zur Langmoosalm leitet. Wir kommen an einem Marterl vorüber, dessen bildliche Darstellung recht drastisch zeigt, wie ein Holzknecht von einem Baum erschlagen wird.

Im Sommer gibt es hier eine üppige Vegetation mit dem hochwüchsigen, weißblütigen *Mädesüß,* mit *Hanfblättrigem Dost, Klebrigem Salbei,* dem gelbblühenden *Rührmichnichtan* (einer Balsaminenart, die wegen der bei Berührung lustig aufspringenden Samenkapseln so genannt wird) und mit *Fuchs'schem Kreuzkraut.* Neben den Nadelgehölzen fallen viele Bergahornbäume auf. Längs unseres Pfades rauscht der sogenannte „Almbach", und bei den Forstwegabzweigungen müssen wir uns nur genau an die Markierung halten.

Rechterhand erstrecken sich sumpfige Weideflächen, die eigentlich der Ursprung des Almbaches sind. Eine Jagdhütte steht in der Nähe des Weges, und weiter drüben sehen wir den Sendemast des „Fernsehumsetzers Langmoosalm".

Nun stößt ein weiterer markierter Weg, der von Knoppen (und später dann von Reith) kommt, auf unsere Route. Bald biegen wir dann aber linkerhand auf einen Waldweg ab. Auch hier geht es vorerst nur mäßig aufwärts. Ein Marterl steht für einen verunglückten Bauernsohn am Pfad. Es gibt einen schönen Ausblick hinunter auf Kainisch sowie auf Rötelstein und Loser. Wir sind inzwischen an die 1300 Meter hoch und sind rund 500 Höhenmeter angestiegen. Felsblöcke liegen verstreut im Wald, und nun geht es auch etwas steiler aufwärts.

Wir kommen an einem weiteren Marterl vorüber, das an einen tödlich verunglückten „Schlittenzieher" erinnern soll; man sieht, wie gefährlich Holzschlägerung und Holztransport waren und auch noch sind. Auf der Bildtafel können wir lesen: Stets fröhlich war sein Gemüt, das Böckl (gemeint ist der Schlitten) sein Verderben; tiefe Trauer ließ er zurück durch sein unerwartet Sterben. Daneben ist abgebildet, wie ihn die transportierten Baumstämme erdrückten, als der Schlitten auf einen Felsen auffuhr.

Wir gehen auf diesem alten Holzziehweg durch Hochwald weiter aufwärts, sehen aber, wie der Wald nun beim Höhersteigen ständig schütterer wird. Das Gelände nimmt langsam Almcharakter an, und im Hochsommer blühen der prachtvolle *Pannonische Enzian* mit seinen großen, purpurroten Blüten, *Mandelblättrige Wolfsmilch, Dost* und *Johanniskraut* auf den Lichtungen. Nun erreichen wir auch schon die auf 1419 Metern gelegene „Goseritzalm" mit ihren Hütten, die den Ausseer Bautyp zeigen: unterhalb der Stall und drüber die beiden Wohnräume, und zwar über einen Außenaufgang erreichbar.

Jetzt geht es aber steiler aufwärts, und vor uns baut sich auch schon der Felsriegel des Hochmühlecks auf. Wir gelangen nun in die typische Hochregion des Kemetgebirges mit teilweise bewachsenen Felskaren, Steinrunsen, Grünkarsterscheinungen, aber auch kleinen Dolinen. Unser Steigerl schlängelt sich durch die recht felsige und dadurch romantisch wirkende Landschaft aufwärts. *Alpendost, Pippau, Storchschnabel* und *Läusekraut* erfreuen unser Auge mit ihren Farbklecksen. – Nun sieht man auch schon auf das Zinkenplateau hinüber, und der Pfad überwindet problemlos einen kleinen Geländeeinschnitt im Felsriegel, durch den man auch im Winter per Ski ohne Schwierigkeiten durchkommt.

Wir betreten die kleine, dem Hochmühleck vorgelagerte Geländestufe, und nun geht es über die locker bewaldete Hochfläche mit einzelnen Fichten und Lärchen weiter; sogar „einsame" Zirben sind zu sehen. Viel *Almrausch* gedeiht in den Mulden. – Dann erreichen wir auch schon das große hözerne Gipfelkreuz am 1731 Meter hohen Hochmühleck, das auf dem kleinen felsigen Gipfelaufbau steht; es wurde erst 1986 errichtet.

Die Aufstiegszeit von drei bis dreieinhalb Stunden wird mit einer umfassenden Rundsicht belohnt: Wir überblicken fast das gesamte Tote Gebirge mit Priel, Spitzmauer, Rotgschirr, Hochmölbing, Hechlstein, Hochtausing, Grimming, Kammspitze, Gumpeneck, Koppenkarstein, Dachstein mit dem Schladminger Gletscher, die breite Kuppe des benachbarten Hirzberges, Zinken, Loser, Trisselwand und sehen auch auf Teile von Bad Aussee hinaus.

Bis Bad Heilbrunn sind es zweieinhalb Stunden, nach Obersdorf zwei Stunden, die wir für den Rückweg einplanen müssen.

Salbei gegen den „Kirchenschlaf"

Auf den tieferliegenden Wiesen treffen wir an trockenen Stellen immer wieder den Wiesensalbei mit seinen großen violetten Blüten an; höher oben, im lockeren Wald, finden wir im Spätsommer den gelbblühenden „Klebrigen Salbei", dessen Hochblätter drüsig behaart sind und sich daher leicht klebrig anfühlen.

Noch heute ist der Salbeitee ein begehrtes Hausmittel gegen Halsschmerzen, Husten und Durchfall, aber auch zur täglichen Mundpflege. Schon die alten römischen Schriftsteller wußten, daß sein Genuß Müdigkeit beseitige, und im Mittelalter verstand man es trefflich, ihn gegen den „Kirchenschlaf" einzusetzen, weshalb man ihn auch „Altweiberschmeckete" nannte.

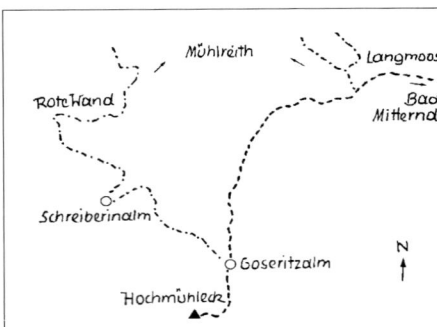

Kurzinformation:
Mittlere Bergwanderung; 5¹/₂ Std.; 930 HM; KW Nr. 68
AP: Parkplätze Bad Heilbrunn, Obersdorf oder Mühlreith
Markierter Forstweg Nr. 20 bis Langmoosalm (Fernsehumsetzer); weiter auf Waldweg mit Markg. Nr. 697. Schließlich zur Goseritzalm (1419 m) und über harmlose Felsschrofen zum Gipfel (1731 m). – Der markierte Weg von Mühlreith folgt einer Forststraße über die Schreiberinalm ebenfalls zur Goseritzalm.

Der Grimming

Der „Mons altissimus Styriae"

Die alten Römer hielten den weitum das Blickfeld im obersteirischen Raum beherrschenden Grimming für den „Mons altissimus Styriae", den „höchsten Berg der Steiermark". Und tatsächlich ist der riesige Felsklotz von jeder Seite außerordentlich beeindruckend, wenngleich er mit seinen 2351 Metern Seehöhe längst nicht der höchste steirische Berg ist.

Pürgg mit Grimming (Foto Senft)

Der Grimming ist allerdings kein Berg für Wanderer, das sei vorweg klargestellt. Seine Besteigung auf den drei verschiedenen, markierten Routen verlangt vielmehr nicht nur Trittsicherheit und Übung im Felsschrofengelände, sondern auch Schwindelfreiheit; besonders wenn man den Weg über den Südostgrat nimmt, der zwar erstaunlich leicht, aber dennoch ausgesetzt ist. Dazu kommt beim meistbegangenen Weg durch den sogenannten Stribinggraben von der Nordseite her, aber auch beim Auf- und Abstieg über das Multereck, an einigen Stellen eine nicht unbeträchtliche Steinschlaggefahr. Diese wird allerdings praktisch nur durch unachtsame, sich ebenfalls unterwegs befindliche Bergsteiger ausgelöst. Schließlich sei noch angeführt, daß der Grimming nur bei absolut sicherem Schönwetter bestiegen werden darf.

Der leichteste und meistbegangene (wegen gelegentlich möglicher Steinschlaggefahr aber nicht der sicherste) Aufstieg ist jener vom Wirtshaus „Kulm", am Kulmkogel, in der Nähe der bekannten Sprungschanze: Durch schön gepflegten Hochwald geht es aufwärts und schon nach kurzem Marsch stoßen wir auf ein Marterl mit einer bemerkenswerten Bilddarstellung eines Wildererdramas, das sich am 27. Juli 1920 hier abgespielt hat. Der Bildtext gibt näheren Aufschluß: „An dieser Stelle starb Johann Pürcher, vulgo Führnwein-Sohn – Ob aus Not oder Leidenschaft, eine gezielte Kugel hat ihn ins Jenseits geschafft!" Dieser wohlüberlegte Text beleuchtet die möglichen Motive der Tat, und das kleine Mahnmal gibt beim Weitersteigen genug Stoff zum Nachdenken: Nicht zuletzt auch über die wirtschaftliche Not nach dem Ersten Weltkrieg und über die Wildererleidenschaft, die auch das Risiko eines Zusammenstoßes mit den Jägern nicht scheute.

Nun, wir steigen also ziemlich steil weiter, der Nadelwald geht in Laubwald über, dieser wird aber auch bald schütter, und im Kalkschutt erfreut uns die hübsche Flora des Kalkgebirges. Die ersten steilen Felsen rücken näher heran; es sind Bankungen und Stufen. Teilweise sind sie steil aufgestellt, manchmal auch interessant gefaltet. Sie zeigen uns, daß es sich geologisch um „Dachsteinkalk" handelt.

Wir haben nun schon einen schönen Blick auf die Bad Mitterndorfer Hochebene und den dahinter aufragenden Kampl und Rötelstein.

Die ersten Latschen tauchen dort auf, wo die letzten Lärchen gedeihen, und der Pfad bewältigt die unterste Karstufe in gemächlichen Serpentinen;

zuletzt schon im Schutt. *Alpendost, Raute, Almrausch* und *Trollblume* wachsen hier und beleben die Szenerie ungemein. Bald stehen wir vor dem ersten, teilweise lotrechten Felsriegel. Seine Wandstufen sind voll mit Trittklammern, Eisenstiften und Drahtseilen versichert, und auch hier muß man, bei gleichzeitig notwendiger turnerischer Gewandtheit, doch schon einigermaßen schwindelfrei sein. Klettern im richtigen Sinne des Wortes braucht man allerdings auf der gesamten Route nicht.

Sodann folgt eine unversicherte kleine Felsstufe mit guten Griffen und Tritten, und in etwa 1700 Metern Seehöhe weist ein Markierungspfeil zu einer kleinen Quelle. Aus einem Röhrl fließt hier das im Kalk so seltene Naß in ausreichender Menge, um die Flaschen zu füllen. Nun geht es in das von Farbkogel und Schartenspitze eingeschlossene Obere Schuttkar hinein, das in einer weiten Serpentine überwunden wird. Durch die nordseitige Lage halten sich Schneereste bis in den Herbst hinein. Wir befinden uns in einem echten Felsenzirkus, der von scharfen Gratzacken umrahmt ist. Uns umgibt eine großartige, hochalpine Landschaft.

Vom oberen Karrand steigen wir nun über die Westrippe einige hundert Meter im Fels nach oben. Diese schwierigste und auch ziemlich lange Passage ist gut markiert, aber nicht versichert. Für den Geübten, der es gewohnt ist, Tritte und Griffe vor der Belastung zu prüfen, stellt dieser letzte Aufstiegsteil keine Probleme dar; bei Nässe oder gar einem Wettersturz mit Vereisung können solche Stellen aber tödlich werden. Der Grimming ist eben wirklich nur ein „Schönwetterberg"! Leider hat der Grimming durch Wettersturz, Steinschlag und Absturz schon überdurchschnittlich viele Opfer gefordert. Es ersteigen ihn jedes Jahr viele hundert Menschen.

Beim anregenden und aufmerksamen Höherkraxeln vergessen wir fast, auf die interessante Umgebung, auf die Bankstufen, auf die scharfen Zacken und Grate links und rechts zu schauen. Knapp unter dem Gipfelplateau hat ein Witzbold eine Tafel mit der Inschrift: „Zum Bahnhof 5 Minuten" hinterlegt, und dann stehen wir auch schon ganz überraschend und abrupt am weiten Plateau, und nur 15 Gehminuten entfernt winkt uns schon das Gipfelkreuz.

Weit und herrlich öffnet sich das Blickfeld auf die Tauplitz und das Tote Gebirge, und in einer Grasmulde zu unseren Füßen steht die seinerzeit vom Grazer Alpenverein errichtete „Dr. Obersteiner-Biwakschachtel", die 1992 vollkommen renoviert wurde und nun den Beinamen „Anton Adam-Biwakschachtel" trägt. (Anton Adam war ein bekannter Bergsteiger aus Pürgg). Diese Notunterkunft war bei Wettersturz schon für viele Bergsteiger lebensrettend. Am Rand des Oberen Kars gibt es übrigens einen mit einem großen „H" gekennzeichneten Landeplatz für Rettungshubschrauber.

Nun soll uns aber nichts mehr aufhalten, die letzten Meter zum Gipfelkreuz zurückzulegen. Es wurde 1954 von der Alpenvereinssektion Stainach errichtet, und der Ausblick von hier über die halbe Obersteiermark ist wirklich grandios: Vom Dachstein über unzählige Gipfel der Niederen Tauern und zum Toten Gebirge geht sozusagen der „Nahblick"; bei klarem Wetter sind aber auch viele Gipfel der Hohen Tauern sehr gut auszumachen. Besonders faszinierend ist der Tiefblick auf den Ennsboden, auf Straße, Eisenbahn und den Flugplatz Aigen.

Gute vier Stunden hat der Aufstieg in Anspruch genommen, und ob des vielen Schauens müssen wir achtgeben, nicht die notwendige Zeitreserve für den Rückweg zu schmälern, der in diesem steilen Schrofengelände nicht unterschätzt werden darf. Bei trockenem Wetter gibt es aber keine besonderen Schwierigkeiten, weil man im Schrofenterrain von oben die Griff- und Trittmöglichkeiten sogar besser beurteilen kann.

Viele überschreiten den Gipfel über den breiten Rücken des weit nach Nordosten vorspringenden Multerecks, das von den drei markierten Wegen vielleicht die leichteste Variante darstellt. Vor dem Ausstieg in die Schneegrube haben wir aber einmal – durch Bergsteiger unabsichtlich ausgelöst – eine ganze Steinschlaglawine erlebt; seidem ist uns dieser Weg recht unsympathisch geworden.

Für wirklich Geübte ist der schönste und auch der sicherste Weg, von der Steinschlaggefahr her gesehen, zweifellos jener über den Südostgrat: Er nimmt direkt beim Schloß Trautenfels seinen Anfang und führt an der 966 Meter hoch gelegenen und im Wald versteckten „Grimminghütte" vorbei. Am unteren Rand der vom Ennstal aus so schön zu sehenden „Schneegrube" (einem ganzjährig mit Schneefeldern bedeckten Schuttkar) geht es an den Fels heran. Dieser wird unschwierig im ersten Teil über mäßig geneigte und durch die Verwitterung stark aufgerauhte Platten erstiegen, die an den obersten Teil des „Dachls" im Gesäuse erinnern.

Weiter geht es dann in einfacher „Kraxelei" über den allerdings manchmal recht ausgesetzten Südostgrat bis zum Gipfelkreuz hinauf. Auch dieser Weg ist durchgehend markiert und natürlich nur etwas für bestes Wetter.

Der große steirische Dichter Hans *Kloepfer* hat den Grimming in seinem Essay „Zwiesprach" so erlebt:

„Mir gegenüber baut sich steinfahl und schweigend in furchtbarer Nähe der Grimming als Herrscher des Ennstales ins wolkenlose Blau. Der Grimming! Weiß selbst nichts vom drohenden Klang seines Namens, mit dem ihn die Menschen bedacht. Hat ihn wohl auch gar nie gehört. Und wenn auch. Für ihn wäre es nicht mehr gewesen als flüchtiges Mückensummen um steinerne Ewigkeit. Denn er ist andere Chöre gewohnt, den Orgelbraus der Winde, das Donnern der Steinschläge, den Wetterkrach zum schwefelfahlen Blendblitz.

Tag für Tag halte ich mein Andachtstündlein vor dem gewaltigen Berg, eine Eintagsfliege vor der Unendlichkeit. Über dunklen Nadelwald, über Schuttströme, spärliche Grasbänder und Gemswechsel entlang wandern meine Augen in die Rätselwelt seiner Wände, suchen um jeden Riß in seinen Flanken, um Kare und Kamine, bis zum Überschwung auf den Gipfel. Und messen seine Höhe immer wieder an den ziehenden Morgennebeln, wenn sie ganz hoch droben als federleichte Schifflein an seiner schweren Wucht vor Anker gehen."

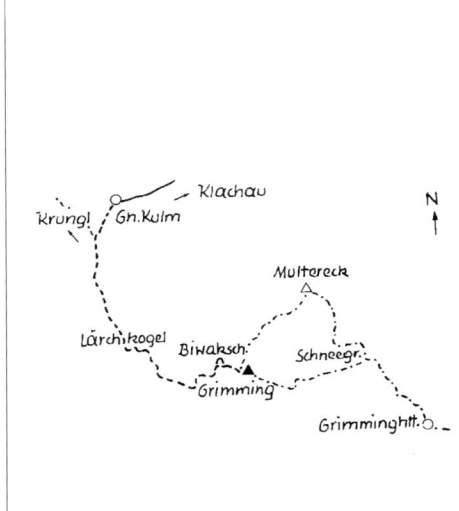

Kurzinformation:
Anspruchsvolle Bergtour; nur für erfahrene und geübte Bergsteiger; nur bei trockenen Verhältnissen; vereinzelt Steinschlaggefahr durch voraussteigende Touristen; 7–8 Std.; 1400 HM; KW Nr. 68
AP: Gh. „Kulm" zwischen Klachau und Krungl bei Besteigung vom Norden oder „Grimminghütte" bei Niederstuttern bei Besteigung vom Süden
Der leichteste und meistbegangene Weg (wegen möglicher Steinschlaggefahr nicht der sicherste) ist jener vom Gh. Kulm: Die Markg. Nr. 683 führt durch Wald aufwärts. Eine Felsstufe ist voll versichert; weiter aufwärts in das große Schuttkar und schließlich linkerhand über die Westrippe mehrere hundert Meter im gutgriffigen Fels (der bei trockenen Verhältnissen keine Probleme bietet) auf das Gipfelplateau mit Biwakschachtel und in 15 Min. zum Gipfelkreuz (4 Std.; 2351 m). Für Geübte ist der Weg von der Grimminghütte über den markierten Südostgrat der schönste (und auch von der Steinschlaggefahr her gesehen sicherste). In unschwieriger Kletterei geht es über den – allerdings manchmal recht ausgesetzten – Südostgrat bis zum Gipfel. Den Abstieg nimmt man dann am besten auf der mark. Route Nr. 681 über das Multereck.

Von der Rettenbachalm auf den Gamskogel

Wo im Herbst die Hirsche röhren

Von Bad Ischl kann man durch das wildromantische Rettenbachtal bis zur Rettenbachalm mit dem Auto anfahren. Man folgt dabei etwa sechs Kilometer weit dem „Soleleitungsweg", der von der „Rettenbachmühle", am Stadtrand von Bad Ischl gelegen, bis nach Altaussee zum dortigen Salzberg führt.

Tief hat sich im Verlauf der Jahrtausendwende der Rettenbach in den Kalkfels eingeschnitten, und so ist schon die Anfahrt zur Rettenbachalm ein besonderes landschaftliches Erlebnis. Im Frühjahr, wenn die Buchen ihren Grünschleier anlegen, oder im Herbst, wenn die schräg einfallende Sonne mit dem gelben Laub spielt und das Licht oft nur die oberen Felspartien der Klamm erreicht, ist es besonders reizvoll, dorthin zu fahren.

Bei der Rettenbachalm weitet sich das Tal etwas, und so ist ein schöner ebener Weideboden entstanden, auf dem viel Vieh aufgetrieben wird. Eigentlich ist die Seehöhe von bloß 636 Metern noch kein richtiges Almgebiet, aber die lange Beschattung im Talkessel, der von hochragenden Felswänden umgeben ist, und die Entfernung nach Ischl haben hier schon in alten Zeiten eine richtiggehende Niederalmwirtschaft entstehen lassen. So finden wir hier mehrere Almhütten, und das Bimmeln der Kuhglocken begleitet uns beim Aufstieg zum Gamskogel.

Wir gehen direkt auf der Wiese neben der von Mai bis Oktober bewirtschafteten Rettenbachalmhütte los und finden dort auch auf einer alten Fichte die erste Markierung. Steil geht es dann auf dem Bergrücken zwischen Jaglingbach und Kargraben durch Hochwald aufwärts, wobei im Verlauf des Höhersteigens nun mehrmals eine Forststraße gequert wird. Da diese vor allem im unteren Bereich überdurchschnittlich steil angelegt ist, bedeutet es beim Abstieg dann fast keinen Zeitunterschied, auf der Forststraße zurückzugehen.

Nach einer guten Gehstunde legt sich das Gelände zurück, es folgt sogar ein kurzes ebenes Stück, und bald erreichen wir die freien Flächen bei den beiden Wurzerhütten, auf 1290 Meter Seehöhe gelegen; zwei stilechte alte Almhütten.

Nun sehen wir auch erstmals unser Ziel, den schroffen Felsriegel des Gamskogels; eigentlich nur durch eine weite Latschenwildnis vom mächtigen Schönberg, mit seiner abgerundeten Kuppe, getrennt.

Durch lockeren Almwald wandern wir nun weiter zu den Hütten der Schönalm, die auch Hinteralm genannt wird. Die markierte Abzweigung zur Mitteralm, über die man die Hohe Schrott besteigen kann, lassen wir vorher linkerhand liegen. Auf hübschem Steigerl geht es, nachdem der Wald zurückgeblieben ist, in reizvoller Landschaft über schrofige Rasenhänge, später zwischen Latscheninseln, aufwärts, und man wundert sich über die vielen Bacherln und Quellen, die hier oben noch entspringen.

Wenig später stehen wir auch schon beim Gipfelkreuz des Gamskogels in 1630 Meter Seehöhe auf einer gegen Süden und Osten steil abbrechenden Felskuppe. „Berg Heil 1990" können wir am Querbalken lesen und genießen einen hervorragenden Ausblick zum benachbarten Schönberg, dessen Gipfelkreuz herübergrüßt; auch das Dach der darunterliegenden Ischlerhütte ist auszumachen. Weiter geht der Rundblick zu Bräuningzinken, Greimuth, Loser, sodann zur Blaa-Alm und auf Teile von Altaussee, zum Zinken mit der dahinter aufragenden Hochwildstelle, zu Sarstein und Hochgolling, zum Dachstein in seiner vollen Breite, zum Sandling, Gosaukamm und dahinter zu den Hohen Tauern mit Großglockner, Wiesbachhorn und Hohen Tenn sowie zu Hochkalmberg und Hoher Schrott. Direkt neben uns, sogar einige Meter höher, aber stark mit Latschen bewachsen, erhebt sich der Predigkogel.

Die Aufstiegszeit müssen wir mit zweieinhalb bis drei Stunden veranschlagen, den Abstieg mit zwei Stunden.

Ja, wenn wir zu Anfang Oktober unterwegs sind und es eine kalte Nacht gegeben hat, dann können wir aus den Gräben der darunterliegenden Karalm das urgewaltige Röhren der Hirsche auch in den Mittagsstunden heraufhören. Ein Erlebnis, das sich mit keinem anderen Tiererlebnis in den Alpen, außer vielleicht mit der Hahnbalz, vergleichen läßt. Im Gipfelbuch des Gamskogels kann man auch von vielen „Hahnbalzerlebnissen" der Wanderer zu Anfang Mai lesen.

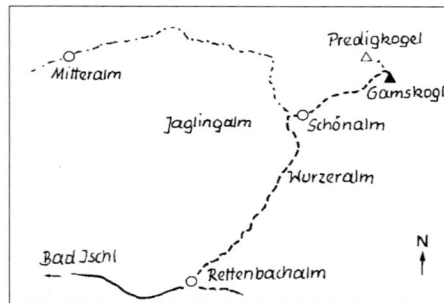

Kurzinformation:
Leichte Bergwanderung; 5 Std.; 1000 HM; KW Nr. 20
AP: Rettenbachalm (Anfahrt über Bad Ischl oder zu Fuß in 1½ Std. von Blaa-Alm)
Direkt von der Alm auf mark. Weg Nr. 222 durch Wald. Der Pfad kürzt dabei mehrmals Forststraße ab, wobei u. U. auf Forststraße rascheres Vorankommen möglich. Nach etwa 1 Std. erreichen wir die Hütten der Wurzeralm (1290 m), weiter zur Schönalm (1367 m) und zum Gipfel (1630 m).

Auf den Predigstuhl und zum Felssturz bei der Hütteneckalm

Diese interessante Wanderung sollte man im Frühsommer oder Herbst unternehmen. Ausgangspunkt ist Bad Goisern beziehungsweise das fast 500 Höhenmeter oberhalb von Bad Goisern gelegene Berghotel „Predigstuhl", das man über ein nettes Zufahrtsstraßerl erreicht. Daneben befindet sich auch die Bergstation des Sesselliftes, der in der Hauptsaison (und natürlich im Winter) in Betrieb ist.

Vorweg sei gleich einmal klargestellt, daß „Predigstuhl" kein Schreibfehler ist und das „t" nicht irrtümlich vergessen wurde. Seinerzeit haben die Kartographen das „t" im Dialekt der Einheimischen bei der Ortsnamensbefragung nicht herausgehört. Daß unser Bergziel mit seinem markanten Felsvorsprung aber wie ein Predigtstuhl aussieht, das wird niemand bestreiten wollen.

Wir lassen uns bei der Bergstation des Sesselliftes, beziehungsweise beim Hotel, durch das Hinweisschild „Predigstuhl über Radsteig" und die Markierung leiten. Ein kurzes Stück gehen wir auf einem Forstweg in westlicher Richtung, dann geht es aber schon auf einem Pfad steil durch Wald hinauf, und bald stehen wir am Felsriegel der „Ewigen Wand", dessen 25

Meter hohe Felsstufe durch ein Drahtseil leicht gangbar gemacht wurde. Oben können wir einige Minuten zu einem Aussichtspunkt hinübergehen, werden aber bald darauf vom Predigstuhl einen noch viel besseren Überblick haben.

Wir gehen also durch Rotbuchenwald steil aufwärts und erreichen knapp danach bereits den sehr schönen Aussichtspunkt mit Rastplatz am Fuß der Gipfelwand, von der man nicht glauben will, daß sie ganz leicht ersteigbar ist. Kurz vorher zweigt nämlich der Gipfelsteig ab, und mittels Eisenleitern steht man auch gleich darauf am Felsklotz, der nach Süden lotrecht abbricht. Die prachtvolle Aussicht auf die Kalmberge im Westen, das Höllengebirge im Norden, den Sarstein im Südosten und den Dachstein in südlicher Richtung sowie auf viele Gipfel des Toten Gebirges sucht ihresgleichen; auch zum Hallstättersee sieht man wunderbar hinein.

Eine Stunde haben wir bis herauf benötigt und steigen nun längs des Felsriegels über ein paar Holzleitern und sodann steil durch Wald auf gutem Pfad in einer halben Stunde zu einer Forststraße auf die Ostseite des Predigstuhls ab. Hier finden wir ein Schild „Roßmoos – Hütteneckalm", das uns in östliche Richtung weist. Über niedermoorähnliche, vernäßte Wiesen, wo ein Ombrometer, ein Regenmesser, aufgestellt ist, und anschließend ein Stück durch Wald, erreichen wir die Roßmoosalm mit mehreren schönen Almhütten, von denen einige als Wochenendhäuser ausgebaut sind. Nun begehen wir einen in weitem Bogen angenehm angelegten alten Almweg unterhalb des Rosenkogels, durch lockeren Wald in Richtung Hütteneckalm. In mäßiger Neigung steigend, kommen wir zu einem interessanten kleinen, latschenbestandenen Hochmoor, und bald darauf stehen wir unter dem gewaltigen Felssturz, der sich in den Jahren 1981 und 1983 von der Zwerchwand in riesigen Felsblöcken gelöst hat.

Von vielen Erhebungen und Gipfeln in weiter Umgebung sieht man die Abbruchwände des Bergsturzes, der mit dem Bad Ischler Salzbergbau in Zusammenhang steht. Seine Stollen vom Mitterkogel reichen in die Nähe der Zwerchwand und haben dieses gewaltige Naturschauspiel ausgelöst.

Unser Weiterweg führt nun mitten durch die Wildnis der Steinblöcke und Felstrümmer, und es ist einer Pioniereinheit des Bundesheeres zu danken, daß hier ein bestens zu begehender Steig entstanden ist, der interessante Einblicke in die Felsstruktur ermöglicht. Einen haushohen, spitzen Felsblock haben die Soldaten „Kleines Matterhorn" getauft und mit einem kleinen Gipfelkreuz versehen; man kann es nur in schwieriger Kletterei erklimmen.

Gleich darauf erreichen wir aber auch schon die gastliche Jausenstation auf der Hütteneckalm, in 1240 Meter Seehöhe gelegen. Wunderbar liegt die Alm mit ihren verschiedenen Hütten auf einem Sattel neben dem Felsabbruch der Zwerchwand, und man genießt hier einen großartigen Blick direkt hinüber zum Dachstein, zum Gosaukamm, zum Hochkalmberg und zur Katrin. (Die Alm ist von Ende Juni bis Mitte Oktober voll bewirtschaftet.)

Zweieinhalb Stunden haben wir – einschließlich der Predigstuhlbesteigung – an Gehzeit benötigt und könnten nun über die „Raschberghütte" der Naturfreunde zur „Lambacherhütte" des Alpenvereins, die oberhalb der Vorderen Sandlingalm liegt, in etwa eineinhalb Stunden weitergehen; dabei dem „01-er" Weitwanderweg folgend.

Wenn wir aber in Form eines Rundweges zu unserem Ausgangspunkt zurückkehren wollen, dann folgen wir von der Hütteneckalm vorerst der Markierung über einen Forstweg hinunter in Richtung Bad Goisern, um dann rechterhand die Forststraße mit dem Hinweisschild „Sessellift 1 Stunde" zu wählen. Im „Rotmoos", einer ausgedehnten Sumpfstelle, genau unterhalb des Felssturzes der Zwerchwand, verliert sich der Forstweg und geht in ein Steiglein über. Dieser Sumpf hat fast einen erdrutschartigen Charakter, ist mit Erlen und Weiden bestanden und dürfte – abseits vom Pfad – nur ganz schwierig zu begehen sein; hier entspringen auch mehrere Quellen.

Auf der gegenüberliegenden Seite setzt sich aber der Forstweg fort und führt uns in mehreren Kehren direkt zum „Hotel Predigstuhl". Vier Stunden waren wir insgesamt an reiner Gehzeit unterwegs und werden bei der Heimfahrt noch Freude an einigen besonders schönen alten „Goiserer Bauernhäusern", die am Weg stehen, haben.

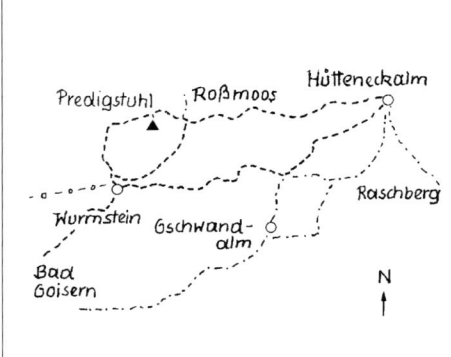

Kurzinformation:
Leichte Bergwanderung; 4 Std.; 400 HM;
KW Nr. 20
AP: Bergstation „Predigstuhl-Sessellift" (973 m) oberhalb von Bad Goisern; auch auf Straße erreichbar.
Bei dieser Rundwanderung wird zuerst der Predigstuhl (1278 m) über Pfad Nr. 246 (zum Schluß Eisenleiter) erstiegen. Sodann kurzer Abstieg zur Roßmoosalm (Holzleitern) und eben weiter zum Felssturz der Zwerchwand und gleich darauf Jausenstation „Hütteneckalm" (Juni bis Oktober bewirtschaftet). –Abstieg über Markg. Nr. 201 bis auf Forststraße und sodann Hinweisschild „Sessellift" bis zum AP.

Die Hohe Schrott

Der westlichste Ausläufer des Toten Gebirges

Unser Ausgangspunkt ist die alte Kaiserstadt Bad Ischl, wo wir unsere Wanderung entweder im Ortsteil Rettenbach oder im benachbarten Traxleck beginnen.

In Rettenbach finden wir durch die Hinweistafel „Hohe Schrott" die Richtung unseres Wegverlaufes angezeigt: An einem Bauernhof vorbei, steigen wir über eine Wiese zu einer Quellfassung hinauf, queren oberhalb auf einem Brückerl den Bach und gelangen auf einen Forstweg, den man bis zu einer Wegtafel verfolgt. Weiter geht es durch Hochwald zur Niederalm der „Möselwiesen", wo die Sennerleute im Spätsommer und Frühherbst Plastiksäcke an langen Stangen im Wind flattern lassen, um die Hirschrudel von den Viehweiden fernzuhalten – „Die Futterkonkurrenz wär' gar zu groß!"

Zu den Möselwiesen kann man etwas schneller gelangen, wenn man zu den letzten Bauernhäusern von Traxleck auf einem schmalen Straßerl hinauffährt und dort (unmarkiert) ziemlich in der Fallinie auf einem Wiesenweg, vorbei an einer Kapelle, und dann gerade aufwärts auf Waldpfaden hinaufsteigt.

Von den Möselwiesen folgen wir der Markierung, die eine weite Forstwegkehre abkürzt; wir gehen ihr ein Stück nach links nach, um bei einem Holzlagerplatz nun rechterhand in den Mischwald hinauf abzubiegen. Der folgende Anstieg quert abermals eine Forststraße. Oben haben wir dann, in der Nähe einer „Holzknechtstube", einen weiten Blick zum Wolfgangsee hinaus.

Es geht wieder steiler aufwärts, und bald lockert der Wald auf. Die ersten Lärchen mischen sich in den Fichten-Rotbuchenforst, und kleine Felsstufen und Rasenplatzerln zeigen das nahe Almgelände an. Nach etwa zweieinhalb Stunden erreichen wir die auf 1492 Meter Seehöhe gelegene „Kotalm". Sie ist reizend in die obere Waldzone eingebettet, und neben der urigen Almhütte stehen, wie es sich gehört, der kleine Schweinestall, daneben ein eingezäunter Pfränger, eine gemähte Weidefläche und vor der Hütte Tische und Bänke, wo sich im Sommer die Wanderer laben und ausruhen können. Natürlich fehlt auf einem etwas erhöhten Platz auch das den Almleuten Segen bringende und Unheil abwehrende Almkreuz nicht.

Oberhalb des Almgeländes führt uns die Markierung nun, mäßig ansteigend, durch lockere Lärchenbestände und zwischen einzelnen Felsschrofen hindurch. Es gibt einen sehr schönen Blick auf das weite Gelände der unterhalb liegenden Mitteralm, und schließlich geht es etwas steiler durch sehr gut ausgeräumte Latschengassen hinauf. Bald stehen wir auf dem Gipfel des 1783 Meter hohen „Hochglegt", der sozusagen den Vorgipfel der rund 50 Meter höheren „Hohen Schrott" darstellt; schon hier gibt es interessante Ausblicke auf Sandling, Loser, Schönberg, Katrin und viele andere Gipfel.

Über einige harmlose Felsstufen müssen wir nun in eine grasige Senke zwischen den beiden Bergen absteigen und sind schließlich in einer Viertelstunde auf 1839 Meter Seehöhe beim Aluminium-Gipfelkreuz der Hohen Schrott, das der heiligen Barbara, der Schutzpatronin der Salzbergleute, von Bad Ischl und Bad Aussee geweiht ist. – Hier weitet sich der Blick noch zum Traunsee und Hallstättersee, so daß man mit dem Wolfgangsee drei der großen Salzkammergutseen überblickt. Besonders interessant ist auch die Schau hinunter auf das enge Trauntal, auf Ebensee und den dahinter aufragenden Traunstein.

Blättert man im Gipfelbuch, kann man zum Beispiel lesen, daß ein Wanderer im April 1990 auf der unterhalb liegenden Mitteralm ein Schaf mit langen Haaren, aber sonst wohlauf gefunden hat, das während des Almabtriebes vergessen worden war. Die Gipfelbucheintragungen zeigen auch, daß viele Wanderer vom Bahnhof Langwies (zwischen Bad Ischl und Ebensee gelegen) heraufkommen und dabei die besonders interessante Überschreitung von Petergupf und Mittagkogel zur Hohen Schrott unternehmen und dann auf unserer Route nach Bad Ischl absteigen.

Dreieinhalb bis vier Stunden haben wir über die Kotalm herauf benötigt und können nun in Form eines Rundweges über die Mitteralm und die Bärenmooshütte zur Hohenaualm und weiter zur „Rettenbachmühle" in der Nähe unseres morgendlichen Ausgangspunktes absteigen und werden dafür etwa drei Stunden an reiner Gehzeit veranschlagen müssen.

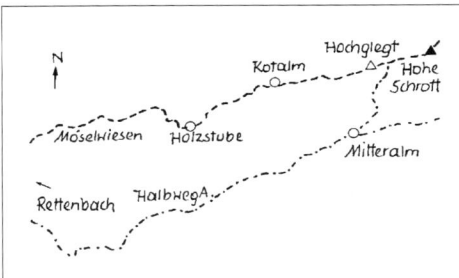

Kurzinformation:
Längere Bergwanderung; 7 Std.; 1300 HM;
KW Nr. 20
AP: Ortsteil Rettenbach bei Bad Ischl
Wir folgen der Hinweistafel „Hohe Schrott" und der Markg. Nr. 210. Über die Möselwiesen durch Wald und über Lichtungen bis Kotalm (2½ Std.; 1492 m). Weiter zum Gipfel des Hochglegt (1783 m). Kurzer Abstieg in Scharte und Aufstieg zum Gipfel (1839 m). – Abstieg zum AP über Mitteralm (1432 m) als Rundweg möglich.

Hochkalmberg

Der „Indianer" von Bad Goisern

Der Gipfelaufbau des Hochkalmbergs sieht wie das Gesicht eines alten Indianers aus: ein großer, breiter Nasenrücken, eine zurückweichende Stirn, buschige Augenbrauen, ein schmaler Mund und ein kurzes, flaches Kinn. Nicht Indianerromantik veranlaßt uns, den Hochkalmberg zu besteigen, sondern der Prachtblick zum Gosaukamm, auf die Dachsteingruppe und nach Westen bis zum Großglockner. Aber auch der Weg selbst auf den Hochkalmberg ist ein lohnendes Bergerlebnis!

Von Bad Goisern quert man die Bahnlinie und die Traunbrücke in den Ortsteil Gschwandt. Dann folgt man dem Ramsaubach, der von der staatlichen „Wildbachverbauung" in ein zahmes Bett gebändigt wurde, und findet hier schon die Markierung. „Ramsau" ist eine recht häufige Bezeichnung für Talböden und Hochebenen in den Kalkalpen.

Von der Ramsau wandern wir vorerst flach zu den romantisch gelegenen Hütten der „Trockentannalm"; es sind neun Stück, die sich hier im Niederalmgelände zusammenducken. Im engen Graben, der ab Sommermitte kaum mehr Wasser führt, steigen wir nun hinauf zur Talstation der Materialseilbahn im „Kesselgraben", mittels welcher die Goisererhütte versorgt wird. Sehr hübsch geht es in Serpentinen durch lockeren Lärchenwald zur Unteren Schartenalm. An der Unterstandshütte bei der „Waldmann Poldl-Rast" sowie bei der Quelle in der „Dirndla-Rinn" geht es vorbei, und mit stets guter Aussicht auf den Hochkalmberg erreichen wir in einer weiteren halben Stunde die „Goisererhütte" des Alpenvereines, die auf 1596 Meter Seehöhe in hervorragender Aussichtsposition liegt, von Mitte Juni bis Mitte September geöffnet ist und auch einige Schlafplätze bereithält. Wissen die Leser, was ein „Goiserer" im österreichischen alpinen Sprachgebrauch ist? Die etwas älteren wahrscheinlich schon! Es handelt sich nicht um einen Einwohner von Bad Goisern, sondern um die seinerzeit hier in unübertroffener Qualität erzeugten, häufig „genagelten" Bergschuhe mit herausragenden Nagelköpfen oder „Scheanken" auf der Sohle.

Etwa zweieinhalb Stunden haben wir vom Parkplatz in der Ramsau herauf benötigt und können nach entsprechender Stärkung nun den Anstieg auf den Hochkalmberg in Angriff nehmen: An der Nordschulter geht es aufwärts, und wir kommen an einer domartigen Höhle, dem „Kalkmooskircherl" vorbei, das zur Zeit der Gegenreformation Zufluchtsstätte von Protestanten war. Weiter geht es am unschwierigen Gratverlauf durch Latschengassen hinauf zum freien Gipfel.

Das Gipfelkreuz in 1883 Metern haben wir von der Hütte aus in einer Dreiviertelstunde erreicht und haben auf den Plassen oberhalb von Hallstatt und zur Ischler Katrin die beste Aussicht. Im Osten überblicken wir fast das gesamte Tote Gebirge, im Westen schweift der Blick über die Salzkammergutberge hinweg bis zu den Berchtesgadener Alpen; Großglockner, Wiesbachhorn und Großvenediger sind zu sehen, und am nahen Dachsteinstock kann man alle Einzelheiten ausnehmen.

Eine Überschreitung weiter zum „Niederen Kalmberg" und sodann recht steil und teilweise ausgesetzt bis zum „Törl" auf 1608 Meter ist nur etwas für Geübte; über die „Tiefe Scharte" geht der besondere alpine Erfahrung voraussetzende „Kraxlsteig" weiter, um schließlich dann in vielen Serpentinen bis zur Ramsau, unserem Ausgangspunkt, hinabzuleiten.

Der Bärlauch hat mit „Ramsau" zu tun

Der Bärlauch mit seinen glänzenden Blättern, dem weißen Blütenschöpfchen und dem starken Knoblauchgeruch, den die Pflanze ausströmt, ist in den tieferen Lagen des Salzkammergutes weit verbreitet. Ab Anfang Mai blüht er oft in lockeren Laubwäldern auf großen Flächen oder auf Böschungen und ist am Geruch schon von weitem erkennbar.

In vielen europäischen Sprachen und auch im Althochdeutschen findet sich die Bezeichnung „Ramsen" oder „Ramasar" für den Bärlauch, und die häufige Ortsbezeichnung „Ramsau" im österreichischen und süddeutschen Raum hängt mit dem Auftreten dieser Pflanze zusammen. Allein in der Steiermark gibt es an die fünf verschiedene „Ramsauen".

Als „Wilder Knoblauch" werden die jungen Blätter auch heute noch gerne für Lauchsuppen verwendet. In der Volksmedizin dienten Extrakte als Wurmmittel und gegen Arteriosklerose.

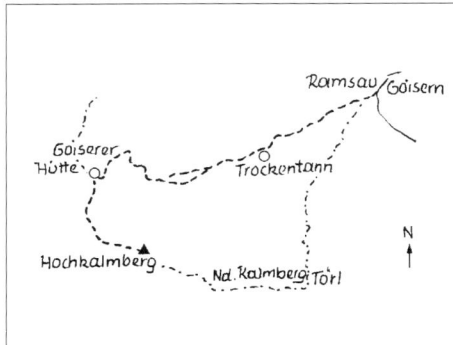

Kurzinformation:
Mittlere Bergwanderung; 6 Std.; 1300 HM;
KW Nr. 20
AP: Ramsau bei Bad Goisern
Markg. Nr. 880 und 01 zuerst flach zur „Trockentannalm", dann in Serpentinen durch Wald aufwärts (Quelle bei der „Dirndla Rinn") und im Schrofengelände zur „Goiserer Hütte" (1569 m; von Mitte Juni bis Mitte Sept. geöffnet, einige Schlafplätze); Aufstieg 2½ Std. In weiteren ¾ Std. zum Gipfelkreuz auf Weg Nr. 888. – Für Geübte ist Weiterweg (teilweise ausgesetzt!) zum Nied. Kalmberg und über Törl als Rundweg zum AP möglich.

Katrin

Aussichtsloge über der alten „Kaiserstadt"

Auf die Katrin, den berühmten Aussichtsberg, 1200 Meter höher als Bad Ischl gelegen, führt eine Kabinenseilbahn. Der leidenschaftliche Bergwanderer läßt es sich aber nicht nehmen, auch diesen Berg in einer Fußwanderung zu erleben. Die Seilbahn erschließt aus skifahrtechnischen Gründen auch gar nicht den höchsten Punkt, sondern hat ihre Bergstation am „Katerer Kogel", 100 Höhenmeter unterhalb des Gipfelkreuzes.

Drei markierte Wanderwege führen auf den Hausberg der „Ischler": Der südliche Anstieg beginnt in Weißenbach bzw. in Lauffen. Beide Wege führen zuerst durch schönen Rotbuchenwald mäßig ansteigend aufwärts und vereinigen sich dann nach Querung eines Forstweges. Nun geht es steiler und in vielen Serpentinen hinauf, wobei kleine Felsbänke geschickt umgangen werden. Im Spätherbst, wenn das Laubkleid der Buchen schon schütterer wird, hat man auch immer wieder schöne Ausblicke zum Sarstein nach Süden. Nach zweieinhalb Stunden hat man die gemütliche Hütte auf der Katrinalm und damit auch die gleich danebenstehende Seilbahn-Bergstation erreicht.

Hier herauf kommen auch die Wege, die im Ortsteil Kaltenbach von Bad Ischl ihren Ausgang nehmen. Der Weg 895 ist der steilste und schnellste Anstieg, so richtig etwas für Konditionsschinder.

Eine Variante zweigt in etwa 1000 Höhenmeter vom 895er Weg ab und verläuft gemütlich und sehr lohnend über die „Windengrabenalm", die „Lärchwand" und den „Feuerkogel" in weitem Bogen zur Katrinalm.

Auf der Katrinalm beginnt eigentlich erst das richtige Erlebnis „Kattergebirge", von dem die Katrin nicht der höchste, sondern bloß der am weitesten in Richtung Bad Ischl vergeschobene Punkt ist: Etwa 100 Meter westlich der Bergstation, nach der Hütte des Bergrettungsdienstes, beginnt der markierte Aufstieg zum Katrinkreuz. Durch die Latschenregion geht es im felsigen Schrofengelände über gut gesicherte Holzstiegen hinauf, bald wird der Weg flacher, und wir gehen zum Turm der Fernseh-Relaisstation und zum großen „Kaiser Franz Josef-Gipfelkreuz" auf der Katrin hinüber.

1910 wurde es anläßlich des 80. Kaisergeburtstages errichtet und ist von jedem Punkt Bad Ischls aus zu sehen. – Zwanzig Minuten sind wir bloß von der Bergstation heraufgegangen und schauen aus der Vogelperspektive auf Bad Ischl hinunter.

Wir sollten aber noch auf die höchsten Punkte des Kattergebirges, auf „Hainzen" und „Roßkopf", weitergehen: Vorerst führt uns der Weg 895 an verwitterten Kalkfelsen vorbei und durch ein Latschenfeld zum Gipfelkreuz auf dem Katererkogel (1603 Meter), wo sich besonders schöne Blicke auf Dachstein, Traunsee, Feuerkogel, Höllengebirge und Hochkönig auftun. In Form eines kleinen Rundweges können wir von hier zur Katrinalm zurückkehren, wobei man über eine Holztreppe und entlang einer kurzen Seilsicherung einen vorgeschobenen Aussichtspunkt zum Hallstättersee und auf Bad Goisern erreicht.

Empfehlenswert ist aber auch eine Überschreitung von der Katrin über die Hainzen zum Roßkopf, dem mit 1675 Meter höchsten Punkt des Gebirgsstocks, mit anschließendem Abstieg über die Ahornfeldalm hinunter zum Gasthaus „Wacht" an der Bundesstraße. Von dort ist es mit dem Bus ein „Katzensprung" zurück nach Bad Ischl. – Vier Stunden muß man für dieses Vorhaben veranschlagen.

Wer allerdings seine Knie schonen und mit der Katrinbahn zurückfahren will, dem sei im nachfolgenden Kapitel eine Überschreitung im umgekehrten Sinne angeraten. Von der „Ramsau", dem Gasthaus „Wacht" aus, sollte man übrigens einen kurzen Abstecher zum waldumschlossenen, tiefgrünen Nussensee nicht versäumen.

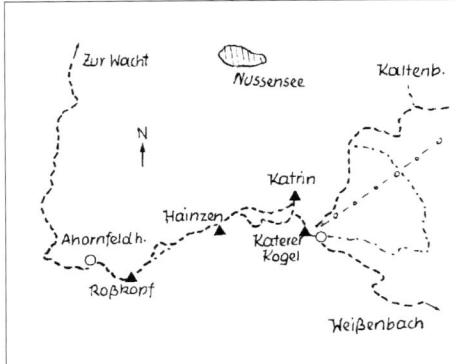

Kurzinformation:
Mittlere Bergwanderung; 5½ Std.; 1100 HM; KW Nr. 20
AP: Weißenbach bei Bad Goisern oder Kaltenbach bei Bad Ischl.
Der mark. Weg Nr. 899 führt durch Wald aufwärts (bald stößt Weg Nr. 898 von Lauffen dazu); später in Serpentinen; nach 2½ Std. wird Katrinalm (1480 m) neben Seilbahnstation erreicht. Markierter, teilw. versicherter Weiterweg zum Katrinkreuz (1542 m) und kurzer Rundweg mit Nr. 895 über Hainzen und Katererkogel (1603 m) zurück zur Katrinalm. – Direkter, steiler Aufstiegsweg Nr. 895 in vielen Serpentinen von Kaltenbach zur Katrinalm.

Über den Roßkopf auf die Katrin

Beim bekannten Gasthof „Wacht" an der Bundesstraße beginnt die Markierung hinauf auf den Roßkopf. (Hier hatte die alte Grenzwache zwischen Salzburg und Oberösterreich einen Stützpunkt; man sollte sich auf einer Landkarte einmal die eigentümliche Grenzziehung zwischen den beiden Bundesländern – die auch mitten durch den Wolfgangsee führt – genauer ansehen.)

Zuerst geht es leicht steigend im Wald auf einem alten Holzziehweg aufwärts. Nach einer guten halben Stunde hat sich der Weg zu einem Pfad verschmälert, und nun leitet die Markierung ziemlich schnell durch Jungwald und über Waldschläge hinauf. Zu Anfang Juli erfreut uns hier der *Türkenbund* in schönen Exemplaren, und im Wald ist es die hübsche *Sterndolde*, die in den Salzkammergutwäldern ihre optimalen Standorte findet.

Zwischendurch gibt es freie Ausblicke zum „Horn" des benachbarten Rettenkogels und hinaus zum Schafberg. Weiter geht es im Hochwald hinauf, und erst höher oben legt sich das Gelände etwas zurück. Ein Marterl am Weg erinnert an ein Wildererdrama, das sich hier schon vor über 100 Jahren abgespielt hat. Ein paar Meter abseits des Pfades liegt die „Feichterstüberl Jagdhütte". Längs unseres Wegerls gedeihen der besonders attraktive, blaublühende *Alpen-Milchlattich* und der weißblühende *Platanenblättrige Hahnenfuß*. Schließlich wird der Bergwald locker, und die Lärchen prägen den Waldbestand. Wir sehen hinüber zum Doppelgipfel des Sparber und auf einen Teil des Wolfgangsees. Unser in Serpentinen angenehm nach oben führendes Steigerl schlängelt sich durch Latschenfelder und im Juli vorbei an leuchtendroten *Almrauschbüschen*.

Nach gut 2¾ Stunden Aufstieg erreichen wir die überraschend hübsch gelegene Ahornfeldalm am Rand wilder Felsabstürze nach Norden und Westen. Nach einer weiteren Viertelstunde stehen wir vor dem großen Almstall. 1600 Meter sind wir hier hoch, und nun geht es über die Almwiese und zwischen Latschenflecken in 20 Minuten hinauf zum zweigipfeligen Roßkopf auf 1657 Metern. Ganz nahe sind wir auf dem kleinen Schrofengipfel den Wandabstürzen, und es gibt einen Prachtblick auf Dachstein und Gosaukamm, aber auch über den gesamten Wolfgangsee.

Im unschwierigen Auf und Ab können wir nun in knappen zwei Stunden zu Hainzen und Katrin hinübergehen und mit der Seilbahn nach Bad Ischl hinunterfahren.

> **Kurzinformation:**
> Mittlere Bergwanderung; $5^1/_2$ Std.; 1100 HM; Freytag & Berndt WK Nr. 282
> AP: Gh. Wacht an der Bundesstraße zwischen Bad Ischl und Strobl
> Markierung Nr. 894 auf „Ahornfeld – Roßkopf und Hainzen". Durch Wald ziemlich steil aufwärts bis zur Ahornfeldalm (1601 m) und weiter auf Roßkopf (1657 m); $3^1/_2$ Std. – In weiteren 2 Std. über Hainzen (1638 m) und Katererkogel (1603 m) zur Katrinalm (1393 m) und Seilbahn.

Der Rettenkogel am Wolfgangsee

Ein „zünftige" Tour für Geübte ist die Besteigung des eher einsamen Rettenkogels am Wolfgangsee, von dem es eine prächtige Aussicht über den See gibt.

Wir verlassen die „Salzkammergut-Bundesstraße" in Richtung „Postalm–Laimeralm" und folgen dann dem Zufahrtsweg zur Laimeralm etwa einen Kilometer. Dort finden wir das Hinweisschild „Rettenkogel" und die Markierung und folgen ihr nun auf einem Waldpfad aufwärts. Mehrmals wird ein Forstweg gequert. *Sanikel, Ährige Teufelskralle* und *Sterndolde* fallen uns im Wald auf. Nach einer guten Stunde wird das Gelände flacher, und wir gelangen auf die ausgedehnte Moosgassneralm, mit Blick nach St. Wolfgang und hinüber zum Sparber. Eine herrliche Almflora erfreut uns hier im Frühsommer: *Teufelskralle, Katzenminze, Nordisches Labkraut, Hornklee, Händelwurz, Waldveigel, Pippau, Kreuzblume, Günsel, Kälberkropf, Bachnelkenwurz, Storchschnabel* und *Wilde Heckenrose* – um nur die häufigsten aufzuzählen.

Bald erreichen wir die unbewirtschaftete, hübsch gebaute Rettenkogelhütte mit einem Brünnlein. Auf markiertem Waldpfad queren wir sodann hinüber zur „Sonntagkaralm", die auf einem steil abfallenden Absatz oberhalb des Schöffaubachs und der „Ramsaualm" liegt. Ein paar Meter steigen wir sogar ab; dann geht es aber im Buchenwald aufwärts. Es gibt einen Blick hinunter nach Strobl, und im felsblockdurchsetzten Wald erreichen wir schließlich einen schrofigen Grat, auf dem unser Pfad immer „aussichtsreicher" dahinführt. Das Steigerl windet sich nun, geschickt angelegt, hinauf zum Rettenkogelgrat. An einem prachtvollen Rastplatz mit Blick zum direkt gegenüberliegenden Sparbergipfel, mit dem wir nun schon gleich hoch sind, werden wir wohl gerne ein bißchen verweilen. Zwischen Latschen, *Almrauschbüschen* und Felsschrofen geht es weiter, und das Steiglein wird nun manchmal ein bißchen ausgesetzt. Eine gute Versicherung hilft über eine etwas „heiklere" Stelle hinweg, und dann queren wir – bei trockenem Wetter ohne weitere Probleme – in der Nordflanke des Rettenkogels aufwärts. Der weißblühende *Alpenhahnenfuß* wächst in Felsspalten und auch *Echter Enzian, Silberwurz, Kugelblume* und *Schwärzliche Schafgarbe* setzen ihre bunten Farbtupfen ins Gelände.

In Gipfelnähe „legt" sich der Berg wieder etwas zurück, und nach dreieinhalb bis vier Stunden stehen wir beim metallenen Gipfelkreuz auf 1780 Meter und genießen einen Prachtblick hinunter zum Wolfgangsee, zum Sparber, auf Teile der Postalm, zum benachbarten Bergwerkskogel, zu dem ein versicherter Felssteig hinüberführt, und wir können uns wohl auch an den Tiefblicken in die wilden Felskare zu unseren Füßen nicht sattsehen.

Nach der Tour lohnt es sich allemal, den kurzen Abstecher hinauf zur Jausenstation der Laimeralm zu unternehmen, wo wir vielleicht sogar zu einer musikalischen Darbietung der weithin bekannten „Familienmusik Laimer" zurechtkommen.

Grantiger Jager mit Heilwirkung

Mehrere Alpinpflanzen haben einen bartähnlichen, verdorrten Blütenstand; dazu zählen die Anemonen, aber auch die Nelkenwurz. Besonders die Bergnelkenwurz und die Kriechende Nelkenwurz kommen in den Hochlagen unserer Alpen vor. An ihren abgeblühten Fruchtständen setzen sich Tau- und Regentröpfchen so lustig an wie der vereiste oder nasse Bart eines grantigen Jägers.

Zur Familie dieser Nelkenwurzgewächse gehört aber auch die sogenannte Bachnelkenwurz, die auf feuchten Almflächen nicht allzu hoher Lagen vorkommt und eine besonders reizende lachsrote Blüte zeigt.

Der Name Nelkenwurz kommt vom Nelkengeruch der Stengel; die Pflanze wird aber auch als Benediktenkraut bezeichnet. Als solches ist die in der Volksmedizin als Hausmittel häufig gebrauchte Wurzel noch immer beliebt. Sie wird Wein oder Spiritus zugesetzt oder in Tee aufgebrüht und wurde schon im Mittelalter gegen zahlreiche Erkrankungen empfohlen, wie gegen Kopf- und Zahnschmerzen, Stoffwechselstörungen, Durchfall, aber auch gegen verschiedene Infektionskrankheiten. Auch zum Desinfizieren von Wunden sowie zur Bereitung von Likören wird die Benediktenwurzel gerne verwendet.

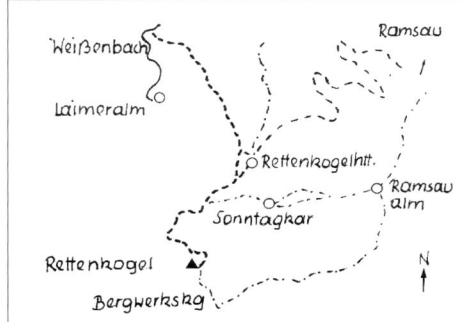

Kurzinformation:
Bergtour nur für Geübte und Trittsichere; 6 Std.; 1200 HM; Freytag & Berndt WK 282
AP: Zufahrt zur „Laimeralm" ca. 1 km
Weg Nr. 892 über Moosgassneralm zur Rettenkogelhütte (1177 m); weiter zur Sonntagkaralm und ab hier Weg Nr. 891 über Trittsicherheit und an wenigen Stellen Schwindelfreiheit erfordernden Pfad – zum Schluß durch die Nordflanke – zum Gipfel (1780 m).

Die Postalm

Wandern im größten zusammenhängenden Almgebiet Österreichs

Nach der Seiseralm in Südtirol ist die zwischen Strobl am Wolfgangsee und Abtenau im Salzburger Tennengau gelegene Postalm die größte zusammenhängende Almfläche Europas. Bis vor 200 Jahren erstreckten sich hier weite Waldungen, dann wurde jedoch der Holzbedarf für die Sudpfannen des Salzkammergutes immer größer, und so wurde auch dieses Gebiet abgeholzt. Die landknappen Abtenauer Bergbauern waren froh über das neugewonnene Weideland und forsteten die nur mäßig geneigten Flächen nicht mehr auf, und so entstand hier ein riesiges Almgebiet mit vielen Hütten, auf dem seinerzeit bis zu 100 Personen in der Sennerei tätig waren.

Auch heute wird auf der Postalm noch eine ausgedehnte Almwirtschaft mit bis zu 2000 aufgetriebenen Rindern, Pferden und Schafen geführt und die Tradition in vielen urigen Almhütten, die teilweise auch als Jausenstationen betrieben werden, gepflegt.

Sowohl von Weißenbach bei Strobl als auch von Abtenau führen sehr gut ausgebaute Mautstraßen hinauf auf 1300 Meter Seehöhe, und hier beginnt ein weitläufiges Wegenetz mit selten vielfältigen Wander- und Spaziermöglichkeiten: Thorhöhe (1533 m), Wielerhorn (1603 m), Pitschenberg (1720 m) und der durch seine Kegelform auffallende Labenberg (1642 m) sind rasch zu erreichende kleine Bergziele; eine Besteigung des Braunedelkogels (1892 m) ist schon eine gestandene Bergwanderung. – Von den meisten Bergen gibt es prachtvolle Ausblicke auf den Gosaugletscher mit den Dachsteingipfeln, auf den wilden Gosaukamm und zum Hochkönig.

Fast bei allen diesen Zielen gibt es auch bewirtschaftete Almhütten, wo nach alter Überlieferung Butter und Almkäse bereitet wird; teilweise kocht die Sennerin noch am offenen Feuer.

Beliebt ist die Postalm mit ihren 10 Schleppliften als ideales „Familienskigebiet", das durch 5, 10 und 15 Kilometer lange Loipen bereichert wird.

> **Kurzinformation:**
> Leichte Wanderung, 3 Std.; 350 HM;
> KW Nr. 15
> AP: Parkplatz Postalm (1300 m); Zufahrt über Weißenbach bei Strobl
> Mehrere kürzere Wanderungen auf örtlich markierten Routen möglich; z. B. auf den Labenberg oder Pischenberg Markg. Nr. „R2"; vorbei an mehreren sommersüber bewirtschafteten Almhütten.

Der Sparber

Lohnend für Schwindelfreie

Selbst dem Autofahrer, der, von Bad Ischl kommend, dem Wolfgangsee entlangfährt, fällt linkerhand das Doppelhorn des Sparber auf. Für Geübte und Schwindelfreie ist die verhältnismäßig kurze Tour besonders lohnend.

Von der Bundesstraße bei Strobl zweigen wir in Richtung „Postalm" ab und können nun noch bis zum Gasthof „Kleefeld" mit seinem angeschlossenen Wildpark hinauffahren.

Die hier beginnende Markierung leitet uns durch das Wildgatter und sodann durch Jungwald und später durch Hochwald mäßig steigend hinauf. Ein Stück begehen wir einen Forstweg, und dann weist uns ein Schild mit der Bezeichnung „Sparber" wieder in den Hochwald auf steinigem Pfad weiter aufwärts. Wir gelangen auf die freien Flächen der hübsch gelegenen Dürntalalm (977 m), über die sich der Pfad reizvoll nach oben schlängelt. Ober uns bauen sich die Felsabstürze des Sparber schon recht nahe auf.

Wieder geht es in den Wald hinein, und an schütteren Stellen genießen wir einen Blick auf den herrlichen Wolfgangsee mit Strobl und später auch auf St. Wolfgang. Unterhalb eines Felswandls führt der Pfad neben mächtigen alten Bäumen dahin; der Bestand hat hier fast Urwaldcharakter. Der Weg wird wieder steiler, und an einigen Stellen erleichtern sogar Holzstaffeln den Aufstieg. Den „Felszähnen" des Gipfels sind wir nun schon recht nahe gekommen, und nun quert der schmale, aber gut angelegte Pfad eine begrünte Steilrinne, die aber nur bei trockenen Bedingungen begangen werden sollte.

Die Querung führt uns in die Scharte zwischen die beiden Gipfelblöcke und in eine sehr romantische Felsszenerie hinauf. Über eine Leiter erreichen wir die schmale Einsattelung, und nun gilt es, im felsigen Gelände einen kurzen Abstieg zu bewältigen, um über die Nordwestseite schließlich auf den Gipfel zu gelangen. Diese abschüssige Passage ist voll versichert und für Geübte überhaupt kein Problem. Zum Schluß geht es sehr romantisch und mit „Tiefblicken" nach allen Seiten über eine längere Leiter die Felsschrofen hinauf zum Gipfelkreuz auf 1502 Meter, wo wir lesen: „Durch Christus zu Einheit und Frieden".

Zweieinhalb Stunden haben wir für den Aufstieg benötigt. Der Wolfgangsee zu unseren Füßen beherrscht mit seinem Türkisgrün die Szenerie, aber auch die Rundsicht auf die Nachbarberge von Bleckwand über Rettenkogel und Braunedel bis auf das dahinterliegende Tennengebirge sowie zum Schafberg sind sehr eindrucksvoll.

Kurzinformation:
Kürzere Bergtour für Schwindelfreie; nur bei trock. Wetter; 4 Std.; 810 HM; Freytag & Berndt WK 282
AP: Bundesstraße Abfahrt Postalm und 2,5 km bis Gh. Kleefeld
Markierter Pfad durch Wald, sodann über Dürntalalm und wieder durch Wald in Scharte zwischen die beiden Gipfel. Ab hier versicherter Steig kurz abwärts und an der Nordwestseite mittels längerer Metalleiter zum Gipfel.

Auf die Bleckwand am Wolfgangsee

Ausgangspunkt für die interessante und lohnende Rundwanderung über die Bleckwand ist Strobl. Den zweieinhalbstündigen Weg hinauf zur Bleckwandhütte kann man auf eine halben Stunde verkürzen, wenn man über die

Mautstraße von Gschwendt auf die Niedergadenalm fährt und von dort der Markierung nur mäßig steigend zur Bleckwandhütte folgt, die auf 1329 Meter in prachtvoller Aussichtslage über den Wolfgangsee errichtet wurde. Von hier ist es dann nur noch eine weitere halbe Stunde auf den Gipfel, über den man einfach auf einem Rundweg zur Niedergadenalm zurückkehren kann.

Wer aber doch eine etwas „fordernde" Bergtour unternehmen möchte, dem raten wir einen Rundweg an, der beim Gasthaus „Mahdhäusl" beim Weiler „Holz" seinen Anfang nimmt: Wir folgen anfangs einem Holzziehweg aufwärts, bis wir auf die große Kehre der bergauf führenden Forststraße stoßen. Etwa 10 Minuten geht es der Straße entlang in westlicher Richtung, bis wir auf den Wegweiser „Bleckwandhütte" stoßen und auf einem Holzziehweg und später auf einem gut angelegten Pfad im Wald aufwärts steigen. Es gibt einen schönen Blick hinüber auf St. Wolfgang und zum Schafberg; nahe ober uns rahmen die charkteristischen Felsbänder der Bleckwand den Gipfelaufbau ein. Der Pfad wird unterhalb der Felsstufen geschickt vorbeigeführt. Im Fühsommer blühen *Sterndolde, Gelber Eisenhut* und der weißblühende *Platanenblättrige Hahnenfuß* auf Lichtungen im Buchenwald.

Bald erreichen wir eine kleine Geländestufe zwischen der Unteren und Oberen Bleckwandalm, und unser hübscher Pfad schlängelt sich im lockeren Lärchenwald am Rand der „oberen" Alm aufwärts. *Trollblume, Raute, Storchschnabel, Kreuzblume, Bachnelkenwurz, Alpendost, Frauenmantel* und *Kälberkropf* hüllen die Almwiesen nicht nur farblich, sondern auch vom Duft her in ihr Sommerkleid.

Dann ist auch bald die reizend gelegene Bleckwandhütte (der „Naturfreunde") erreicht; zauberhaft ist es, die Aussicht von hier oben bei einem kühlen Trunk zu genießen.

Kurz ist der Weg über einen locker bewaldeten Kammrücken hinauf zum Gipfelplateau. Ein kleines Felsfenster gewährt unterwegs einen Durchblick zum Wolfgangsee, und dann stehen wir schon auf der Bergwiese beim Gipfelkreuz mit einer weit umfassenden Rundsicht. Besonders eindrucksvoll ist der Nahblick zum direkt gegenüberliegenden „gespaltenen" Gipfel des Sparber.

Das Kreuz steht nicht am höchsten Punkt, weil der etwas oberhalb liegende Hauptgipfel (1541 m) bewaldet ist. Über den Gipfel führt unser Weiterweg zur Schartenalm: Der Steig windet sich nun am Rand der Ostabstürze nach unten, und auf einer kleinen Geländestufe im Wald wählen wir die rechterhand abzweigende Markierung, die uns rasch in Richtung Niedergadenalm hinabführt. Bei der Hütte am Rand der Alm gehen wir nun in einem großen Bogen mäßig fallend durch Wald weiter bis zur Schartenalm, die auf 1051 Meter liegt.

Trittsichere und geübte Bergsteiger können bei der Abzweigung aber den direkten Weg zur Schartenalm wählen, der bei trockenem Wetter keine größeren Probleme bietet: In steilen Serpentinen geht es hier im Bergwald abwärts, und sehr interessant sind die Nahblicke auf die Gesteinsfaltungen und Schichtungen der Bleckwand.

Und dann sind wir schon unten auf der herrlich gelegenen, weiten Schartenalm mit dem urigen, schindelgedeckten Stall, wo auch eine starke Quelle erquickendes Naß spendet. Bald nimmt uns ein schöner Almweg auf, und bei der Hütte am nördlichen Rand der Alm finden wir nach einigem Suchen wieder die Markierung, die parallel zum Forstweg durch Hochwald nach unten leitet. Bald erreichen wir die Abzweigung vom Anstieg, wo sich unser Rundweg schließt, und nun ist es auch nicht mehr weit bis zum „Mahdhäusl". Ungefähr fünf Stunden an reiner Gehzeit waren wir unterwegs.

Die milchtreibende Kreuzblume

Das zarte Gewächs mit meist violetten Blütchen findet sich an vielen Stellen der trockenen Almrasen und kommt im Gebirge in den beiden Formen der Bitteren Kreuzblume und der Alpenkreuzblume vor. Der wissenschaftliche Name „Polygala" bedeutet „viel Milch", was schon die alten Römer wußten. Die zur Blütezeit samt der Wurzel gesammelten Pflanzen kommen getrocknet als „Bitteres Kreuzblumenkraut" in den Handel. Die Pflanze enthält eine Reihe spezifischer Inhaltsstoffe. Besonders der Aufguß der Wurzel wird als milchtreibend bezeichnet. Früher soll auch die Milchsekretion stillender Frauen damit angeregt worden sein. Besonders wirksam in dieser Richtung ist der Genuß der gesamten Pflanze für die Kühe. Präparate aus der Kreuzblume wurden seinerzeit gegen Tuberkulose, Asthma und Magenleiden mit Erfolg verwendet.

> **Kurzinformation:**
> Mittellange Bergtour; 5 Std.; 920 HM; Freytag & Berndt WK 282
> AP: Bundesstraße nach Strobl; Abfahrt „Holz"/Gh. „Mahdhäusl"
> Vom Gh. Mahdhäusl der Markierung 877 in südl. Richtung aufwärts folgend bis zur Forstwegkehre. Dem Forstweg entlang ca. 750 m, bis Markg. 34 rechterhand in den Wald hinaufführt. Über Obere Bleckwandalm zur Bleckwandhütte (1329 m) und auf den Gipfel (1541 m) und nun linkerhand über Weg 876 (nur für Trittsichere und bei trock. Verh.!) oder rechterhand über Nr. 877 zur Schartenalm und weiter über Markg. 877 zum AP.

Auf den Leonsberg bei Bad Ischl

Eine interessante Bergwanderung, die im oberen Teil Trittsicherheit erfordert, ist die „Rundtour" über den Leonsberg. Oberhalb der sehenswerten Kirche „Maria an der Straße" beziehungsweise der anschließenden „Pfandl-Siedlung", westlich von Bad Ischl, beginnen wir unseren Rundweg.

Die Markierung leitet uns auf einem Forstweg neben dem Zimnitzbach („Zimnitze" oder „Zimitze" gibt es im Salzkammergut mehrere) aufwärts. Eine Wildbachverbauung mit mehreren künstlichen Wasserfallstufen schützt das unterhalb liegende Siedlungsgelände. Vor uns baut sich der recht imposante Gipfelkamm mit Zimnitz, Leonsberg und Mitterzinken auf.

Vorerst geht es nur mäßig hinauf; der Zimnitzgraben ist hier schon im unteren Teil manchmal schluchtähnlich. Ab Ende Juli blühen im Wald überall die *Zyklamen,* und die *Große Sterndolde* erfreut uns in dieser Höhenstufe fast während des gesamten Sommers.

Nach einer guten halben Gehstunde ist bei einer natürlichen Wasserfallstufe die Forststraße zu Ende, und hier beginnt unser Pfad, der die ersten paar hundert Meter sehr steil nach oben führt. Neben den kleinen Wasserfällen der Engen Zimnitz geht es in einem romantischen Gelände im Wald aufwärts, und es gibt viele hübsche Pflanzen zu bewundern: Die zarte, weißlich blühende *Zaunlilie,* die stark nach Schokolade duftende *Braunrote Ständelwurz,* eine hübsche Orchidee mit ihren einseitswendig angeordneten Blüten, das jetzt schon längst verblühte *Maiglöckchen,* den zart lila blühenden *Hasenlattich,* den gelben *Wolfseisenhut, Seidelbast, Hanfblättrigen Dost, Ochsenauge, Wachtelweizen, Akelei* usf.

Bald geht es im Bergwald nur noch in angenehmeren Serpentinen aufwärts, und etwa auf halber Höhe zum Gipfelkamm wird das Gelände überhaupt „zahm" und die Wegschlingen werden weiter. Linkerhand gibt es interessante Blicke auf Felsbankungen und -bänder unterhalb des Zimnitzkammes. Über das gesamte Tal hinweg wird der Blick auf das Felshorn des Rettenkogels frei. Einige Felswandln und Latschenzonen im Bergwald werden umgangen, und nach eindreiviertel bis zwei Stunden erreichen wir in 1166 Metern den breiten Kammrücken auf der Schüttalm mit ihrer locker bewaldeten Bergwiese.

Im Bergwald geht es nun am Kamm, vorbei an einem alten und später an einem neuen „Jagerstübl", gemächlich aufwärts, und hier gibt es natürlich auch ein Bründl. Die Waldgrenze rückt immer näher, Latschen mischen sich mit den Wetterfichten, und auch der Almrausch ist hier schon daheim. Der Kamm wird nun schmäler. Eine botanische Besonderheit fällt auf: es gedeihen *Erika* und *Besenheide* nebeneinander. Dies ist insoferne sehr selten, weil die Besenheide nur auf chemisch „saurem" Boden ihren Standort hat; die Erika auf „basischem" Boden, also auf Kalkuntergrund, der hier ausschließlich gegeben ist. Die Besenheide mit ihren schuppenartigen Blättchen kann sich hier am Grat nur behaupten, weil die vielen Niederschläge das basische Bodensubstrat ständig nach unten auswaschen; außerdem haben sich hier „saure" Rohhumusschichten gebildet. – Erfreulicherweise kann man da den ganzen Sommer über erikaähnliche Gewächse blühen sehen: Im Frühsommer die Erika mit ihren nadeligen Blättchen und ab dem Spätsommer die Besenheide; beide blühen ja sehr ähnlich.

Nun steilt vor uns der schroffe Gipfelaufbau empor. Unser Steiglein schlängelt sich genau am Gratrücken mit bester Fernsicht nach beiden Seiten hinauf. Eine drei Meter hohe Eisenleiter hilft einen Felsblock überwinden. Man muß da trittsicher sein, schwindelerregende Abstürze gibt es jedoch nicht. Etwas später hilft ein Drahtseil eine abschüssige Stelle zu queren, und damit sind die „Schwierigkeiten" eigentlich auch schon wieder vorüber. Dieser Teil des Kamms wird von den Einheimischen „Zimnitz" genannt.

Nun liegt der letzte breite Gipfelrücken vor uns, und nach mäßigem Anstieg stehen wir beim Gipfelkreuz am Leonsberg in 1745 Meter. Etwa dreieinhalb Stunden haben wir an reiner Gehzeit herauf benötigt. Es gibt einen Prachtblick auf Attersee, Wolfgangsee und Mondsee, und besonders eindrucksvoll ist der Blick hinüber zum Schafberg; wenn wir Glück haben, stößt die Lok der Zahnradbahn gerade schwarze Rauchwölkchen aus. Direkt unter uns erstreckt sich im Norden die Leonsbergalm, von der man das Bimmeln der Kuhglocken heraufhört.

Breit liegt in seiner ganzen Länge das Höllengebirge vor uns, daran schließt das Tote Gebirge vom Großen Priel bis zum Loser an, und nach der anderen Seite beeindrucken Sarstein, Dachstein und Gosaukamm und weiter hinten Hochkönig und Tennengebirge; auch die Postalm ist sehr gut einzusehen. Und die „Kaiserstadt" Bad Ischl liegt zu unseren Füßen.

Nun geht es nach der anderen Seite zum Abstieg, und ein bißchen zeitaufwendig queren wir in mehrmaligem Auf und Ab den latschenbestandenen Kamm über den Mitterzinken (1702 m) bis zum Gartenzinken (1557 m). Hier gibt es den seltenen Blick hinunter zum Schwarzensee, der recht versteckt zwischen Attersee und Wolfgangsee liegt.

Es folgt ein steiler Abstieg in engen Serpentinen bis zum sogenannten Walkerskogel (1243 m), und ab hier führt der Pfad im Wald etwas weniger steil und schließlich dann recht angenehm die letzten paar hundert Höhenmeter hinunter zu einem neuen Wasserwerk und gleich darauf zum Parkplatz.

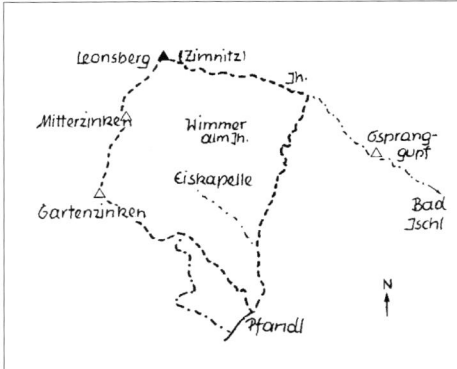

Kurzinformation:
Etwas anstrengende, aber lohnende Bergwanderung; Trittsicherheit erforderlich; 1250 HM; 6 Std.; Freytag & Berndt WK 282
AP: Oberhalb „Pfandl Siedlung" (bei neuem Friedhof), westlich von Bad Ischl
Beginn des Rundweges längs der Markg. Nr. 816 ziemlich steil durch die „Enge Zimnitz" auf gutem Pfad bis zur Schüttalm (1166 m) und weiter am Kammrücken (Eisenleiter und Drahtseil an einer Stelle) zum Gipfel (1745 m); $3^1/_2$ Std. – Abstieg über Markg Nr. 814 in zuerst zeitaufwendiger Querung bis Gartenzinken (1557 m) und dann teilweise steiler Abstieg über Walkerskogel (1243 m) direkt zum AP.

Dreiseenwanderung auf den Schafberg

Obwohl die reizvolle altehrwürdige Zahnradbahn mühelos diesen herrlichen Aussichtspunkt über das halbe Salzkammergut erschließt, sollte der zünftige Bergwanderer doch die Aufstiegsstrapazen auf sich nehmen: er wird durch überraschend schöne landschaftliche Eindrücke belohnt werden! Die „knieschonende" Talfahrt mit der Bahn läßt die Tour dann dennoch angenehm ausklingen.

Ausgangspunkt ist der Parkplatz direkt neben der Talsation der „Schafbergbahn" in St. Wolfgang: Ein Schild weist uns zum „Münnichsee" (auch „Mönichsee" genannt), unserem ersten Ziel. Vorerst geht es auf einem Asphaltwegerl aufwärts, das bald in ein Schotterstraßerl mündet. Links unten rauschen kleine Wasserfälle; Bergwiesen wechseln mit Wald und vor uns erheben sich die Gratflanken und steilen Grünflächen des weitläufigen Schafberggipfelaufbaues. Ein Bacherl wird überquert, und es gibt einen ersten Blick auf den Wolfgangsee. Nach gut Fünfviertelstunden verlassen wir den Forstweg, und auf angenehmem Waldpfad geht es in Serpentinen aufwärts. Holzstaffeln erleichtern das Begehen einiger Steilstücke; alte Brückenreste zeigen, daß wir uns auf einem seinerzeit wichtigen Zugangsweg zu den Almen und Waldhochlagen befinden. Wir kommen an den Fundamentresten einer alten Holztransportseilbahn vorbei, und dann, nach etwa zweieinhalb Stunden gemütlichen Aufstieges, haben wir unser erstes Ziel, den waldumschlossenen Mönichsee, erreicht.

Auf 1300 Meter Seehöhe liegt das stille Bergwasser, in dem sich der Felszahn des Törlspitzes spiegelt. Es ist ein wunderbar ruhiger Platz, den man gar nicht so schnell verlassen möchte. Hübsch ist der Weiterweg am oberen Rand des Sees. Vom gut angelegten Steig unterhalb der Felswände des Törlspitzes schauen wir über die dunklen Wasser des Sees hinweg zur Vormaueralm, zu der ebenfalls ein Wanderweg von St. Wolfgang heraufführt. – *Mondviole, Trollblumen* und *Schwalbenwurz* gedeihen längs des Pfades, der nach Querung einer kurzen Schutthalde zu einer kleinen Scharte hinaufführt.

Von diesem romantischen Platz schauen wir hinunter auf den nächsten

Blick vom Schafberg zum Mondsee (Foto Senft)

See, den „Mittersee", direkt zu unseren Füßen, der in ein kleines Felskar unterhalb der wilden Felszähne der „Spinnerin" eingebettet liegt. In wenigen Serpentinen steigen wir zu diesem landschaftlichen Kleinod ab. Wir sind nun aber auch auf die Nordseite hinübergequert und haben plötzlich einen weiten Blick auf die fruchtbaren Ebenen des Attergaues. Kaum steigend geht es ein Stück im reizvollen Alm- und Waldgelände weiter.

Oberhalb von uns – nun sozusagen auf der Rückseite – steht das Gipfelkreuz des Schafbergs am Rand lotrechter Wandabstürze, und unterhalb unseres Weiterweges erstrecken sich die ausgedehnten Flächen der Eisenaueralm.

Der dritte landschaftliche Höhepunkt, der kleine „Suissensee", liegt bald nach dem Mittersee eingebettet in einem Felsenzirkus; auf drei Seiten umschließen die Felsfluchten von Schafberg und Spinnerin den kleinen Bergsee.

Direkt an unserem Pfad ist eine kleine Unterstandshütte errichtet, und hier beginnt auch der Felsensteig hinauf zum Schafberggipfel, zur „Himmelspforte", wie der enge kaminartige „Ausstiegsschluff" zum Schafbergplateau heißt. „Nur für Geübte" lesen wir auf einer Tafel, und diesen Hinweis müssen wir auch beachten, wenngleich es sich beim Weiterweg nur um einige kurze abschüssige Stellen handelt, die außerdem mit Drahtseilen gut versichert sind.

Zuerst begehen wir die Gratumrahmung des Suissenseeleins, und dann führt unser Pfad unterhalb der Schafbergwände an eine Kante hinaus. Ständig genießen wir nun einen Prachtblick auf den Mondsee und auch hinüber zum Attersee. – *Gelbblühendes Veilchen, Bärlauch, Narzissenblütige Anemone, Raute* und *Felsenbaldrian* stehen längs des Wegleins, das sich nun über harmlose Felsstufen langsam auf die Nordwestseite hinüberwendet. Es folgen einige Versicherungen, und in einer grasigen Felsrinne geht es auf gutem Steig ohne weitere Probleme aufwärts. (Beachten sollte man allerdings die hier in manchen Jahren gefährlichen Schneefelder, die mit Sicherheit erst ab Mitte Juli abgeschmolzen sind.) Im Schatten gedeiht der zartweißblühende *Schneehahnenfuß* in Mengen, und unser Blick weitet sich zum Fuschlsee und zum Irrsee. Schließlich folgen noch ein paar bestens versicherte Felsstufen, und schon durchschreiten wir den Felsdurchschlupf der „Himmelspforte", die mit einem Holzbogen überspannt wurde, um sozusagen die prächtige Aussicht des Schafberggipfelplateaus optisch besser zugänglich zu machen.

Viereinhalb Stunden haben wir bis auf 1782 Meter benötigt. Nach der anderen Seite reicht unser Blick über den Wolfgangsee hinweg auf das Gipfelmeer der Nördlichen Kalkalpen, aus denen Dachstein, Tennengebirge und Hochkönig besonders markant herausragen.

Die Mondviole duftet vor allem in der Nacht

Besonders nach Einbruch der Dunkelheit duftet die Mond- oder Nachtviole stark nach Veilchen. Mit ihren blaßlila bis violetten Blüten gehört diese Gattung zu den Kreuzblütlern und erfreut uns Wanderer besonders in den Schluchtwäldern der tieferen Gebirgslagen.

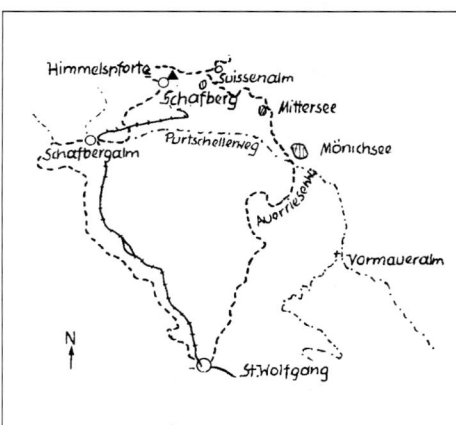

Kurzinformation:
Längere Bergwanderung für „Geübte"; 4½ Std. Aufstieg; Rückweg mit „Schafbergbahn"; 1230 HM; Freytag & Berndt WK 282
AP: Parkplatz bei Talstation Schafbergbahn in St. Wolfgang
Am besten beim Parkplatz nach Aufstiegsweg zum „Mönichsee" fragen; am oberen Ortsrand Markierung und Hinweisschild. Durch Wald, zum Schluß über den „Auerriesenweg", zum Mönichsee (1300 m). Markierungsweg Nr. 17 weiter über Mittersee und Suissensee bis zu Unterstandshütte. Ab hier „nur für Geübte" an die Nordwestseite und über „harmlose" versicherte Felsstufen durch den kleinen Felsdurchschlupf der „Himmelspforte" zum Gipfelplateau (1782 m).

Zum Falkenstein

Geheimnisvolle alte Steinkulte am Wolfgangsee

Oberhalb des Wolfgangsees, dort, wo der heilige Wolfgang seine Axt hinuntergeschleudert hatte, um eine erste Kirche im Heidenland zu bauen, steht heute das Falkensteinkircherl. Es wurde an eine glatte Felswand mit einer dahinter befindlichen Höhle direkt angebaut. Man wundert sich, daß das Kircherl nicht oben am höchsten Punkt des Falkensteins errichtet wurde, von wo man einen Prachtblick über den ganzen Wolfgangsee und seine umliegenden Berge genießt. In der erwähnten Höhle befindet sich aber eine sogenannte Durchkriech- oder Schliefstelle, wo man im oder gegen den Uhrzeigersinn um einen natürlichen Felspfeiler kriechen kann. Offensichtlich eine uralte Kultstelle, die man im Zuge der Christianisierung geschickt in einen Kirchenbau einbezog.

Auch heute üben die Wallfahrer dort diesen Brauch und hoffen, schwere Sünden, vor allem aber auch Krankheiten, beim Durchzwängen durch den Spalt loszuwerden. Menschen aber, die Todsünden begangen haben, bleiben laut Überlieferung im Spalt stecken... (Schon in den praktischen und geistlichen Lebensanweisungen für die alten Indoarier, den Veden, wird ein Durchzwängen zwischen bestimmten Steinen als unheilbannend bezeichnet.)

Etwa 15 Gehminuten vom Falkensteinkircherl entfernt finden sich in einem kapellenähnlichen Häuschen die sogenannten „Wunschsteine": Auf einem vom vielen Drehen schon glattgeschliffenen Felsbrocken liegt ein etwas kleinerer, aber immerhin auch etwa 15 kg schwerer Stein, den eine nicht allzu kräftige Person gerade noch drehen kann. Gelingt es, dann werden die dabei gedachten Wünsche erfüllt. Die beiden Steinflächen sind vom jahrtausendelangen Gebrauch schon völlig glattgewetzt.

In der Nähe des Kraftwerkes Kaprun, am Moserboden, stand ein gespaltener Felsblock, zu dem nicht nur die Pinzgauer, sondern Menschen von weither kamen, um beim Durchkriechen ihr Rheuma loszuwerden. Einen anderen ähnlichen Stein im Lande Salzburg ließ um 1790 der Erzbischof sogar sprengen, um das „heidnische Übel" auszurotten.

Wenn heute noch an gewissen Bitt- und Prozessionstagen die Wallfahrer betend den Altar einer Kirche umrunden und dabei einzeln den engen Raum hinter dem Altar und der Mauer durchschreiten, so scheint auch dies mit den obengenannten Phänomenen zu tun zu haben.

Zum Falkenstein werden heute aber auch noch Steine zur Gnadenstätte des heiligen Wolfgang von frommen Pilgern hinaufgetragen. Am Fuß des Berges werden die Steine aufgelesen und dann hinauf bis zur Kreuzkapelle getragen. Dort entledigen sich die Pilger wieder der Steine. So kann man dann auch dort an mehreren Stellen Steinhaufen sehen. Vor der Kapelle wurde mit den Steinen ein ca. sechs Meter langer „Bußsteinwall" errichtet.

Am raschesten erreicht man das Falkensteinkircherl von St. Gilgen aus, wo man nach einigen Kilometern zur Ortschaft Winkl gelangt und dann nochmals zwei Kilometer durch Wald an den schmalen Ufersaum des Wolfgangsees heranfährt. Fürberg heißt dieser Bereich, und dort leitet ein markierter Wanderweg direkt hinauf zum Falkenstein. Dieser schön angelegte und mit einem guten Schotterbelag versehene, aber steile Weg ist gleichzeitig ein alter Wallfahrerweg hinauf zur Kirche am Falkenstein und als „Kreuzweg" eingerichtet.

Sehr steil führt der Weg aufwärts, und wenn man nach guten 20 Minuten den Beginn des flachen Geländeeinschnittes erreicht, an dem sich etwas oberhalb auch das Wallfahrtskircherl an eine Felswand schmiegt, so steht dort eine Kapelle. Parallel zum Weg, gegenüber der Kapelle, liegt ein etwa sechs Meter langer und eineinhalb Meter hoher Haufen aus lose übereinander gelegten Steinen. Jeder Wallfahrer trägt, und das geschieht bis auf den heutigen Tag, einen kopfgroßen Stein bzw. Felsbrocken herauf. Unten, am Beginn des Weges, finden sich im Wald unzählige solcher Kalkschuttbrocken (vielleicht herabgeschwemmt oder von einem alten Felssturz stammend), und die Wallfahrer tragen diesen echten „Bußstein" wohl zur „Verringerung der Sündenlast" den schweißtreibenden Weg aufwärts und legen ihn zu den anderen Steinen.

Ähnliche Steindenkmäler können wir aber auch an vielen anderen Plätzen in den Alpenländern treffen; meist werden hier Orte gekennzeichnet, wo ein Mensch gewaltsam aus dem Leben geschieden war.

Kurzinformation:
Kurze Bergwanderung; 2 Std.; 160 HM; Freytag & Berndt WK 282
AP: Fürberg bei St. Gilgen
Von Fürberg führt der markierte alte Wallfahrerweg in knapper halber Std. hinauf zum „Wolfgangkircherl" und in weiteren 15 Minuten zur „Wunschsteinkapelle".

Auf den Kleinen Sonnstein und Wanderung zu den Langbathseen

Beide Wanderungen im Gebiet des Traunsees sind von landschaftlich besonderem Reiz und können nacheinander, vormittags und nachmittags, unternommen werden.

Der Kleine Sonnstein bietet einen außerordentlich prachtvollen Blick über den Traunsee: Traunkirchen mit dem Johannisberg, die interessante Kirche mit den vielen Turmvorsprüngen und der altertümlichen Dachlandschaft liegen 500 Meter tiefer, direkt zu unseren Füßen. Über den See hinweg beherrscht der Traunstein die großartige Szenerie. Draußen am Nordende breitet sich Gmunden aus, und nach der anderen Seite liegt das geschäftige Ebensee an der Traunmündung.

Einen Kilometer südlich von Traunkirchen befindet sich an der Bundesstraße ein kleiner Parkplatz und ein großes Hinweisschild „Sonnstein – Sonnsteinhütte – $1\frac{1}{4}$ Std. Aufstieg": Einige Stufen lassen die steile Uferstraßenbegrenzung leicht überwinden, und sodann leitet uns ein bestens angelegter Steig hinauf. Zuerst geht es durch Wiesen- und Waldgelände mäßig aufwärts, vorbei an einigen Häusern. Ein Bacherl, das sich bald durch eine kleine Schlucht mit einem reizvollen „Miniwasserfall" zwängt, plätschert neben uns. Wir erkennen Reste einer alten Holzriese, und dann geht es im Hochwald weiter aufwärts. Immer dann, wenn das Gelände etwas steiler wird, ist der Pfad durch Holzstaffeln gesichert und dadurch sehr leicht begehbar gemacht. Ein Graben wird gequert, und ober uns türmen sich schon die Felsabbrüche unseres Zieles. Wir gelangen auf den Sattel zwischen Kleinem und Großem Sonnstein, wenden uns über harmlose Schrofenstufen nach links aufwärts und erreichen bald den kleinen Grat, in dem wie ein Schwalbennest die Sonnsteinhütte verankert ist. Wenige Meter sind es zum Gipfelkreuz auf 923 Meter Seehöhe.

Vom Sattel aus kann man auch zum Großen Sonnstein, der 100 Meter höher ist, ohne Probleme in einer $\frac{3}{4}$ Stunde hinaufsteigen: Man quert den

Oben: Traunkirchen vom Kleinen Sonnstein
Unten: Traunkirchen mit Traunstein (Fotos Senft)

Hochwald, übersteigt mittels einer Leiter einen Wildzaun und überwindet mit Drahtseilen den letzten Aufschwung zum Gipfel, der einen Tiefblick auf Ebensee bietet und auch von dort her direkt erstiegen werden kann.

Nun steht noch ein langer Nachmittag zur Verfügung, und den sollte man zu einem Besuch der Langbathseen unbedingt nützen: Wir folgen in Ebensee den Hinweistafeln, fahren an der Talstation der Feuerkogelbahn vorbei und nun durch ein stilles Waldtal, den Langbathbach entlang, die acht Kilometer hinein bis zum Vorderen Langbathsee, der auf 664 Meter Seehöhe zwischen den Kalkwänden des Höllengebirges und den westseitigen Randbergen des Traunsees in Wälder eingebettet liegt.

Eine beschauliche zweistündige Rundwanderung soll uns zum Hinteren Langbathsee und vom anderen Ufer wieder zum Parkplatz mit dem dort etablierten „Sporthotel" führen.

Der Herbst mit seinem Farbenrausch oder das Frühjahr mit dem zarten Grün der im Mai erwachenden Buchenwälder sind wohl die besten Jahreszeiten für diese Tour, was im übrigen auch für die Sonnsteinwanderung gilt, da man nur zu diesen Jahreszeiten dem übermäßigen Andrang der Wanderlustigen ausweichen kann. Im Sommer gibt es allerdings am Vorderen Langbathsee viele stille Badeplätze.

Der zweistündige Spaziergang kann auch mit Halbschuhen unternommen werden, denn die beschilderten Forstwege sind bestens angelegt. Man kommt am ehemaligen Jagdschloß vorbei, überquert den Kläuselgraben und hat das Gefühl, in einer großen Parklandschaft unterwegs zu sein.

Prachtvoll, an drei Seiten von Felsbergen eingeschlossen, liegt der Hintere Langbathsee auf 753 Metern verträumt da und lädt zum längeren Verweilen ein. An seinem hinteren Ende führt der „Schafluckensteig" (nur für Geübte!) hinauf zum Hochleckenhaus, und in einer Rundtour über die Großalm kann man zu beiden Seen zurückkehren.

Kurzinformation:
Kurze Bergwanderung; $2^1/_2$ Std.; 450 HM; KW Nr. 18
AP: Parkplatz, 1 km südlich von Traunkirchen
Wir folgen direkt vom Parkplatz weg dem Hinweisschild „Sonnstein" auf markiertem Pfad über Wiesen und dann durch Wald aufwärts in Einsattelung zwischen Gr. und Kl. Sonnstein und wenden uns dort über Felsschrofen links zur Sonnsteinhütte (von Mai bis Sept. bewirtschaftet) und zum Gipfelkreuz (923 m).

Zum Großen Höllkogel und Alberfeldkogel im Höllengebirge

Zwischen Attersee und Traunsee schieben sich die Felsriegel und Hochflächen des Höllengebirges, das an seinem Ost- und Westende mit dem Feuerkogelhaus und Hochleckenhaus Nächtigungsstützpunkte besitzt. Als Tagesausflug empfiehlt sich aber vor allem ein Besuch des Großen Höllkogels, da wir uns mit der „Feuerkogelseilbahn" den Anstieg auf das Plateau des Höllengebirges – es sind immerhin rund 1100 Höhenmeter – ersparen können. (Ab 8.30 Uhr verkehrt die Seilbahn alle halben Stunden.)

Mit 1862 Meter ist der Große Höllriegel der höchste Punkt des Höllengebirges; er ist es aber auch aus landschaftlichen Gründen wert, bestiegen zu werden: Wir folgen zuerst der Markierung auf einem regelrechten Promenadenweg zwischen den Gasthöfen, die sich rund um die Bergstation angesiedelt haben. Über Almwiesenfleckerln und an Latschengruppen vorbei, wandern wir vorerst eben dahin und folgen dabei der Beschilderung „Riederhütte".

Prachtvoll ist im Hochsommer die Bergflora mit *Almrausch, Teufelskralle, Felsenbaldrian, Wundklee, Hornschotenklee, Berganemone, Trollblume, Alpendost, Storchschnabel, Sonnenröschen, Narzissenblütige Anemone, Kreuzblume* und *Kugelblume*, um nur die wichtigsten aufzuzählen.

Schließlich leitet uns ein Hinweisschild „Höllkogel; Weg Nr. 833" in eine weite Dolinenmulde hinunter. Zwischen Latschen geht es mäßig abwärts, und hier blühen *Alpenschafgarbe, Nordisches Labkraut, Bachnelkenwurz, Alpenmilchlattich, Gelber Eisenhut, Bergflockenblume, Gelbes Veilchen, Wilder Thymian, Zwergalpenrose, Alpenleinkraut* und *Schneehahnenfuß*, aber auch das geröllbindende *Täschelkraut* – es ist wie in einem Alpengarten!

Die Reste einer ehemaligen Skilifttalstation lassen wir linkerhand liegen und steigen nun – vorbei an der Abzweigung zum Alberfeldkogel, den wir am Rückweg besteigen wollen – auf hübschem Pfad zwischen Felsbänken und Wandln aufwärts. An einer etwas abschüssigen Stelle gibt es eine kurze Versicherung, und dann geht es im interessanten „Grünkarstgebiet" weiter. Von einer kleinen Einsattelung, die etwa 1700 Meter hoch liegt, sehen wir nun den Großen Höllkogel mit seinem Gipfelkreuz schon nahe vor uns; im Juli „zieren" noch einige Schneefelder seine Flanken.

Nunmehr geht es in eine weitere, flache Dolinenmulde hinunter, und nach wenigen Metern erreichen wir schon die Abzweigung zur Riederhütte, über die wir dann in Form eines kleinen Rundweges zurückkommen wollen.

Wir halten uns an die direkte Markierung zum Höllkogel und steigen durch ein verkarstetes, felsiges Tälchen in einem interessanten Gelände voller Kalkriefen ab. Bald ist der tiefste Punkt der weiten Felsdoline erreicht, und an den Stellen, wo der Schnee gerade weggeschmolzen ist, erfreuen uns *Großer Enzian* und *Clusiusprimel* mit ihren blauen und roten Farbtupfen.

Vorbei an den Abzweigungen zur Spitzalm und später zur Riederhütte geht es nun in angenehmen Kehren hinauf auf den Höllkogel, dessen metallenes Gipfelkreuz in 1862 Meter wir nach zweieinhalb Stunden vom Feuerkogel aus erreichen. Der Dachstein grüßt ganz nah herüber, und wir genießen den umfangreichen Rundblick über die weiten Kuppen des Höllengebirges. – Bei unserem letzten Besuch im Jahre 1993 hatten wir außerdem das Glück, auf einem nahen Schneefeld über eine Stunde lang das ausgelassene Treiben eines ganzen Gemsenrudels, dessen Jungtiere im Schnee aus Vergnügen herunterrutschten, zu beobachten.

Beim Rückweg lohnt es sich jedenfalls, der nahen Riederhütte einen Besuch abzustatten, auch wenn sie nur an den Wochenenden geöffnet ist: Wir steigen dazu vom Höllkogel ein kurzes Stück ab und queren, der Markierung folgend, sodann zur Hütte über bemerkenswerte Gletscherschliffplatten hinauf. 1765 Meter liegt die erst 1976 erbaute Hütte der AV-Sektion Ried hoch.

Fast eben gehen wir nun über einen felsigen Kammrücken direkt zur Abzweigung zurück, die wir beim Aufstieg zum Höllkogel rechterhand liegen ließen, und stoßen dort auf den uns schon bekannten Pfad. Ihm folgen wir zurück bis zur beschilderten Abzweigung auf den Alberfeldkogel, den wir von hier gemütlich in einer Dreiviertelstunde ersteigen können.

Ein guter Steig führt uns zwischen Rasenflecken und Latschengassen aufwärts und an den Nordrand der Höllengebirgsabstürze heran. Es gibt einen großartigen Blick auf die Felswände und gleich darauf auch hinunter zum Vorderen Langbathsee. Am Rand der Abgründe führt der Pfad nun äußerst „szenisch" an die Felstürmchen und -nadeln der Nordwände heran.

Schließlich biegt das Steiglein durch flaches Latschengelände in weitem Bogen hinüber zum hölzernen Gipfelkreuz des 1707 Meter hohen Alberfeldkogels. Eine massive Mauer schützt die Besucher am Gipfel vor den lotrechten Abstürzen hinunter ins Langbathtal. Besonders eindrucksvoll ist der Blick auf den oberen Teil des gegenüberliegenden Traunsteins und auf Gmunden.

Ein breit angelegter, bequemer Weg hinunter zu den Gaststätten und zur Bergstation der Feuerkogelseilbahn bringt uns schließlich zurück zum Ausgangspunkt, sodaß wir etwa sechs Stunden an reiner Gehzeit unterwegs waren.

Das Rundblättrige Täschelkraut gedeiht im Felsschutt

Zauberhaft wirken die zartrosa Blütendolden, die dem Felsschutt direkt anliegen und ihm regelrecht entspringen zu scheinen. Das Täschelkraut gedeiht unter extremsten Bedingungen und kann sich vor allem dadurch behaupten, daß es Ausläufer treibt, die sich wieder bewurzeln können. So kann die Pflanze auch dann überleben, wenn Teile durch die Gesteinsbewegungen auf den Geröllhalden abgerissen oder gänzlich verschüttet werden.

„Täschelkraut" heißt diese zu den Kreuzblütlern gehörige Gattung wegen der in hautigen, flachen „Taschen" ausreifenden Samen.

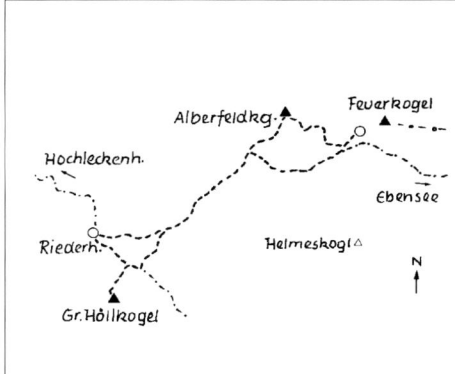

Kurzinformation:
Mittlere Bergwanderung; 6 Std.; 530 HM; Freytag & Berndt WK 282
AP: Bergstation der Feuerkogelseilbahn
Schon von der Bergstation weg Beschilderung in Richtung „Riederhütte" und „Gr. Höllkogel". – Kurzer Abstieg durch „Edeltal-Doline". Abzweigung auf Alberfeldkogel bleibt rechterhand. Dann Weiterweg Nr. 833. Nach Erreichen einer kl. Einsattelung kürzerer Abstieg in weite Felsdoline und Aufstieg zum Gr. Höllkogel (1862 m). Rückweg über mark. Pfad zur Riederhütte (1765 m; nur an Wochenenden bewirtsch.) und zurück bis Abzweigung Alberfeldkogel. Aufstieg längs Weg 835 zum Gipfel (1707 m) und direkter bequemer Abstieg zur Bergstation.

Erlakogel

Die schlafende Griechin vom Traunsee

Von Gmunden her sehen die Umrisse der Gipfelregion des Erlakogels – über den Traunsee hinweg – wie eine „schlafende Griechin" aus. Ausgangspunkt für unsere fünf- bis sechsstündige Wanderung ist der Ortsteil Rindbach bei Ebensee, wo wir die Hinweistafel „Erlakogel 3½ Std." finden. An einigen Villen und Gletscherschliffelsen vorbei, führt uns der Weg gleich in den Wald hinein und, zuerst in engen Serpentinen, später in angenehmen Kehren, zügig hinauf. Romantisch geht es längs einer Felswand aufwärts, und nach Erreichen einer ersten Geländestufe führt der Weg im lockeren Wald etwas flacher dahin. Am Rand einer Jungkultur steigen wir weiter auf, und es gibt einen ersten Blick zurück auf Ebensee. Ein großer Holzschlag wird gequert, kleine waldumschlossene Wiesen folgen, und ein Forstweg wird ein kurzes Stück begangen.

Bei einem Bründl am Rand der „Spitzlsteinalm" geht es nun über die Almwiesen hinauf zur neuen Almhütte. (1993 wurden Schottische Hochlandrinder, mit ihrem gedrungenen Körperbau, den „Stirnfransen" und den langen Hörnern, aufgetrieben und belebten die Alm fast auf „exotische" Weise.)

Oberhalb der Alm gelangen wir auf eine breite Einsattelung und steigen nun im lockeren Almwald, einen Forstweg mehrmals kreuzend, weiter hinauf. Der Waldboden wird bald auffallend steinig, und schließlich schlängelt sich unser Pfad auf einem locker bewaldeten Kammrücken aufwärts. Es folgt ein anregendes Schrofengelände, das weiter oben von einem Waldschlag abgelöst wird.

Uns grüßt nun schon das Kreuz vom Gipfelfelsen herab. Das letzte Wegstück führt uns durch lockeren Almwald in mäßiger Steigung an den Gipfelaufbau heran. Viel *Mandelblättrige Wolfsmilch* gedeiht neben dem Pfad, der linkerhand von einer interessanten Felskluft begleitet wird, die bis in den Spätsommer schneegefüllt ist. Über einige Schrofenstufen erreichen wir schließlich den unschwierig zu besteigenden Gipfelblock mit dem schön gearbeiteten, großen Kreuz, auf dem wir lesen können „Pfarre Puchheim – 1987".

1575 Meter sind wir hoch und genießen einen faszinierenden Blick auf den Traunsee mit der Traunmündung bei Ebensee, hinüber zu Höllengebirge, Dachstein und auf unzählige Gipfel des Toten Gebirges, an klaren Herbsttagen sogar bis zum Großglockner; nördlich direkt gegenüber baut sich großartig der Traunstein auf.

Nur die Ziegen fressen die giftige Wolfsmilch

„Zypressenwolfsmilch" und „Mandelblättrige Wolfsmilch" heißen die beiden Arten mit ihren orange bzw. gelb gefärbten Blüten und den Blättern, die sich im Herbst oft rot färben. Auf trockenen Standorten sind sie besonders auf unseren Kalkbergen hübsche „Wegbegleiter".

Der Name kommt daher, weil aus allen Teilen der Pflanze bei Verletzungen ein weißer Saft quillt, der allerdings ziemlich giftig ist. So wurde der Saft schon im Altertum als Fischgift verwendet; afrikanische Naturvölker bereiten daraus Pfeilgifte. Die Rinder meiden das Gewächs, nur die Ziegen vertragen offensichtlich nicht nur die Wolfsmilch, sondern sogar Tollkirschenblätter.

Der lateinische Name „Euphorbia" leitet sich vom Leibarzt „Euphorbos" des Königs Juba von Numidien ab, der die Heilwirkung der Pflanze in ganz niedriger Konzentration entdeckt haben soll.

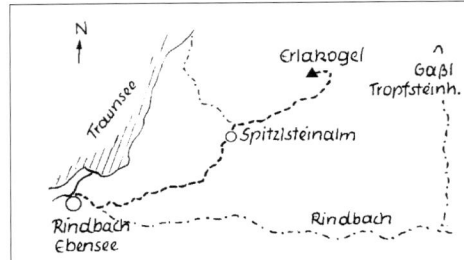

Kurzinformation:
Mittlere Bergwanderung; 6 Std.; 1120 HM;
Freytag & Berndt WK 282
AP: Jugendherberge im Ortsteil Rindbach von Ebensee
Der Markg. 421 folgend, durch Wald hinauf bis zur Spitzlsteinalm (ca. 1100 m). Oberhalb der Alm rechterhand durch Bergwald und über leicht schrofiges Gelände bis zum unschwierig zu besteigenden Gipfelfelsen (1575 m).

Auf den Traunstein

Prachtvolle Bergtour hoch über dem Traunsee

Wenn man sich den alles beherrschenden Traunstein vom Westufer des Traunsees oder von Gmunden her ansieht, dann glaubt man nicht, daß dieser gewaltige Felsberg ohne extreme Kletterfertigkeiten bestiegen werden kann. Aber dennoch, es führen neben den Kletterdurchstiegen auch verhältnismäßig leicht zu bewältigende Routen auf den Gipfel: Allerdings muß man geübt und schwindelfrei sein, der Fels muß trocken und das Wetter absolut stabil sein. Vielzuviele Bergsteiger sind bedauerlicherweise dem Traunstein schon zum Opfer gefallen!

Wir empfehlen für den Aufstieg den „Hernlersteig" und für den Abstieg den Weg zur „Mairalm". – Von Gmunden fahren wir vorerst noch an die acht Kilometer am Ostufer entlang, vorbei am „Hois'n Wirt", bis zum Parkplatz am Beginn des Hernlersteiges. Direkt an der Straße finden wir die Markierung und das Hinweisschild „Hans Hernlersteig/gesicherter Felsenweg/Gmundnerhütte am Fahnenkogel/nur für Schwindelfreie/3 Stunden". Die Bezeichnung „Felsenweg" zeigt richtigerweise an, daß es sich um keinen „Klettersteig" mit überwiegend lotrechten Stellen und knappen Tritten handelt, sondern daß die Steiganlage durch felsiges Gelände, durch Rinnen, vorbei an Steilhängen und über Felswandln führt. Der gesamte Weg ist hervorragend und durchgehend mit Drahtseilen und einigen Leitern gesichert und dem Gelände ideal angepaßt.

Vorerst geht es in mäßigen Serpentinen, später steil, im Hochwald aufwärts; die sogenannte „Kaltenbachwildnis" wird linkerhand liegen gelassen, einzelne Eiben erwecken unsere Aufmerksamkeit, und oberhalb türmen sich die ersten Felsnadeln und -pfeiler auf. Nun beginnen die Versicherungen, die uns problemlos an allen „Abgründen" vorbeiführen. Man ist froh, zwischendurch auch einmal ein ebenes Wegstück zu haben, denn es geht insgesamt sehr zügig hinauf. Im „Muarlwald" bestaunen wir mächtige, alte Fichten, und bald darauf genießen wir auch die Aussicht hinüber zum Dachstein mit seinen gleißenden Gletschern und zwischendurch immer wieder hinunter auf den Traunsee zu unseren Füßen.

Unser Steig führt durch Felseinschnitte und über Schartln, in denen es oft kleine, rasige „Aussichtskanzeln" und Rastplätzchen gibt. Neben der teilweise begrünten Schuttrinne des „Brandgrabens" geht es aufwärts, die hier schräg aufgestellten Felsschichtungen werden durch die Versicherungen gut gangbar gemacht, und es ist erstaunlich, wie schnell wir an Höhe gewinnen, was sich auch in entsprechendem Schnaufen bemerkbar macht.

Schließlich, nach knapp zwei Stunden, ist eine markante Schulter erreicht, und wir blicken weit ins bäuerlich geprägte Flachland nach Norden und Osten hinaus. Eine Tafel verheißt uns bereits die Nähe des Gipfels: „10 Minuten zur Gmundnerhütte", die wir über einige leichte Felsstufen auch tatsächlich bald erreichen. Ehe wir uns „laben", wollen wir aber doch noch die gute Viertelstunde über das weite Gipfelplateau zum höchsten Punkt am Rand einer mächtigen Doline hinaufgehen.

Auf 1691 Meter steht das riesige, aus Metallplatten zusammengefügte Gipfelkreuz, das die „Heimkehrer Oberösterreichs" im Jahre 1950 „Den Toten beider Weltkriege" als Mahnmal gegen den Wahnsinn des Krieges errichtet haben. Der umfassende Blick geht von hier nach Norden bis zum Böhmerwald, nach Süden hinüber zum Dachstein und in die Tauern sowie zum eindrucksvollen, nahen Toten Gebirge; gewaltig ist der Tiefblick hinunter auf Traunkirchen und viele interessante Einzelheiten des Traunsees.

Die „Gmundnerhütte" des Alpenvereins liegt ebenfalls in bester Aussichtslage, etwa 30 Meter tiefer als der Hauptgipfel. (1992 konnte kein Pächter gefunden werden, so daß Mitglieder der Sektion Gmunden freiwillig Dienst machten und daher auch nur Getränke und kleine Imbisse anbieten konnten.)

Zum Abstieg wählen wir am besten den sogenannten „Lainsteig" zur „Mairalm", der notwendigerweise nur im oberen Teil versichert ist. Wie aber mehrere Erinnerungstafeln an Abgestürzte zeigen, ist auch dieser Weg keinesfalls zu unterschätzen, denn man muß voll konzentriert seine Schritte setzen; ein Ausgleiten kann im Schrofengelände tödliche Folgen haben. Manche wählen daher gar nicht zu unrecht auch für den Rückweg lieber den „Hernlersteig", wo man immer ein Seil zum Anhalten hat.

Der allererste Teil des Abstieges verläuft von der Gmundnerhütte über das wellige Traunsteinplateau mäßig abwärts zu einer kleinen, waldbestandenen Einsattelung, von wo es in wenigen Minuten hinauf zur „Traunsteinhütte" der Naturfreunde geht (1581 m); Mitte September 1992 war sie wochentags mit Ausnahme eines Biwakraumes geschlossen.

Am Sattel beginnt nun auch das im oberen Teil versicherte Abstiegswegerl durch das steile Schrofengelände der Südseite des Traunsteins. Der Blick schweift in wilde Wandabstürze, aber das Steigerl wird sehr geschickt an allen echten Schwierigkeiten vorbeigeführt.

Eine kleine Quelle am Weg ist mit „Am Bründl" bezeichnet. Weiter geht es in unzähligen Kehren abwärts. Schließlich nimmt uns steiler, lockerer Bergwald auf, und man sieht schon auf die flach angelegte Forststraße im Lainaugraben hinunter. Dann ist auch endlich der Talboden erreicht, und hier steht auch der „Kaisertisch", von wo es zehn Minuten zur Mairalm ist (deren Gastbetrieb allerdings 1992 gesperrt war).

Wir wenden uns auf der Lainauforststraße talauswärts und sehen nach einer guten halben Stunde überraschend auf den klaren Spiegel des Traunsees hinunter, ehe wir durch einige Tunnel oberhalb des Seeufers, nun schon wieder in nördlicher Richtung, der Forststraße weiter zu unserem Ausgangspunkt folgen. Prachtvoll ist dieser Wegabschnitt: Heller Kalkfels, blaues Wasser und die aus dem Fels herausgesprengte Straßentrasse vermitteln Landschaftseindrücke wie an der „Corniche".

Parallel zur Straße gibt es auch einen versicherten Felsweg, die sogenannte „Lainaustiege" und den anschließenden „Miesweg", direkt oberhalb der Wasserfläche, eine ganz romantische Wegvariante!

Wir folgen unserer Straße weiter und kommen an der zweiten Aufstiegsmöglichkeit auf den Traunstein (wenn man von den reinen Kletterführen absieht) vorbei: Der „Naturfreundesteig" ist ein gesicherter „Klettersteig", ähnlich den Dolomitenklettersteigen, im Schwierigkeitsgrad 1–2 und kann nur wirklich Geübten empfohlen werden.

Ehe wir unseren Parkplatz erreichen, beeindruckt uns noch der große Mahnstein „Den Traunsteinopfern zum Gedenken", an dem ein metallenes „Ehrenbuch" mehr als 100 Verunglückte seit der Jahrhundertwende ausweist. Ein derart auffallender und wuchtiger Berg wird eben immer eine Herausforderung für den Menschen sein!

Dreieinhalb Stunden müssen wir für den gesamten Abstieg einplanen.

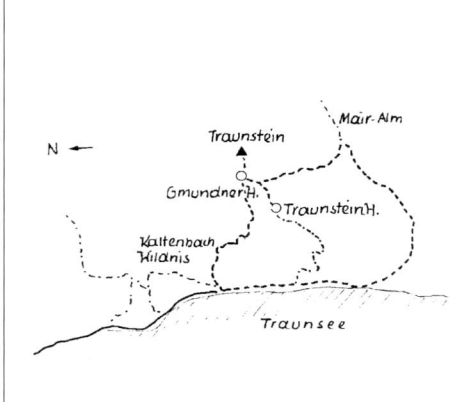

Kurzinformation:
Anspruchsvolle Bergtour; nur für Geübte und Schwindelfreie; nur bei trockenen Verhältnissen; $6^1/_2$ Std.; KW Nr. 18
AP: Traunsee-Ostufer; Parkplatz nach „Hois'n Wirt"
Direkt an der Straße findet sich Markg. Nr. 416 und Hinweis „Hernlersteig – gesicherter Felsenweg". Zuerst steil in Serpentinen durch Wald aufwärts und sodann durchgehend voll versichert mit Drahtseilen und Leitern, wobei nirgends lotrechte Stellen. – Gipfelkreuz auf 1691 m. 30 m unterhalb des Gipfels Gmundnerhütte (von Juni bis Sept. bewirtschaftet). – Abstieg über markierten Lainausteig zur Mairalm (unterhalb vorbei an Traunsteinhütte): Steig ist notwendigerweise nur im oberen Teil versichert, da aber durch steiles Schrofengelände; auch hier Vorsicht und Trittsicherheit unerläßlich! – Schließlich über Lainau Forststraße (Tunnel) zurück zum AP.

„Hoch vom Dachstein an..."

Das Dachsteingebirge ist ein in sich abgeschlossener Kalkgebirgsstock, dessen außerordentliche Harmonie und Schönheit durch das Wechselspiel zwischen runden Felskuppen, weiten Gletscherflächen und lotrechten Wänden sowie kühnen Felstürmen gegeben ist. Nicht von ungefähr beginnt die steirische Landeshymne mit den Worten: „Hoch vom Dachstein an..."

Nach Süden zu ist dem Gebirge die reizende „alpine Parklandschaft" der Ramsau vorgelagert. Im Norden ist es der landschaftlich einmalig gelegene Hallstättersee, der den Rahmen abgibt. Im Westen grenzen die idyllischen Gosauseen und der zerrissene Gosaukamm an den Dachstein, und im Osten schließlich läuft er in die geheimnisvolle Hochfläche „Auf dem Stein" aus.

Rund die Hälfte des Dachsteinmassivs gehört zur Steiermark und je ein Viertel zu Salzburg und Oberösterreich.

Der Talwanderer findet besonders an der Südseite, im Bereich der Ramsau, großartige Ausflugsmöglichkeiten, dem extremen Kletterer gehören die Südwände und einige scharfe Gipfelanstiege. Der Bergwanderer bzw. Bergsteiger aber kann fast alle Gipfel auf einfachen oder mäßig schwierigen Wegen ersteigen und das gesamte Gebiet kreuz und quer durchwandern. Alle Gebiete sind durch Schutzhütten sehr gut erschlossen. Acht Gletscher sind um die Dachsteingipfel gruppiert, wovon nur einer an der Südseite, die sieben andern aber verständlicherweise an der Nordseite liegen.

Vom Krippenstein zum Heilbronnerkreuz

Promenadenweg im Vorfeld des Dachsteins

Ein prachtvoller Aussichtsweg durch eine längst nicht voll verkarstete, sondern immer wieder auch wunderbar „grüne" Hochgebirgslandschaft ist

Oben: Hirzkarsee mit Dachsteinstock
Unten: Am Gipfel des Rotgschirr (Fotos Senft)

der breit angelegte Rundweg mit „Promenadencharakter" von der Bergstation der Krippensteinseilbahn über die Gjaidalm zum Heilbronnerkreuz. Verzichtet man auf die gesamte „Runde" und wählt nur den direkten Weg zum Heilbronnerkreuz und zurück, dann ist der durchgehend flache Weg auch für Personen mit Knieproblemen gut geeignet.

Wer gut bei Fuß ist, sollte sich aber den interessanten Rundweg nicht entgehen lassen: Mühelos sind wir über die zwei Stationen der Kabinenseilbahn nach oben geschwebt und haben dabei einen immer umfassenderen Blick über den Hallstättersee und den gegenüberliegenden Sarstein gewonnen. Bei der Bergstation entschließen wir uns vielleicht zuerst für den Abstieg in Richtung Gjaidalm; man kann aber den Weg genausogut in umgekehrter Richtung wählen und von der Gjaidalm dann mit der Seilbahn zur „Bergstation Krippenstein" hinauffahren, was die Strecke entsprechend abkürzt.

Der Abstieg in Richtung Gjaidalm ist nicht besonders attraktiv, weil er auf der Skipistentrasse verläuft; aber es ist nur ein verhältnismäßig kurzes Stück. Schon vor der Gjaidalm stoßen wir auf unseren Rundweg mit der Bezeichnung 664 und genießen während des Abstieges und Weiterweges ständig die herrliche Aussicht auf den Dachstein mit Hallstätter- und Schladmingergletscher.

Zwischen latschenbestandenen Almrasenflecken und Felsbänken geht es ziemlich eben dahin, und bald kommen wir zur markierten Abzweigung „Guttenberghaus – Lackenmoosalm"; auf der Lackenmoosalm hat man die mehr als 2000 Jahre alten Fundamente von Häusern einer uralten Almbewirtschaftungsperiode in den letzten Jahren freigelegt. Der Pfad dorthin darf aber nur mit großer Zeitreserve und bei bestem Wetter begangen werden.

Unser Weiterweg führt durch Karstfelsentälchen mit gerieften Wänden, die durch niedrige Felsstufen abgelöst werden. Wir bewegen uns hier in einer kleinräumigen Welt für sich. Gelegentlich gibt es sogar Quellaustritte, und prachtvoll ist von Ende Juni bis Anfang September die Bergflora mit *Almrausch, Sonnenröschen, Katzenminze, Läusekraut, Himmelsherold, Zwergalpenrose, Alpendost, Goldpippau, Hornklee, Frauenmantel, Nordischem Labkraut, Scheuchzers Glockenblume, Steinbrecharten, Eisenhut, Rhätischem Enzian* u. v. a.

Bald kommen wir zu einer Abzweigung, die über die Hirzkarseelein zum

Krippenstein zurückführt; hier steht auch eine von mehreren ständig offenen Unterstandshütten. Wir sollten unter allen Umständen einen kurzen Abstecher zu den „Seelein" unternehmen; die zehn Minuten lohnen sich sehr! Reizend liegt der kleine, fast kreisrunde Hirzkarsee in einer begrünten, flachen Doline, ein Platz zum Schauen und Träumen...

Mäßig steigt unser Weiterweg an, und wir kommen nun in der Nähe des „Loskoppen" zur markierten Abzweigung zur Grafenbergalm, die, unterhalb des Kufstein gelegen, viel einfacher vom Ennstal aus erreicht werden kann. Hier haben wir einen schönen Blick hinüber in die Niederen Tauern sowie zum Stoderzinken und zum Hirzberg. Der lange Weg zur Grafenbergalm ist eine eigene Tour für sich und führt durch die interessante, ganz locker mit Lärchen, Fichten und Zirben bestandene Grenzzone zwischen „Auf dem Stein" und Kemetgebirge.

Wir kommen zu einer weiteren Unterstandshütte und sind in zehn Minuten beim schlichten, holzgezimmerten Heilbronnerkreuz, das zum Gedenken an jenes tragische Unglück errichtet wurde, das sich hier am Karfreitag des Jahres 1954 abspielte, als dreizehn Schüler und Lehrer einer Wandergruppe aus Heilbronn im Wettersturz und Schneesturm ihr Leben lassen mußten. Eine Mahnung für alle Bergwanderer, daß die Wettervorhersagen stets sehr ernstgenommen werden müssen und immer eine komplette alpine Ausrüstung im Rucksack ihren Platz finden muß.

Nun haben wir schon mehr als die Hälfte des Rundweges zurückgelegt und wenden uns in nordwestliche Richtung zum Krippenstein zurück: Der weiterhin sehr breite und mit wenigen Steigungen angelegte Weg führt nun durch eine stärker verkarstete Zone, dem „Stein" im wahrsten Sinn des Wortes. In den Dolinen liegen bis in den Herbst hinein Schneereste, und die scharf zerklüfteten Kalksteinplatten reizen natürlich auch die Kinder zum „Herumkraxeln". An der Abzweigung hinunter zum Schönberghaus bei der Rieseneishöhle bzw. der Seilbahn-Mittelstation geht es vorbei, und es gibt auch einen lohnenden Blick hinab zum Däumelsee. Ebenso lassen wir die Markierung zu den Hirzkarseen und zum Margschierf linkerhand liegen und kommen schließlich zu einer Schutzhöhle, die drei Minuten abseits des Weges liegt.

Und dann sind wir auch bald oben beim „Berghaus Krippenstein" und bei der Seilbahnstation und sollten nun noch den kurzen Abstecher hinauf zum

Gipfel des Krippensteins mit der Gedenkkapelle für die dreizehn verunglückten Opfer von Heilbronn unternehmen.

Hier in der Nähe ist auch der Startplatz für die unzähligen Paragleiter, die an Tagen mit guter Thermik zum Hallstättersee hinunterschweben.

Wenn noch genug Zeit bleibt und man die Rieseneishöhle bei der Schönbergalm noch nicht gesehen hat, dann unterbricht man die Talfahrt vom Krippenstein bei der Mittelstation „Schönbergalm" und darf ein ganz großes Erlebnis erwarten...

Der Blaue Eisenhut

Der „Eisenhut" ist eine hübsche, aber giftige Pflanze. Schon im Altertum war er dafür bekannt, und man weiß, daß er in Indien sogar als Pfeilgift Verwendung fand. Im Altertum sollen Verbrecher mit dem Akonit, dem giftigen Inhaltsstoff des Eisenhuts, hingerichtet worden sein. Das Akonit zählt zu den scharf narkotischen Giften. Das erste Symptom ist heftiges Brennen in Mund und Rachen. Weitere Vergiftungserscheinungen folgen nach wenigen Minuten: Kopfschmerz, Schmerz in der Schläfengegend, Magenschmerz, Schwindel, Verlust des Hör- und Sehvermögens und Verminderung des Pulsschlages. In der Homöopathie wird auch heute „Aconit" verwendet.

260

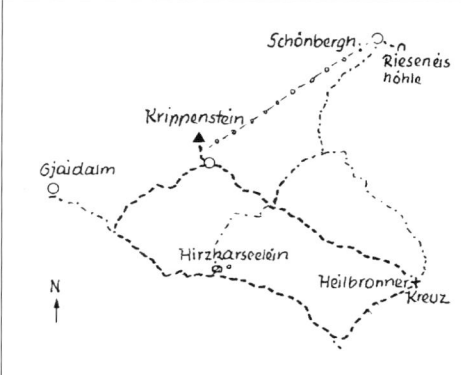

Kurzinformation:
Leichte Wanderung, jedoch Höhe von 2000 m beachten; 3 Std.; 350 HM; KW Nr. 20
AP: Bergstation der Dachsteinseilbahn am Krippenstein (2074 m)
Mark. Rundtour: Auf Weg Nr. 660 zuerst Abstieg in Richtung Gjaidalm, sodann in östl. Richtung weiter auf Route Nr. 662; Abstecher zu den „Hirzkarseelein" empfohlen! Unterwegs mehrere Unterstandshütten. Weiter auf Pfad Nr. 664 in mäßigem Auf und Ab zum „Heilbronner-Kreuz" (etwa auf 1970 m gelegen) und in westl. Richtung zurück zum AP. Von dort noch kurzer Abstecher zum Gipfel des Hohen Krippensteins (2109 m) lohnend.

Die Wunderwelt der Rieseneishöhle

Auf 1350 Meter Seehöhe liegt bei der Mittelstation der Koppensteinseilbahn die reizende Schönbergalm auf einer Geländestufe in einem mit lockerem Lärchenwald bestandenen Felshalbrund. Vom Restaurant aus sind es knapp 20 Minuten hinauf zum Eingang der Rieseneishöhle. Sie ist längst nicht die größte Höhle im Dachsteingebiet, das ist mit 72 Kilometern erforschter Länge die Hirlatzhöhle bei Hallstatt, was auch einen Österreichrekord bedeutet. Die Rieseneishöhle ist aber sicher die zauberhafteste: „Wetterloch" bezeichneten die Obertrauner einst jene Höhle, vor deren Eingang sich bei Herannahen von Gewittern auffällige Nebelschwaden bildeten. Erst als der Obertrauner Peter Gamsjäger um die Jahrhundertwende einige Meter in die Höhle vordrang und im Schein einiger Streichhölzer das Höhleneis entdeckte, war der erste Schritt zur Erforschung der Rieseneishöhle getan. Dabei ging es Peter Gamsjäger gar nicht um Höhlenforschung – seinen entlaufenen Ziegenbock hatte er gesucht, und dabei mußte er vor einem herannahenden Gewitter in den Höhleneingang flüchten.

Nach diesem Ereignis vergingen noch einige Jahre, und erst am 17. Juli

1920 gelang es, den Eisabgrund, die Schlüsselstelle ins Berginnere, zu überwinden. Die Entdeckung der „Eispaläste" war damals eine Riesensensation, denn weltweit war keine so große Eishöhle bekannt.

Seit 1913 ist die Höhle Besuchern zugänglich; damals nur durch den heutigen Höhlenausgang. Der jetzige Höhleneingang war noch mit Schutt verlegt. Er wurde erst später entdeckt und freigemacht. Die Seilbahn wurde 1951 fertiggestellt. Seither besuchen etwa 150.000 Menschen jährlich die Eishöhle. Die Besucher werden auf einem 800 m langen Weg durch die Höhle geführt. Sie verlassen die Höhle durch den 40 m höher gelegenen Ausgang.

Der erste Teil ist eisfrei; der Eisteil beginnt erst in der zweiten Hälfte.

Die Gesamtlänge der Eishöhle beträgt 2700 m. Die Wissenschaftler nehmen aber an, daß dies nur ein kleiner Teil von einem viel größeren Höhlensystem ist, das bisher nicht erforscht werden konnte und vielleicht auch nie erforscht werden wird.

Die Tropfsteinhalle ist der wärmste Teil der Eishöhle. Die Temperatur liegt hier das ganze Jahr über bei 3° C.

Die Tropfsteine an der Höhlendecke (Stalaktiten), auf die der Höhlenführer hinweist, sind etwas Ungewöhnliches für alpine Höhlen, denn Tropfsteine entstehen bei warmem Klima. Es ist daher anzunehmen, daß es hier einmal wärmer war. Das liegt sicherlich schon Jahrtausende zurück.

Nun gelangt man in den „König Artus Dom", einer weit gespannten Höhle mit riesigen, in alten Zeiten abgestürzten Blöcken. Die Nähe des Eisteiles wirkt sich bereits aus, die Temperatur beträgt nur noch + 1° C. Daran schließt der erste Eisteil.

Das mächtige Höhleneis ist etwa wie folgt entstanden: Im Winter kühlt die Höhle aus. Im Frühjahr sickert Schmelzwasser in die Höhle. Durch die gespeicherte Kälte gefriert das Wasser. So entsteht jedes Jahr im Frühjahr neues Höhleneis. Im Laufe des Sommers tropft warmes Regenwasser in die Höhle und zerstört wieder einen Teil des frisch gewachsenen Eises. Da aber im Frühling mehr Eis entstanden ist, als im Sommer wieder abgetaut wurde, hat sich im Laufe der letzten Jahrhunderte eine gewaltige Eisreserve (ca. 30.000 m^3) angesammelt.

Links vom Weg zweigt ein Höhlengang ab, den man als Lebensnerv der Eishöhle bezeichnen könnte. Hier bläst während der warmen Jahreszeit eiskalte Luft in den „Parsifaldom". Sie streicht durch den gesamten Eisteil und verläßt die Höhle durch den Ausgang.

Im Winter kehrt sich der Luftzug um: Die kalte Außenluft zieht durch den Ausgang in die Höhle, kühlt diese ab und verschwindet durch den besagten Gang. Wohin, das wissen wir nicht, denn der Höhlengang wird nach kurzer Strecke für den Menschen unpassierbar.

Die Ursache dieser Luftbewegungen ist der Temperaturunterschied zwischen Höhle und Außenwelt.

Rechts vom Weg steht der „Eisberg", und anschließend zieht der „Montsalvatschgletscher" bis hinauf zur „Gralsburg". Der „Eisberg" ist 8 Meter hoch und der gesamte „Parsifaldom" ist 120 Meter lang und 60 Meter breit. Besonders während der letzten 80 Jahre hat das Eis an Mächtigkeit eindeutig zugenommen, was in eigenartigem Gegensatz zur negativen Entwicklung der Alpengletscher steht.

Der „Tristandom" enthält das meiste Eis. 25 Meter mißt es an der dicksten Stelle. Da im „Tristandom" sowohl die Temperatur als auch die Menge des Tropfwassers stark schwanken, gibt es auch starke Veränderungen an den Eisformen. Die große Aushöhlung im mächtigen Bodeneis des „Tristandomes" wurde durch Tropfwasser und eine ständige Windbewegung geschaffen. Viele Besucher bezeichnen die anschließende „Eiskapelle" als den eindrucksvollsten Teil der Rieseneishöhle.

Die mächtige Mammuthöhle

In zehn Minuten von der Schönbergalm erreichbar, liegt die mächtige Mammuthöhle. Sie besitzt ein stark verzweigtes Höhlenlabyrinth. Alle Gänge sind exakt vermessen. Die Gesamtlänge beträgt 46 km (Stand 1989); der Höhenunterschied zwischen dem tiefsten und dem höchsten Höhlenteil beträgt 1180 Meter, d. h., der tiefste Teil liegt etwa auf der Höhe der Talstation der Seilbahn, und die Höhle erstreckt sich weit über den für Besucher vorgesehenen Teil hinaus.

Nicht weniger als acht Eingänge führen in die „Mammuthöhle". Einer davon ist künstlich, das ist der Eingang, durch den die Besucher in die interessantesten Teile geführt werden.

Da gibt es die „Lahnerhalle", die „Halle der Vergessenheit", den „Mitternachtsdom"; lauter glatte Riesentunnels, die wohl einmal vom Vorgänger der heutigen Traun durchflossen wurden.

Die „Arkadenkluft" ist die Fortsetzung des „Mitternachtsdomes". Das Wasser hat hier ganz eigenartige Kessel ausgewaschen, und in der 30 m hohen Kluft stecken Felsblöcke, die sich vor Jahrtausenden von der Decke gelöst haben.

Was wäre ein Höhlenbesuch, wenn wir in der Höhle nur das Ergebnis von Naturvorgängen sehen würden? Das „Reich der Schatten" setzt der Phantasie keine Grenzen. Die Natur selbst hat hier Bilder aus weißer Bergmilch und braunem, eisenhältigem Staub gebildet, die wir als Höhlenvenus, als Dame mit Reifrock oder als Inder deuten können.

Wer kommt da schon auf die Idee, daß es neben den versteinerten Figuren auch wirkliches Leben gibt! Ein typischer Vertreter ist sicher der augenlose Höhlenkäfer „Arctaphaenops angulipennis Meixner". Seine normal sehenden Vorfahren lebten vor der Eiszeit noch an der Oberfläche. Beim Herannahen der Gletscher zogen sie sich in den Untergrund zurück, wo sie die Eiszeit überdauerten.

Die Koppenbrüllerhöhle

„Wo der Höhlenbach brüllt"

Direkt an der Straße zwischen Obertraun und Bad Aussee liegt der Eingang zur Koppenbrüllerhöhle (15 Minuten vom Parkplatz entfernt). Der Name „Koppenbrüllerhöhle" kommt einerseits von dem Berg, in dem die Höhle liegt, andererseits von dem Tosen, das der Höhlenbach verursacht, wenn er im Frühling oder nach einem Hochwasser die Höhle verläßt.

Das Interessanteste an der Koppenbrüllerhöhle ist das Wasser. Der vordere Teil der Höhle ist zwar wasserfrei, doch wenn im Sommer nach starken Regenfällen oder im Frühling während der Schneeschmelze das Wasser anschwillt und ein mächtiger Bach der Höhle entspringt, ist das ein wahres Naturschauspiel.

Das Wasser der Koppenbrüllerhöhle kommt von der Hochfläche des Dachsteins, aus dem Gebiet „Am Stein". Etwa vier Stunden nach einem Gewitter wird das im Berg gespeicherte Wasser aus der Höhle gedrückt. Der Wassertropfen, der auf dem Berg versickert ist, benötigt aber 48 Stunden, bis er alle Höhlengänge durchflossen hat und bei der Koppenbrüllerhöhle wieder austritt. Es ist für jeden Besucher ein faszinierendes Erlebnis zu sehen, wie das trockene Bachbett binnen weniger Minuten in einen reißenden Wildbach verwandelt wird.

Im Mai/Juni, wenn an schönen Tagen um ca. 10 Uhr die Schneeschmelze einsetzt, wiederholt sich dieses Schauspiel Tag für Tag.

Es ist überliefert, daß sich zur Zeit der Kaiserin Maria Theresia ein Deserteur namens Franz Engl in der Höhle versteckt hielt. Seine Freundin, die Hofer Sef, hat ihn monatelang mit Essen versorgt. Eines Tages erkrankte sie. Die Sef wußte aber um die Not ihres Geliebten, und so schleppte sie sich mit Fieber durch den Koppenwald, barfuß durch die Traun und durch die Koppenschlucht bis zur Höhle. Franz erschrak, als die sterbenskranke Freundin bei ihm ankam. Er bettete sie auf sein feuchtes Höhlenlager, und kaum war es dunkel, machte er sich auf den Weg nach Hallstatt, um den Pfarrer um Hilfe zu holen. Der geistliche Herr war nicht erfreut über den nächtlichen Fußmarsch, noch dazu war es Winter. Er ließ sich dann aber doch überreden, und gegen Morgengrauen kamen die beiden bei der Höhle an. Die Hofer Sef war zu dieser Zeit schon gestorben. Da brach für den Franz, der wegen der Sef das Militär verlassen hatte, die Welt zusammen. Er stellte sich, wurde eingesperrt und erwartete das Todesurteil. Der Hallstätter Pfarrer schrieb daraufhin ein Gnadengesuch an die Kaiserin. Er schilderte die Geschichte in so rührender Weise, daß sich die Kaiserin tatsächlich erweichen ließ und Franz Engl begnadigte.

Rund um den Hallstättersee

In der Fjordlandschaft des Salzkammergutes

Vom uralten Salzort geht wohl ein besonderer Zauber aus: Die in die Felshänge geklebten Häuser, der Mühlbachwasserfall mitten im Ort, die beiden spitzen Kirchtürme, der viel zu kleine Friedhof mit dem Beinhaus, wo die sterblichen Überreste der Hallstätter zur letzten Ruhe kommen, der Rudolfsturm hoch darüber und die Bootshütten am See. All das ist in Österreich einmalig, und wir wollen diese schwermütige Fjordlandschaft rund um den Ort nicht im Trubel des Massentourismus, sondern gemächlich zu Fuß erleben!

Wenn wir uns einen ganzen Tag Zeit nehmen, so bietet sich eine teilweise Seeumrundung über den „Soleleitungsweg" auf der Westseite und den „Ostuferweg" hervorragend zum intensiven Kennenlernen des Hallstättersees an:

Wir beginnen unsere leichte Rundwanderung oben beim Rudolfsturm, 350 Meter oberhalb von Hallstatt, und haben uns den dreiviertelstündigen Aufstieg durch die alle halben Stunden verkehrende Standseilbahn erspart. Hier beginnt direkt der Soleleitungsweg mit der Markierungsnummer 601, die darauf hinweist, daß diese Route auch in das Weitwandernetz einbezogen wurde.

Die Bergambitionierten werden es sich aber vielleicht nicht nehmen lassen und steigen direkt vom Ort in angenehmen Serpentinen zum Rudolfsturm hinauf. Wie eine Tafel unterwegs zeigt, hat auch Kaiser Maximilian diesen Weg nicht gescheut:

Hier hat gerast
der hochlöbliche römische Kunig Maximilin
als er gangen ist
die Salzpergen zu besuchen.
Den 5. Tag Januari 1504.

Etwas später kommen wir auch am „Kaiser Franz Josef-Stollen" vorüber, der 1856 in 735 Meter Seehöhe aufgeschlagen wurde.

Über viele Holzstaffeln leitet uns der Soleweg vom Rudolfsturm vorerst zum Mühlbach hinunter. Alte eiserne Soleleitungsrohre sind gelegentlich zu sehen, und wir folgen dem mit Geländern bestens gesicherten Steig hoch über der romantischen „Höllschlucht" und haben auch einen kurzen Blick auf die Dächer von Hallstatt, über den unteren Seeteil sowie zum Krippenstein. An zwei alten Stolleneingängen geht es vorüber, und ab hier ist die neue Soleleitung unter unserem Pfad (in Kunststoffrohren) verlegt. Schon im 16. Jahrhundert wurde der Bau der Soleleitung begonnen, und vorläufig fließt noch die Salzlauge bis ins 40 Kilometer entfernte Ebensee.

Wir durchqueren den steilen Hallstätter Bannwald, dessen Erhaltung für Hallstatt lebenswichtig ist und den Gemeindevätern manche Sorgen bereitet. Mit Stahlschienen und waldbaulichen Maßnahmen, die zum Beispiel den Mischwald forcieren, wurden hier in den letzten Jahren bewährte lawinenbautechnische Anlagen in größerem Stil geschaffen.

Der Turm der katholischen Kirche taucht in einem Waldeinschnitt auf. Wir kommen an einer alten „Wärmestube" der Soleleitung vorbei, in der in alten Zeiten im Winter der Solefluß aufrecht erhalten wurde, und rechterhand leitet ein Pfad nach Hallstatt hinunter. Immer wieder gibt es einen Blick durch den steilen Bergwald auf den grünen Seespiegel hinab.

Der Weiterweg ist sehr reizvoll in das Gestein gehauen, über kleine Felsgalerien kommen Wasserfallkaskaden herunter, und völlig eben geht es nun dahin. Dieser Wegabschnitt wurde 1841 bis 1843 gebaut. Wir erreichen einen Aussichtsplatz mit Tisch und Bank zum Rasten, von dem wir auf einen Lawinenschutzdamm für die unterhalb vorbeilaufende Autostraße hinabblicken.

Das ständig sanft fallende Weglein überquert nun auf einer modernen Brückenkonstruktion, dem sogenannten „Gosauzwang", die die Soleleitung 40 Meter über den Gosaubach führt, das Gosautal. Seinerzeit war diese „Überbrückung" eine hochbestaunte Meisterleistung örtlicher Handwerker.

Sind wir etwa zu Sonnwend am Steig unterwegs, dann folgen uns während des gesamten Wegabschnittes der duftig weißblühende *Waldgeißbart*, den die Einheimischen treffend „Sunnawendhansl" nennen, sowie der *Gelbe Eisenhut, Knabenkräuter,* aber auch das *Maiglöckchen*, und an einigen Stellen blüht zu dieser Zeit sogar der *Almrausch* schon auf.

Weiter geht es nun noch gute drei Kilometer bis Steeg, am Nordufer des Sees. Hier haben wir nicht mehr den fjordähnlichen Eindruck, sondern da stellt sich die liebliche, sonnendurchflutete Salzkammergutlandschaft ein, mit dem Kattergebirge weit im Hintergrund.

Gute zwei Stunden haben wir bis Steeg benötigt und können nun den landschaftlich besonders reizvollen „Ostuferweg" in Angriff nehmen:

Gleich nach dem Bahnhof in Steeg finden wir das holzgeschnitzte Hinweisschild „Ostuferweg" und folgen vorerst dem asphaltierten Zufahrtsweg zur kleinen Ortschaft Untersee. An einem sehr schön renovierten, alten Vierkantgutshof mit Holzschindeldach geht es vorüber, und wir queren dabei das Augelände von Untersee, immer den mächtigen Sarstein direkt vor Augen. In der Ortschaft gibt es eine interessante Mineralien- und Fossilienausstellung zu sehen.

Durch Schilfwiesen, die mit vielen Heuhütten bestanden sind, führt der Weg im Bereich der Ortschaft Obersee ganz an das Seeufer heran. Am seichten Uferrand tummeln sich viele Wasservögel. Nun bleibt der Asphalt endgültig hinter uns, und ein Schotterwegerl führt uns an einzelnen kleinen Bauernanwesen vorüber; jedes hat natürlich ein Bootshaus mit einer Plätte darin, denn auch heute noch geht der kürzeste Weg nach Hallstatt direkt über den See!

Nach einer Gehstunde, wir sind jetzt gegenüber der Einmündung der Gosaustraße, kommt der Markt Hallstatt selbst in Sicht. Linkerhand ober uns steigen die Felsriegel des Sarsteins auf. Unser Pfad verläuft ein Stück oberhalb des Seeufers, und am Weg stehen einige besonders schöne alte schindelgedeckte Bauernhäuser.

Der steile Bergwald reicht nun direkt bis an das Wasser heran. Hier wurde ein botanischer Lehrpfad angelegt, der dankenswerterweise nicht nur die Bäume und Sträucher, sondern auch die Blütenpflanzen am Weg benennt. Der Pfad ist im Steilgelände bestens abgesichert, und zwischen den Baumstämmen glänzt ständig der grüne Wasserspiegel herauf.

Vor uns baut sich mächtig der wilde Dachsteinabfall mit dem Krippenstein darüber auf, und man fühlt sich tatsächlich in das Felsrund wie in einem Fjord eingeschlossen. Nun folgt der romantischste Abschnitt des Ostuferweges: Die Felsen des Sarsteins drängen direkt an den See heran, und so wurde der Steig über das Wasser hinausgebaut, da oberhalb nur die Eisenbahntrasse mit einem Tunnel Platz hat. Hier befindet sich auch die tief-

Blick vom Rudolfsturm auf Hallstatt (Foto Senft)

ste Stelle des Hallstättersees mit 125 Metern. Eine Felsschlucht versperrte einst unserem Steig den Weiterweg, und so wurde 1985/86 eine solide Stahlseilbrücke gebaut, die das an dieser Stelle tiefschwarze Wasser überbrückt. Die etwas oberhalb geführte Eisenbahnbrücke ist mit schweren Stahlnetzen gegen Steinschlag von oben gesichert. An dieser Stelle gibt es aber auch eine botanische Rarität in Form der seltenen *Eibe*. Der *Almrausch*, die Alpenrose, blüht hier zu Ende Juni prachtvoll direkt am Steilufer.

Gerne verweilt man länger an diesem interessanten Ort und versäumt auch nicht, ein baumbestandenes Inselchen ins Fotovisier zu nehmen. Bald darauf verläuft unser Steig parallel mit dem Eisenbahngeleise, und wir erreichen den kleinen Bahnhof Hallstatt, von wo es stündlich eine Schiffsverbindung hinüber nach Hallstatt gibt.

Wir sollten uns die kurze Überfahrt nicht entgehen lassen, weil wir dabei den reizenden Flecken von der Wasserseite aus bestens in allen Einzelheiten überblicken können, und auch das hübsche Schloß Grub sehen wir nur vom Wasser her aus der Nähe. – Der Ostuferweg verläuft zwar noch weiter bis Obertraun, nähert sich aber erst knapp vor dem Ort wieder dem Ufer; zudem ist der Fußweg von hier bis Hallstatt am wenigsten lohnend. Gute zwei Stunden an reiner Gehzeit haben wir von Steeg bis zur Anlegestelle benötigt und können die Zeit bis zur Schiffsabfahrt damit verbringen, die seichte Uferzone zu studieren, die als Laichstätte für die Fische hier besonders geschützt ist.

Die Schmelzwasser der Dachsteingletscher benötigen übrigens auf ihrer unterirdischen „Talfahrt" bis zum Hallstättersee nur fünf bis sechs Stunden!

Kurzinformation:
Leichte Wanderung als teilweise Seeumrundung, 5 Std.; 350 HM im Abstieg; KW Nr. 20
AP: Hallstatt
Aufstieg auf gutem Weg zum „Rudolfsturm" oder Fahrt dorthin mit Standseilbahn. Von hier auf „Soleleitungsweg", markiert mit der Nr. 601, auf gutem Steig, ständig mäßig abwärts. Schließlich über die Brücke am „Gosauzwang" und weiter bis Steeg. Hier ein Stück auf Straße und sodann rechterhand weiter auf „Ostuferweg" (Hinweisschild) bis „Bahnhof Hallstatt" mit stündlicher Schiffsverbindung nach Hallstatt.

Von Hallstatt zur Simonyhütte

Durch die Schluchten der Dachstein-Nordseite

Vom Ortsteil Lahn, direkt bei Hallstatt gelegen, gehen wir los oder fahren noch ein kurzes Stück bis zum Parkplatz in das Echerntal hinein. Die ersten zwei Kilometer marschieren wir zügig auf einer asphaltierten Forststraße das Echerntal aufwärts und kommen am Denkmal des berühmten Dachsteinerschließers Dr. Friedrich Simony vorbei.

Weiter geht es im interessanten Schluchtengelände unterhalb der mächtigen Hirlatzwand, die sich fast drohend über uns aufbaut, und bald gelangen wir zum meist ausgetrockneten Bett des Dürrenbaches, in dem uns mehrere „Gletschermühlen" auffallen. Es sind dies kleine Felstobel, die durch das Kreisen von rund abgeschliffenen Mahlsteinen im Zuge der seinerzeitigen Gletschertätigkeit entstanden sind. – Hier liegt auch die Talstation der Materialseilbahn zum Wiesberghaus.

Beim Höhersteigen schauen wir auf die andere Talseite zur Echernwand mit dem zauberhaften Schleierfall hinüber, an dessen Fuß der „Malerweg" vorbeiführt, der dann noch zum Aussichtsplatz weiterleitet, zu dem in drei Absätzen der gewaltige „Strubwasserfall" 95 Meter herabstürzt.

Wir selbst erreichen aber den oberen Teil des „Waldbachstrubfalles" nach Durchquerung eines kurzen Tunnels, der durch die „Mitterwand" geschlagen wurde, auf unserem markierten Aufstiegsweg. Eine unter schwierigen technischen Bedingungen erbaute Spannbrücke führt über den oberen Teil des Wasserfalles, der hier mit ungeheurer, elementarer, fast bedrückender Gewalt ins Echerntal hinunterstürzt. Eine Begehung des Weges bis hierher, zur Betrachtung des grandiosen Schauspiels, lohnt alleine schon den Aufstieg von Hallstatt herauf!

Wir folgen nun aber der Forststraße und der Markierung linkerhand und steigen bald durch Hochwald aufwärts. Auf einem guten Pfad kürzen wir den Forstweg mehrmals ab und gelangen in die Nähe des Quellursprungs des Waldbachstrub, dessen Rauschen wir eindrucksvoll hören. Gleich darauf zweigt von unserer Route der markierte Pfad zum Hinteren Gosausee ab, der mit vollen sieben Stunden angeschrieben ist! Ganz nahe an die Felswände heran führt unser Pfad, der als Saumweg vom Alpenverein schon im vorigen Jahrhundert in idealen Serpentinen angelegt worden ist. Vorbei „Beim alten Herd" verläuft der Steig südlich zur „Tropfwand" und in vielen Kehren zügig aufwärts zur „Martinswand". Dieser entlang geht es weiter hinauf zur unbewirtschafteten Tiergartenhütte, auf 1480 Metern, die angeblich wegen des seinerzeitigen Wildreichtums in der Gegend so genannt wurde, ihren Namen tatsächlich aber wohl wegen der nahegelegenen „Dürrgartenwand" erhalten hat. In der Nähe findet sich der gewaltige Schlund des „Tiergartenlochs", ein tiefer Dolinenschacht.

Durch herrlichen, lockeren Lärchenwald geht es nun weiter hinauf zur Tiergartenhöhe und sodann ein Stück flach längs der „Herrengasse" weiter, wo seinerzeit die „noblen Herren" angenehm reiten konnten, weil man diesen Wegabschnitt eingeebnet und mit geschlichteten Stützmauern abgesichert hat. Reizvoll führt dieser Wegabschnitt durch eine locker bewaldete Karstlandschaft mit Felsbankungen ziemlich flach bis zum Rand der besonders hübschen kleinen Rasenfläche der „Wiesalpe" mit Jagdhütte und Almstall. Die Wiesalpe ist fast kreisrund von Felsbänken umgeben. (Professor Simony hatte hier bei seinen Dachstein-Erforschungstouren seinen Stützpunkt.)

Kurz vor der Wiesalm geht es in angenehmen Kehren hinauf auf das nächste Plateau, und hier sehen wir auch erstmals die Gletscher und Firnfelder des Dachsteins blinken. Wir kreuzen die Materialseilbahntrasse und stehen gleich darauf vor der Hütte der Kopfstation und gehen die paar Schritte zum ganzjährig bewirtschafteten Wiesberghaus der Naturfreunde hinüber. 1822 Meter sind wir hoch und haben an die vier Stunden von Hallstatt herauf benötigt.

Hier oder auf der höher gelegenen Simonyhütte können wir nächtigen. Wollen wir dorthin weitergehen, so folgen wir der Markierung in südöstlicher Richtung durch den klammartigen Einschnitt an der Ochsenwieshöhe, mit kurzem Stichweg zu ihrem Gipfel rechts entlang, um sodann einen kleinen Sattel nordöstlich des Wildkarkogerls zu erreichen. Bald kommen wir am markierten Weg vorüber, der von der Gjaidalm heraufführt, und steigen zur „Speikleiten" hinauf. Nun geht es in vielen Kehren steil aufwärts zur Wildkarhütte und in weiteren Serpentinen schließlich zu Simonyhütte, die auf 2203 Metern, auf der Anhöhe des Taubenriedls, prachtvoll vor dem Hallstättergletscher liegt. Zirka eindreiviertel Stunden haben wir vom Wiesberghaus herauf benötigt. Die Hütte wurde schon in den Jahren 1876/77 von der Sektion Austria des Alpenvereines erbaut und ist von Anfang März bis Mitte Oktober voll bewirtschaftet; neben der Hütte wurde die stimmungsvolle „Dachsteinkapelle" errichtet.

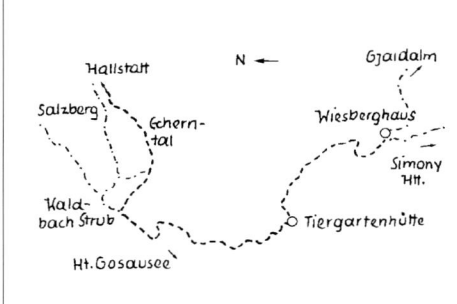

Kurzinformation:
Anspruchsvolle, jedoch unschwierige Bergwanderung, 5 Std. Aufstiegszeit; 1700 HM; KW Nr. 20
AP: Parkplatz im Echerntal bei Hallstatt
Zuerst auf Forststraße bis „Waldbachstrub – Wasserfall", dann linkerhand längs Markg. 01 und E4 auf stets sehr gutem Steig, vorbei an Tiergartenhütte (1480 m) zum Wiesberghaus (1822 m; ganzjährig bewirtschaftet); weiter auf mark. Weg zur Simonyhütte (2206 m; von Anfang März bis Mitte Okt. bewirtschaftet).

Hoher Plassen

Wächter des Hallstättersees

Der 1953 Meter hohe Plassen ist eine zwischen dem Hallstättersee und dem Gosautal vorgeschobene wuchtige Felsgestalt mit einem großen Gipfelkreuz. Durch seine freie Lage genießt man eine einmalige Fernsicht und hat vor allem einen wunderbaren und aufschlußreichen Überblick über die Dachsteingruppe.

Der Plassen ragt genau über dem Hallstätter Salzberg auf, und man erleichtert und verkürzt sich den Anstieg um etwa 350 Höhenmeter, wenn man mit der Standseilbahn zum Salzberg hinauffährt, wo die Markierung zum Plassen vorbeiführt. Die Seilbahn verkehrt alle halben Stunden hinauf zum Rudolfsturm, von wo man einen einzigartigen und nicht zu überbietenden Tiefblick auf den Ortskern von Hallstatt hat.

Hier finden wir auch die Markierung, die am alten keltischen Gräberfeld mit einem glasverkleideten Schaugrab vorbei in wenigen Minuten zum Salzbergwerk (in der Saison täglich Führungen) führt. Von dort geht es nun an mehreren Stolleneingängen vorüber auf einem steilen Schotterstraßerl im Rotbuchenwald aufwärts. Schließlich passieren wir den obersten Stolleneingang, und gleich darauf zweigt linkerhand unser gut bezeichneter Steig mäßig steil in den Wald hinauf ab. Unterhalb des mächtigen Schuttfeldes, das die Ostflanke des Plassen prägt, leitet unser Steiglein nun zum Ostgrat, und hier geht es im Schrofengelände in lustiger Kraxelei, bei der man gelegentlich die Hände zu Hilfe nehmen muß, aufwärts. Über Blockstufen geht es weiter zügig hinauf, und an einer Stelle gibt ein Drahtseil die nötige Sicherheit. Immer wieder genießt man Prachtblicke hinunter zum Salzbergwerk, zum Rudolfsturm und auf den Hallstättersee. Durch eine Latschenzone, die von Rasenflecken, echten „Gamsgärten", unterbrochen wird, geht es schließlich auf den Grat hinaus, Der Pfad wird aber gefahrlos unterhalb der Gratschneide geführt; man muß lediglich trittsicher sein. Es geht an einem großen Höhleneingang vorüber, und nun sieht man auch die Gipfelkuppe schon sehr nahe.

Vorher muß aber noch eine kleine Karmulde durchschritten werden, und dann, nach knapp drei Stunden vom Rudolfsturm, können wir uns die Hände beim Gipfelkreuz schütteln. Die Aussicht ist wirklich allumfassend: Schönberg, Loser, Rinnerkogel, Sarstein, Großer Priel, Spitzmauer, Weiße Wand, Plankermira und viele andere Gipfel des Toten Gebirges, zur großen Überraschung auch die Gesäuseberge(!), Grimming, Kammspitze bei Gröbming, Gumpeneck, Hochwildstelle, der Dachstein in voller Breite, der Ankogel im Hintergrund, der wilde Gosaukamm ganz nahe und wieder weiter hinten Wiesbachhorn, Hoher Tenn und Großvenediger, Hochkönig, Watzmann, Untersberg, Schafberg, Höllengebirge, Kattergebirge und auch Tiefblicke auf Gosau und Bad Ischl; wahrlich eine großartige Schau!

Am Gipfelkreuz finden wir eine Erinnerungstafel „An unsere in beiden Weltkriegen gefallenen Kameraden!"

Den Abstieg kann man leicht in zwei Stunden bewältigen und genießt dann auf der Terrasse des Rudolfsturmes wohl den wunderbaren Blick auf das südliche Halbrund des Hallstättersees, umrahmt von den ernsten Felsen des Krippensteins und Sarsteins.

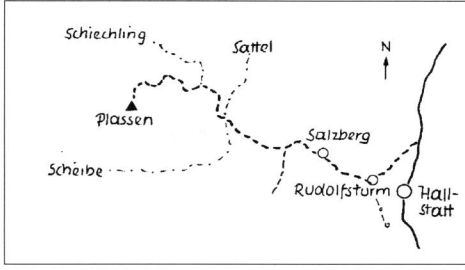

Kurzinformation:
Anspruchsvolle Bergwanderung; 5 Std.;
1100 HM; KW Nr. 20
AP: Rudolfsturm bei Hallstatt (mit Standseilbahn erreichbar).
Wir folgen am Salzbergwerk vorbei der Markg. Nr. 640 auf Waldwegen, später im Schrofengelände (heiklere Stellen mit Drahtseil versichert) zum Gipfel (1953 m).

Von Gosau zum Schleifsteinbruch und auf die Plankensteinalm

Natürliches Schleifsteinmaterial findet man in Österreich nur an wenigen Stellen; im Almgelände oberhalb von Gosau gibt es aber einen sehr interessanten Schleifsteinbruch. Seinen Besuch kann man mit einer Wanderung zu einer wirklichen „Bilderbuchalm", der Plankensteinalm, verbinden.

Wir fahren bis in den Ortsteil Mittertal und finden hier schon einen Wegweiser „Schleifsteinbruch – Plankensteinalm". Wir überqueren den Lainbach, der hier aus einem Seitental herauskommt und durch eine Wildbachverbauung gezähmt wurde, auf einem Brückerl und folgen vorerst einem steilen Holzziehweg, der aber bald in einen hübschen Waldpfad übergeht. Durch Hochwald geht es aufwärts, und es gibt immer wieder nette Blicke auf den freundlichen Talboden von Gosau. – Stellenweise ist der Wald hier ein Lehrbeispiel für einen Jungwald, der durch natürlichen Anflug, ohne direkte Aufforstung, „verjüngt" wurde.

Wir queren eine Forststraße, haben einen guten Ausblick zum gegenüberliegenden Hochkalmberg und steigen wieder im Hochwald an. Bald gelangen wir auf die freien Flächen der Schäferalm mit der hübschen Hütte und haben einen interessanten Ausblick auf die Schrofen und Wände des Gamsfeldes, eines über 2000 Meter hohen Berges, der von Rußbach aus, im benachbarten Salzburgischen, zu besteigen ist. Beim Weitergehen haben wir linkerhand häufig Ausblicke zum Plassen und rechterhand zum Gosaukamm.

Nun ist es auch nicht mehr weit zur freien Almkuppe bei den „Schleifsteinhütten", in deren unmittelbarer Nähe der hochinteressante Schleifsteinbruch liegt. Genau 13 Almhütten haben wir gezählt, die fast alle am Waldrand aufgefädelt dastehen und großteils für einen Wochenendaufenthalt eingerichtet sind. Hinter den Hütten finden sich Abbaureste von „Schleifsteinfels"; viele Gosauer Grundbesitzer hatten und haben hier ihr Abbaurecht. Etwa fünf Minuten westlich der Häuser findet sich der offensichtlich derzeit einzige Bruch, der noch in Betrieb ist: Hier sehen wir, nur von Abraummaterial geringer Mächtigkeit bedeckt, die abbauwürdigen Felsschichten. Sie sind ein graues, ganz leicht körniges Gesteinsmaterial, von eher weicher Konsistenz. Mit einer dieselbetriebenen Hohlbohrmaschine werden die Schleifsteine gleich mit dem richtigen Durchmesser, so wie Krapfen aus dem Teig, herausgestochen, nein, herausgefräst...

Von den Schleifsteinhütten gehen wir vorerst in südlicher Richtung durch ein ebenes Waldstück. Eine Holztafel „Löckensee = $^1/_2$ Stunde" weist uns zum sehenswerten Löckenmoos, einem Hochmoor mit der kleinen Wasserfläche des Löckensees. Der Abstecher lohnt sich jedenfalls, wenn man noch genügend Zeit hat.

Wir wandern weiter in Richtung Plankensteineralm durch lockeren Almwald; der Pfad führt manchmal durch sumpfiges Gelände, und hier gestatten ausgelegte Prügel, daß man trockenen Fußes bleibt. Wir haben den Löckenmoosberg östlich umgangen und gelangen nun zur einsam gelegenen Vorderen Grubenalm (1348 Meter Seehöhe), die viele Moosflächen einschließt, aber voll bewirtschaftet ist. Hier erreichen wir auch einen Forstweg, der von Gosau-Hintertal heraufkommt, und folgen auf ihm der Markierung etwas mehr als einen Kilometer in östlicher Richtung, bis uns eine Hinweistafel „Plankensteinalm = 45 Minuten" rechterhand in den Wald aufwärts leitet.

Durch lichten Almwald geht es in leicht schrofigem Gelände zügig aufwärts. Die kleine freie Fläche des sogenannten „Schnittlauchmooses" wird gequert, und über hübsche, locker mit Lärchen bestandene Bergwiesen er-

Oben: Blick vom Großen Donnerkogel zu Großglockner und Wiesbachhorn
Unten: Gablonzerhütte und Gosautal mit Plassen (Fotos Senft)

reichen wir bald Almgelände und kurz darauf auch die erste Hütte der Plankensteineralm. Nun tut sich vor uns eine herrliche, weite, an den Rändern von lockerem Almwald eingerahmte Grünlandfläche auf. Im buckelwiesenartigen Gelände weiden Kühe, Kalbinnen und Jungochsen, und fast kreisrund um diese „Bilderbuchalm" sind etwa zehn Hütten angeordnet. Es erübrigt sich zu sagen, daß alle Hütten mit Holz gedeckt und auch schindelverkleidet sind. Neben jeder Hütte steht ein kleiner, steingemauerter „Butterkeller", obwohl hier oben heute nur noch sehr wenige Kühe, sondern fast nur Jungvieh gehalten werden. Steinmäuerchen umfassen die kleinen ebenen „Hüttenanger", auf denen gemäht wird und für den Notfall etwas Heu gemacht werden kann.

Im Nordosten überragen die Felsabstürze des Plassen, dessen Gipfelkreuz heruntergrüßt, die Plankensteineralm, und im Süden rahmen die Vorberge des Dachsteinmassives, wie Hoßkogel, Ochsenkogel und Hirlatz, mit ihren ernsten, abweisenden Felsfluchten die Alm ein.

Einschließlich des Abstechers zum Schleifsteinbruch haben wir drei Stunden herauf benötigt; vier Stunden, wenn wir auch beim Löckenmoos waren. 1541 Meter sind wir hoch und haben etwa 800 Höhenmeter abzusteigen. Um aber auch den interessanten nördlichen Teil der Plankensteinalm mit weiteren Hütten kennenzulernen, empfehlen wir, nicht denselben Weg zurückzugehen, sondern bis zur Schäferalm die nördliche Wegvariante zu wählen:

Wir lassen uns daher vom Hinweisschild „Flugweg – Ramsau" leiten (die Ramsau liegt in Gosau-Vordertal). Nochmals kommen wir an urigen Almhütten mit plätscherndem Bründl und steinmauergesäumten Pfrängern vorbei und genießen nun auch einen freien Blick auf Zwieselalm, Tennengebirge, Watzmann und Untersberg.

Bei der letzten Hütte folgen wir nicht mehr dem Almweg, sondern der Markierung linkerhand abwärts. Über Waldschläge geht es hinunter, und bald erreichen wir eine Forststraße, die wir überqueren. Die Markierung führt uns durch düsteren Hochwald, auf einem alten Almweg, weiter abwärts, bis wir schließlich auf die Forststraße stoßen, die von Vordertal zur Schäferalm führt. Nach etwa eineinhalb Kilometern erreichen wir auf ihr die Schäferalm und haben damit die Rundwegvariante geschlossen. – Auf bekanntem Weg gehen wir nun zu unserem Ausgangspunkt zurück und haben für den Abstieg nicht mehr als zwei Stunden benötigt.

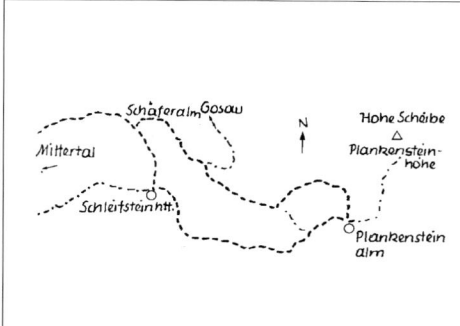

Kurzinformation:
Leichte Wanderung; 6 Std.; 800 HM; KW Nr. 20
AP: Mittertal bei Gosau
Wir folgen dem Wegweiser „Schleifsteinbruch" und der Markg. Nr. 511 durch Wald bis zu den Schleifsteinhütten und dem danebenliegenden Schleifsteinbruch. Von hier Weg Nr. 644 in südl. Richtung – vorbei am Löckenmoos – zur Vorderen Grubenalm (1348 m), weiter auf Forstweg und sodann rechterhand zur Plankensteinalm (1541 m). – Rückweg zuerst Hinweisschild „Flugweg – Ramsau", sodann Markierung linkerhand abwärts und längs Weg Nr. 513 auf Forststraße zur Schäferalm und zum Aufstiegsweg; schließlich zurück zum AP.

Von Gosau über den „Herrenweg" zu Zwieselalm und Gablonzerhütte

Wo die kaiserlichen „Herren" in der Sänfte getragen wurden

Rundum von hohen Bergen eingeschlossen und durch eine romatische Schlucht vom Hallstättersee aus erreichbar, ist das freundliche Gosautal ein ganz lieber „Nachbar" des Ausseerlandes, dem man auch als Bergwanderer unbedingt einige „Besuche" abstatten muß. Großartig baut sich nämlich im südlichen Talhintergrund die wilde Zackenreihe des Gosaukammes auf, und von unserem Wanderziel, der Gablonzerhütte, ist der Blick über den Gosausee hinweg zur Felsburg des Dachsteins mit dem zerklüfteten Gosaugletscher einfach unvergleichlich.

Am westlichen Rand des langgestreckten Gosauer Ortes mit seinen beiden Kirchen – die Gosau war für die Kommissionen der Gegenreformation ein nur schwer erreichbarer Platz, so daß sich hier viele Evangelische halten konnten – beginnt unser gemütlicher Wanderweg, der auch mit Kindern problemlos begangen werden kann. Er trägt bis zur Zwieselalm eine etwas verwirrende Vielzahl von Markierungsnummern, was uns aber überhaupt nicht zu tangieren braucht; 01 und E4 zeigen an, daß der Weg in das europäische Weitwandernetz eingebunden ist.

„Herrenweg" nennt sich unsere Wanderstrecke, und sie ist wahrlich von der Anlage her etwas ganz Besonderes: Fast sämtliche Unebenheiten am breit angelegten Pfad sind über weite Distanzen eingeebnet, feiner Kies ist zwischen seitlich angebrachten Holzbohlen eingestampft, sumpfige Stellen sind überbrückt worden, und man geht wie auf einer „Alpinpromenade" – eine im Gebirge selten erlebte Situation!

Über diesen Pfad, der seit einiger Zeit wieder in den Erhaltungs- und Bauzustand der alten Kaiserzeit gebracht wurde, sind bis 1918 die „Herren" des „Kammergutes", wie dieser gesegnete Landstrich zwischen Ausseerland – Hallstättersee – Wolfgangsee und Traunsee früher geheißen hat, geritten und die Damen natürlich auch in Sänften getragen worden. Auch der gute alte Kaiser Franz Josef hat diesen Weg hinauf zur Zwieselalm in der Zeit der Hahnbalz und zur Gamsjagd oft genommen, allerdings wohl meist zu Fuß.

Wir gehen also in Gosau los und sollten uns gleich anfangs ein paar Minuten Zeit gönnen, um der am Weg gelegenen Kalvarienbergkirche einen kurzen Besuch abzustatten. Dann geht es aber in stetiger mäßiger Steigung in südlicher Richtung durch Hochwald und über Bergwiesen aufwärts. Es gibt einen Ausblick zum Plassen mit seinen Graten und Felschrofen. Bald taucht aber vor uns der wilde Gosaukamm mit seinen vielen Felstürmen, Gratzacken, Schluchten und Steinriesen auf; vom Donnerkogel über Angerstein, Mandlkogel, Großwand, Däumling, und wie sie alle heißen, bis zum höchsten Berg, der herausragenden Bischofsmütze, die von dieser Seite aber nicht ihre „Mützenform" zeigt – ein schier atemberaubender Anblick! – Herrlich ist es, hier so unbeschwert weiterschreiten zu können, um immer wieder zwischen den Baumstämmen einen neuen Blick auf den Gosaukamm zu erhaschen.

Zwischendurch lichtet sich der Wald, und wir gelangen zur Sommerau- und Leitgebalm mit ihren aus dem Wald schon vor alten Zeiten herausgerodeten Weideflächen; echte „Niederalmen", die schon im Mai „bestoßen" werden können. An die 1100 Meter sind wir hier hoch und haben fast unmerklich 400 Höhenmeter hinter uns gebracht.

Als nächste Wegmarke erreichen wir die alte Holzknechtunterkunft des

„Falmbergstüberls". „Stüberl" werden im Salzkammergut gerne die anderswo als „Jagdhütten" oder einfach nur „Hütten" bezeichneten Unterkünfte genannt: Vertraute Salzkammergutredeweise hört man aus dieser urösterreichischen Sprachform heraus, die recht große Hütten noch liebevoll zu einem „Stüberl" macht.

Die Skilifttrasse, die zur Hornspitze führt, haben wir überquert, gehen zwischendurch ein Stück auf einem Forstweg und kommen an der 1237 Meter hoch gelegenen Ötscheralm vorüber. Dann geht es steiler bergauf, und wir stoßen auf den Pfad, der von der Hornspitze herüberkommt. Nun haben wir auch schon einen Ausblick auf Gosausee und Dachstein, werden diesen Blick aber knapp vor der Gablonzerhütte, auf einem eigens dort plazierten Rastbankerl, erst voll genießen können. Mit dem über dem türkisblauen Gosausee schimmernden Gosaugletscher, umrahmt von den Felsgebilden des Hohen Dachsteins, erleben wir ein Bild seltener Ausgewogenheit.

Wir sollten aber vorher den fünfzehnminütigen Umweg über die traditionell bäuerlich bewirtschaftete Zwieselalm nehmen, wo es deftige Kasnocken und Kaiserschmarrn gibt und wo uns auch ein Blick weit ins Salzburgerland bis zum Untersberg beschieden ist; von der anderen Seite schaut der Loser aus einer selten gesehenen Perspektive herüber.

Fast eben gehen wir von hier in einer guten Viertelstunde zur ganzjährig geöffneten Gablonzerhütte hinüber, die knapp oberhalb der Bergstation der „Gosaukammseilbahn" liegt, die die 600 Höhenmeter vom Vorderen Gosausee herauf überwindet. Gerne werden wir natürlich auch hier auf der großen Terrasse oder von der gleich oberhalb gelegenen privaten Almhütte das Panorama mit Dachstein und Gosaukamm genießen.

Zum Rückweg wählen wir wieder den bequemen „Herrenweg" und sind an reiner Gehzeit fünf bis sechs Stunden unterwegs.

Auch „oberhalb" des Herrenweges kann man, parallel zu ihm, eine Wanderung unternehmen, die uns auf Hornspitze und Falmberg führt: Wir fahren zu diesem Zweck vorerst von Gosau zum Paß Gschütt hinauf und auf der anderen Seite ein kurzes Stück abwärts, bis wir die bezeichnete „Schattauforststraße" (Wegnummer 215) erreichen. Im Hintergrund baut sich eindrucksvoll das schroffe „Gamsfeld" auf. In weiten Kehren geht es mäßig im Hochwald auf der Forststraße aufwärts, bis wir nach einer Stunde linkerhand der beschilderten Abzweigung zur „Hornspitze = 50 Minuten" folgen. Über steile Almwiesen, die gleichzeitig die Skiabfahrtsstrecke ins malerische Bergdorf Rußbach darstellen, geht es aufwärts. Vorbei an den Hütten der Moselalm erreichen wir schließlich die Skiliftendstation und in wenigen Minuten den breiten Gipfelrücken der Hornspitze mit hervorragender Aussicht auf Gosaukamm, Dachstein, Untersberg, Watzmann und viele Gipfel der Berchtesgadner Alpen. Nach kurzem Abstieg gelangen wir hinüber zum Gipfelplateau des Falmberges, den wir in zwei Stunden Gesamtgehzeit erreicht haben. Auch auf den Falmberg führt ein Skilift, und zwar von Gosau herauf, und wenn man sich hier umblickt, dann sieht man, daß fast alle bedeutenden Erhebungen in der Umgebung für den Wintersport bis hinunter nach Annaberg ausgebaut sind; ein großartiger Skizirkus.

Kurzinformation:
Leichte Wanderung; 5–6 Std.; 800 HM; KW Nr. 20
AP: Gosau in Nähe der Kalvarienbergkirche
Der Weg ist mit Vielzahl von Markgs. Nummern bezeichnet: 512, 601, 611, 01 und E4. In steter, mäßiger Steigung geht es durch Wald und über Niederalmen, vorbei am „Falmbergstüberl", zur Ötscheralm (1237 m) und schließlich zur Zwieselalm (1436 m; in der Sommer- und Skisaison geöffnet). Weiter in 20 Minuten zur ganzjährig geöffneten „Gablonzerhütte" (Seilbahnstation). Über kleinen Rundweg markiert zurück auf Aufstiegsroute.

Vom Vorderen Gosausee zum Steiglpaß

„Steiglweg" am Gosaukamm

Schon bei der Anfahrt durch das Gosautal beeindrucken die wilden Zacken und Türme der Felsfluchten des Gosaukammes, denen wir immer näher kommen. Beim Parkplatz der Gosaukammseilbahn stellen wir unser Fahrzeug ab, schultern die Rucksäcke und gehen die paar Schritte hinauf zur Klause am Vorderen Gosausee. Prachtvoll grüßt über die grüne Seefläche der Gosaugletscher des Dachsteins herunter; eindrucksvoll „bewacht" vom kühnen Felsturm der Eiskarlspitze.

Wir finden hier die Markierung und das Hinweisschild „Steiglpaß – Rund um den Gosaukamm". Ein Paar Schritte sind es vorerst hinüber zur Seeklausalm, deren schindelgedeckte, urige Hütte mit dem grasenden Weidevieh die klassische „Bilderbuchalm" darstellt.

Der Pfad führt uns zuerst in einem Hochwaldstreifen zügig aufwärts, zwei kleine Schuttfelder werden gequert, und es gibt einen hübschen Blick hinunter auf den See mit seinen smaragdgrünen Uferstreifen. Nun geht es mäßig steil im Wald aufwärts, und rechterhand weist eine Abzweigung des Pfades zur Gablonzerhütte, wobei aber auf einer Tafel zu lesen ist: „Weg ungangbar!" Offensichtlich ist die Erhaltung dieses Steiges der Seilbahn hinauf zur Gablonzerhütte zum Opfer gefallen...

Wir lassen uns aber von einem weiteren Schild „Scharwandalm – Steiglpaß – Hofpürgelhütte" leiten und folgen dem nur noch leicht ansteigenden Pfad durch immer lockerer werdenden Almwald ständig unterhalb der bizarr aufsteigenden Gratzacken und Felstürme. Von hier überschaut man auch bereits gut das hübsche Gosautal mit dem dahinter aufragenden Hochkalmberg und dem schroffen Gamsfeld oberhalb von Rußbach. Nun ist es auch nicht mehr weit zur recht großen, aber nicht mehr bewirtschafteten Hütte auf der Scharwandalm, die unterhalb des wilden Steinriesen- und Strichkogels sowie des mächtigen Angersteins liegt.

Nun geht es ein Stück fast eben durch lockeren Lärchenwald, der natürlich besonders im Herbst seine „goldene" Farbenpracht ausspielt. Wir erreichen einen Geländeabsatz und können uns an den Felszähnen von Mandlkogel und Wasserkarkogel oberhalb von uns kaum sattsehen. Es geht durch ein begrüntes Schuttkar weiter. Wir sind nun fast schon auf gleicher Höhe mit der gegenüberliegenden Gablonzerhütte. Im Juli wandert man hier ständig durch herrlich rot aufleuchtende Almrauschfelder.

Es wird wieder steiler, und wir gelangen zu einer Jagdhütte, über deren Tür die Jahreszahl 1885 in die klassische „Jäger- und Wildererzeit" weist. Tisch und Bank vor der romantisch gelegenen Hütte laden zu einer Rast ein.

Nun wird ein großes Schuttfeld gequert; der Wald tritt zurück, und wir kommen zur prachtvoll gelegenen Oberen Scharwandalm, auf deren Almrasengeländestufe eine Gedenkstätte für verunglückte Bergsteiger errichtet wurde. Zum holzschindelgedeckten Steildach der Kapelle leuchtet der Gosaugletscher herüber, und darüber ragen Mandlkogel, Sternwand, Großwand und Däumling auf. Auf Bronzetafeln sind 56 abgestürzte Bergsteiger verewigt; beginnend mit dem berühmten Paul Preuß, der hier 1913 an der Mandlkogelnordkante tödlich verunglückte.

Es folgt eine Latschen- und Almrauschzone, und wir haben langsam die Nordostseite des Gosaukammes erreicht. *Gelber Steinbrech, Hornkraut, Frauenmantel, Scheuchzers Glockenblume, Goldpippau* und *Bärenkreuzkraut* gedeihen hier. Immer mehr dominiert schrofendurchsetztes Rasengelände, und schließlich steigen wir ein kurzes Stück in die kleine Schlucht der sogenannten Eisgrube hinab, in der sich Schneefelder bis in den Herbst hinein halten. Längs einer Felsbarriere unterhalb der Kopfwand und anschließend zwischen Felsblöcken aufwärts, wo man auch einmal die Hände zu Hilfe nehmen muß, geht es in Serpentinen hinauf. Nun ist es nicht mehr weit, eine flache Einsattelung nimmt uns auf, Gletscherschliffe begleiten unseren Pfad, und dann stehen wir oben auf dem 2012 Meter hohen Steiglpaß, unserem Ziel, und genießen einen großartigen Ausblick hinunter zur Hofpürgelhütte, zur Oberhofalm und auf Filzmoos und darüber hinweg auf die vergletscherten Tauernriesen Ankogel und Hochalmspitze. Direkt ober uns befindet sich die Bischofsmütze, die 1993 durch Felsstürze einiges an Substanz verloren hat.

Dreieinhalb bis vier Stunden haben wir herauf benötigt und müssen für den Rückweg zweieinhalb bis drei Stunden einplanen.

Kurzinformation:
Längere Bergwanderung; $6^1/_2$ Std.; 1100 HM; KW Nr. 20
AP: Parkplatz Seilbahnstation Gosausee
Von der Seeklausalm folgen wir dem Hinweisschild „Steiglpaß" und der Markg. Nr. 612 zuerst durch Wald steil aufwärts, sodann ständig mäßig steigend zur Scharwandhütte (1348 m), später zur Oberen Scharwandalm mit der Bergsteiger-Gedenkstätte. Später wird das Gelände schrofig, aber der Pfad ist ständig unschwierig begehbar. Es geht ein kurzes Stück abwärts zur „Eisgrube" und schließlich auf den Steiglpaß (2012 m).

Blick vom Großen Donnerkogel auf Vorderen Gosausee (Foto Senft)

Wunderbar ist die Aussicht vom Großen Donnerkogel

In bloß zweieinhalb Stunden kann man mit Hilfe der Seilbahn zur Gablonzerhütte den 2054 Meter hohen Großen Donnerkogel, den nördlichen Eckpfeiler des Gosaukammes, ersteigen. Man muß für diese Bergtour allerdings trittsicher und schwindelfrei sein, und es muß trockenes Wetter herrschen, denn an manchen Stellen gilt es, steilere Felsstufen zu überwinden, wenngleich man dort auch noch nicht klettern im Sinne des Wortes muß.

Wir haben also vom Gosausee mit der Seilbahn die rund 500 Höhenmeter hinauf zur Bergstation bei der Gablonzerhütte zurückgelegt und folgen hier dem Hinweisschild „Großer Donnerkogel" über die Almwiesen aufwärts. Schon nach wenigen Minuten kommen wir ganz nahe an die Felsausläufer des Gosaukammes beim sogenannten „Törleck" heran. Zwischen Latschen und Almrasenflecken steigen wir ein paar Meter auf dem „Austriaweg" ab, der bis zur Hofpürglhütte an der Südwestseite des Gosaukammes weiterführt. Hier finden wir dann auch gleich die Abzweigung mit dem Hinweisschild „Donnerkogel – nur für Geübte – begehen auf eigene Gefahr".

Wer sich diese nicht ganz einfache Tour also zumutet, der folgt der Markierung nun ständig mittelsteil aufwärts. Zuerst geht es zwischen Latschen hinauf, wobei bald kleine Felsstufen überwunden werden. Um eine felsige Kante geht es auf die Südseite hinüber und weiter im rasigen Schrofengelände aufwärts. Hier beginnt auch eine ehemalige Latschenfläche, die im Jahre 1957 durch einen verheerenden Brand völlig vernichtet wurde; heute werden die bleichen Astreste teilweise durch verschiedene Alpenpflanzen überwuchert, an vielen Stellen ist aber das blanke Gestein zutage getreten.

Manchmal müssen wir an den Felsstufen „Hand anlegen", aber es gibt immer ausreichend breite Tritte und gute Griffe. Weiter oben, unter den direkten Felsaufschwüngen des Donnerkogels, queren wir ein Stück auf gutem Pfad fast eben hinüber. Dann „lehnt" sich der Berg, der uns hier seine „milde" Seite zuwendet, schon zurück, und der Steig schlängelt sich zwischen Latschenflächen hinauf.

Im oberen Teil des Donnerkogels gedeiht sehr viel *Meisterwurz,* jenes Doldenblütlergewächs, dessen Wurzel, in Schnaps angesetzt, ein äußerst beliebtes – und tatsächlich auch wirkungsvolles – Mittel gegen Magenverstimmungen ist; man braucht nur am Stielende der Blätter zu riechen, um schon den charakteristischen Duft wahrzunehmen. Aber auch viel *Almrausch, Alpenvergißmeinnicht, Strahlensame, Sonnenröschen, Teufelskralle, Fettkraut* bzw. *Steinbrech, Silberfingerkraut* und *Alpenaster* wachsen hier.

Nach etwa zweieinhalb Stunden stehen wir auch schon beim Gipfelkreuz an den lotrechten Nordostabstürzen zum Vorderen Gosausee. Die Aussicht ist phänomenal: Direkt gegenüber baut sich der Dachstein mit dem Gosaugletscher und all seinen „Trabanten" ganz nah vor uns auf, und daneben ragt der Doppelgipfel der Bischofsmütze stolz in den Himmel.

Gleich dahinter, weiter draußen im Westen, reiht sich ein gleißender Gipfel der Hohen Tauern an den anderen; beginnend mit Hafner, Hochalmspitze, Ankogel, Sonnblick, Großglockner, Wiesbachhorn, Kitzsteinhorn und Großvenediger. Dann folgen im Uhrzeigersinn weiter Hochkönig, Tennengebirge, Hoher Göll, Untersberg, Osterhorngruppe, Braunedel, Schafberg, Gamsfeld, Höllengebirge, Traunstein, Schönberg, Sandling, Loser, Woising, Plassen, Sarstein, Großer Priel, Warscheneck, Ausseer Zinken, Weiße Wand und schließlich Großer Buchstein, Ödstein, Tamischbachturm und andere Gesäuseberge.

Zu unseren Füßen aber leuchtet blaugrün der große Gosausee herauf, und auf der anderen Seite erstreckt sich das besonders hübsche Lammertal mit seinen stolzen Bauernhöfen und den vielen Almen.

Warum sind die Farben der Bergblumen so prächtig?

Alpenpflanzen! Wer denkt nicht sofort an das tiefe Blau des Enzians, das Rot der Alpenrose und das „edle" samtartige Weiß des Edelweiß, an das Goldgelb des Petergstamms!

Das Höhenklima hat ihnen Form und Farbe gegeben. Die Anpassung an eine kürzere Wachstumszeit, an die dünnere, kohlensäureärmere Luft, an die Sonnenstrahlung, an die Kälte, an Schnee und Sturm, an die Trockenheit sind es, die unsere Alpenpflanzen formen.

Warum erfreuen uns gerade die Alpenpflanzen mit so leuchtenden, prächtigen Farben?

Zum einen ist die höhere UV-Strahlung dafür verantwortlich, zum anderen bewirkt die größere Kälte eine stärkere Ausbildung der blau-roten Farbkomponente der Anthozyane. Manchmal scheinen wir aber auch nur einer kleinen optischen Täuschung zum Opfer zu fallen, weil nämlich bei vielen Alpenblumen Blätter und Stengel im Vergleich zur Blüte relativ klein sind, aber auch die Blüten oft dicht beisammenstehen.

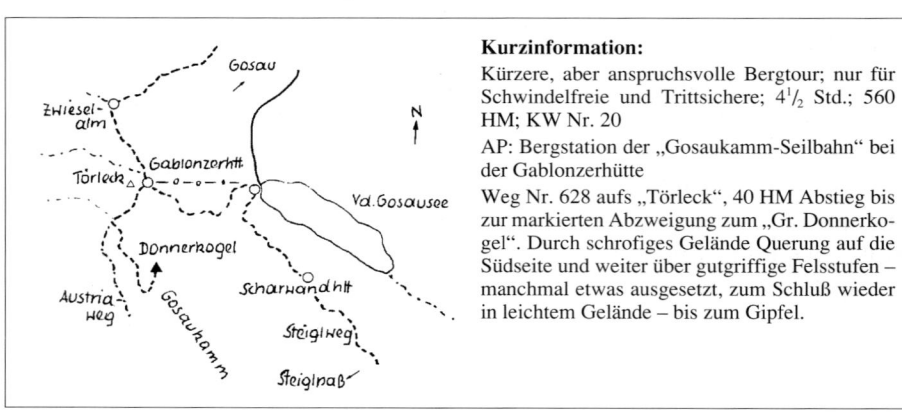

Kurzinformation:
Kürzere, aber anspruchsvolle Bergtour; nur für Schwindelfreie und Trittsichere; 4$^1/_2$ Std.; 560 HM; KW Nr. 20

AP: Bergstation der „Gosaukamm-Seilbahn" bei der Gablonzerhütte

Weg Nr. 628 aufs „Törleck", 40 HM Abstieg bis zur markierten Abzweigung zum „Gr. Donnerkogel". Durch schrofiges Gelände Querung auf die Südseite und weiter über gutgriffige Felsstufen – manchmal etwas ausgesetzt, zum Schluß wieder in leichtem Gelände – bis zum Gipfel.

Auf das Gamsfeld bei Rußbach

Das Gamsfeld bei Rußbach am Paß Gschütt ist ein wuchtiger Berg, der von allen Gipfeln rundum auffällt; seine Besteigung ist nicht schwierig und sehr lohnend.

Von Gosau fährt man noch einige Kilometer über die sehr gut ausgebaute „Paß Gschüttstraße" nach Rußbach und findet schon mitten im kleinen, hübschen Ort die Hinweistafel „Gamsfeld über Traunwand; Nr. 201". Ein Stück können wir von hier noch bis zur Abzweigung „Rinnbergalm" den

Rinnbach aufwärts fahren und stellen dort auf ausreichendem Parkplatz unser Fahrzeug ab und folgen vorerst rechterhand einem Güterweg.

Nach weniger als einem Kilometer zweigt linkerhand der alte Almweg hinauf zur Traunwandalm, unserem ersten Ziel, ab. Es geht durch Wald mäßig aufwärts, und dann gelangen wir bald auf Almwiesen hinaus und sehen ober uns schon den breiten Gipfelaufbau des Gamsfelds. Im Hochsommer, begleitet vom Glockengebimmel des Almviehs, steigen wir in angenehmen Serpentinen über die Alm hinauf. Bald erreichen wir auch schon die hübsch gelegene Traunwandalm auf 1338 Metern mit ihren beiden Stallgebäuden und gutem Blick hinunter nach Rußbach.

Ab hier wird der Weg nun zum schmalen Pfad, und es geht steiler aufwärts. Der Blick weitet sich zum gegenüberliegenden Dachstein mit dem Gosaugletscher, und auf gutem Steig geht es zwischen Latschenfeldern im schrofig werdenden Gelände hinauf. Wir queren im interessanten „Trauerkar" zwischen Felsblöcken und vielen begrünten „Blumeninseln" mit großen Almrauschflecken weiter aufwärts und haben ober uns interessante Felsbankungen. Sodann leitet uns die gute Markierung links zum breiten Kammrücken hinaus. Über ihn geht es nun weniger steil aufwärts, und der Blick weitet sich nach allen Seiten. An die 200 Höhenmeter müssen wir hier noch in angenehmer Steigung zurücklegen, und nach knapp drei Stunden kommen wir an die nach Norden steilabfallenden Abstürze heran und stehen gleich darauf beim Gipfelkreuz in 2028 Metern.

Prachtvoll ist die Sicht auf Teile des Wolfgangsees mit St. Wolfgang und dem Schafberg, auf Postalm, Höllengebirge und Traunstein, auf Totes Gebirge, Grimming, Dachstein und Gosaukamm, auf die Gletscher der Hohen Tauern mit Hochalmspitze, Ankogel und Sonnblick sowie auf Tennengebirge und die „Übergossene Alm" am Hochkönig.

Am schönsten ist es nun, in Form eines Rundweges nach Südwesten abzusteigen, wobei wir der Markierung zur „Angerkaralm" folgen: Angenehm geht es im ersten Abschnitt über die weite Almfläche am Westrücken abwärts. In kleinen Dolinen blühen das *Niederliegende Leimkraut* mit seinem hübschen roten Polster, *Schneehahnenfuß, Silberwurz, Sonnenröschen, Alpenvergißmeinnicht, Teufelskralle* und weiter unten im Kar viel *Almrausch*. Nun folgt ein kurzes Steilstück hinunter in das Angerkar, das östlich von bizarren Felsbankungen eingerahmt wird und uns in eine romantische Alm- und Felslandschaft versetzt. Wir durchwandern eine flache

Latschenzone mit großen Almrauschflecken und vielen *Kohlröschen* auf den Raseninseln dazwischen.

Es ist nicht mehr weit zur Angerkar-Almhütte mit der willkommenen Möglichkeit, sich an Getränken und einer deftigen Jause zu stärken. Auf altem Almsteig geht es von hier zuerst steiler, dann aber mäßig oberhalb des Rinnbaches abwärts; auf der gegenüberliegenden Talseite von mächtigen Sanderosionsflächen begleitet. Durch Wald führt der Pfad schließlich recht gemächlich das letzte Stück hinunter, nachdem wir vorher schon auf den von der Rinnbergalm herabführenden Steig gestoßen sind. Direkt bei unserem Parkplatz treffen wir schließlich wieder auf unseren Aufstiegsweg, womit sich der Kreis geschlossen hat. Zweieinhalb Stunden an reiner Gehzeit müssen wir für den Abstieg veranschlagen.

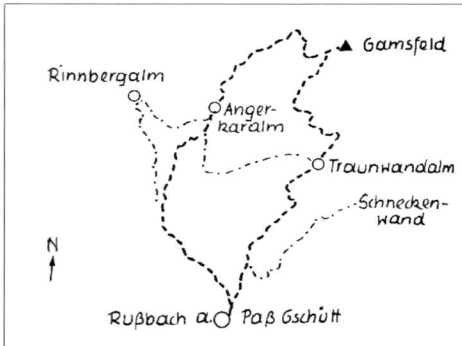

Kurzinformation:
Mittellange Bergwanderung (Rundtour);
5½ Std.; 1100 HM; KW Nr. 20
AP: Rußbach am Paß Gschütt; Parkplatz ca. 1 km den Rinnbach aufwärts
Vom Parkplatz folgen wir rechterhand einem Güterweg „Gamsfeld über Traunwand; Nr. 201" und nach weniger als 1 km linkerhand Almweg zur Traunwandalm (1338 m). Auf Pfad weiter aufwärts ins Trauerkar und links hinausquerend auf den breiten Rücken bis zum Gipfel (2028 m). – Rückweg durch das Angerkar, Weg Nr. 202 und über Angerkaralm (ca. 1300 m) zum AP.

Altaussee und Grundlsee im Winter

Tief verschneit erleben wir das Ausseerland zwischen Weihnachten und März: Auf Loser und Sandling, drüben auf der Tauplitzalm, von Obertraun am benachbarten Hallstättersee aus, aber auch vom nicht weit entfernten Gosau gibt es hervorragende Abfahrtsstrecken für den Pistenskiläufer.

Alle jene, die aber der „Wandertrieb" auch im Winter nicht losläßt, die können viele Kilometer geräumte Wanderwege als Spaziergänger genießen und dabei die weiß „verkleisterte", bizarre Berg- und Felswelt von unten bestaunen; vom markanten Loser, der „Krone" des Ausseerlandes, bis zu Backenstein, Elm und Weißer Wand am Grundlsee.

Ganz besonders kommt im Ausseer Winter aber der Skilangläufer auf seine Rechnung, denn viele Kilometer bestens gespurter Loipen verlocken zum Langlaufsport. Da wäre einmal das Loipengelände auf der Blaa-Alm, beginnend bei der „Losermaut", zu nennen: Zwei Kilometer geht es vorerst, völlig eben, zu den romantischen Hütten der Blaa-Alm hinein, und diese selten schöne Langlaufroute wird westlich vom Sandling und östlich von den Loserwänden umrahmt, die sich über Hochanger, Atterkogel und Greimuth bis zum Bräuningzinken hinziehen und eine wunderbare Felskulisse abgeben. Wiesenstücke wechseln mit kleinen Waldflecken, und die Holzzäune und Heuhütten machen die Strecke ungemein abwechslungsreich. Nun kann man von hier aus aber noch wesentlich weiter laufen, und zwar mäßig abwärts zur idyllisch gelegenen Rettenbachalm und bei guter Schneelage auch noch das Rettenbachtal auswärts.

Will man noch bis Ostern dem Langlaufsport frönen, dann hat man oben am Augstsee, in über 1600 Meter Seehöhe, ausgehend von der Loser Bergstation, auf einem zwei Kilometer langen Rundkurs die Möglichkeit, zwischen Hochanger, Greimuth und Atterkogel zu laufen. Von dieser Sonnenmulde hat man außerdem eine herrliche Fernsicht über die Berg- und Seenlandschaft des Steirischen Salzkammergutes bis hin zum „König Dachstein".

Die Blaa-Alm kann man im Hochwinter auf einer Loipe direkt von Altaussee, vorbei am „Reitlift", aber auch per Langlaufski erreichen. Sehr hübsch und auch für Anfänger bestens geeignet ist die „Fischererfelderloipe" mit einem eineinhalb Kilometer langen Rundkurs im Zentrum von Altaussee. Wenn der ab Mitte Januar zugefrorene See auch eine Schneeschicht abbekommen hat, dann wird auch der Altausseersee miteinbezogen, und das macht natürlich besonderen Spaß.

Aber auch in Bad Aussee, beginnend beim Teichwirt, das ist auf dem prachtvollen Hochplateau oberhalb des Ortes, gibt es einen sehr schönen Loipenrundkurs. Er wird bei passender Schneelage bis in den Ortsteil Sarstein ausgedehnt, und es ist ein echtes Vergnügen, vor der großartigen

Kulisse des Dachsteins mit dem breit vorgelagerten Hallstättergletscher in rhythmischer Bewegung dahinzugleiten.

Viele Möglichkeiten der Winterbetätigung stehen am Grundlsee zur Verfügung: Zum Üben für Pistenläufer kann der „Archkogellift" bestens angeraten werden, und der hübsche „Panoramaweg" längs der Nordseite des Grundlsees, bis hinein nach Gößl, ist auch im Winter geräumt oder zumindest gut ausgetreten.

Entlang des gesamten Nordufers wird auch eine sehr schöne Loipe gezogen. Sie erfährt nur zwischen Schachen und Gößl eine kleine Unterbrechung, wird aber dann über das Wiesengelände in einem Rundkurs bis Gößl und zum Toplitzsee weitergeführt, der bei Schneebedeckung eine hochinteressante „Exkursion" bis nach hinten zum Kammersee gestattet. Die „Grundlseeloipe" hängt mit der von Bad Aussee bzw. Altaussee herüberkommenden Strecke zusammen und ist dann insgesamt 17 Kilometer lang: über die Weiler Obertressen und Untertressen – inzwischen ein Stück durch Wald – wird die Loipe von Altaussee herübergeführt, und vorbei an den Häusern von Mosern verläuft sie dann unterhalb der Kirche sowie dem benachbarten Gasthof Schraml über Wiesen weiter zum Weiler Rösslern. Unterhalb des mächtigen Backensteins werden die besonders romantisch gelegenen Häuser von Gaiswinkel berührt, und weiter geht es oberhalb des traditionsreichen Gasthofs Ladner bis zur „Fiaker Pension" in Schachen. Ein Stück geht es durch Wald, dann folgen die kurze Straßenpassage und anschließend die Wiesen von Gößl, dessen verschneite Häuser im Winter besonders reizvoll sind. – Insgesamt verläuft die Route durch eine echte alpine „Kultur- und Parklandschaft": Freie Wiesenstücke wechseln mit kleinen Waldparzellen, einzelne alte Bergahornbäume, die oft schon mehrere Jahrhunderte gesehen haben, rahmen die Wiesen ein, und darüber bauen sich die verschneiten Felsriegel auf. Zwischendurch schmiegen sich die ansprechenden Ausseer Häuser mit dem warmen Braun ihrer Holzverklei-

Im Winter erlebt man das Brauchtum im Ausseerland am intensivsten:
Oben: „Trommelweiber" am Grundlsee am Faschingmontag
       „Flinserln" am Faschingdienstag in Bad Aussee
       (Fotos Fremdenverkehrsamt Grundlsee)
Unten: „Strohschab" am 5. Dezember in Krungl bei Bad Mitterndorf
       „Krampuslauf" in Bad Aussee (Fotos Senft)

dung, den grünen Läden und den traditionellen Apfel- oder Birnenspalierbäumchen an der Südseite in die Landschaft.

Skilanglauf und Badefreuden zwischen Bad Aussee und Bad Heilbrunn

Auf der großartigen „Salzkammergutloipe"

Reizend liegt der tief verschneite Ödensee mit seinen rund zwanzig Hektar Fläche, von edlem Hochwald umgeben, da. Er duckt sich in das Rund der ihn einschließenden steilen Berge hinein; im Süden geben die Felsen der Seewand der Landschaft sogar einen ernsten Charakter. Der Hochwald – alles ist hier Besitz der Bundesforste – wirkt um den See besonders gut gepflegt, und am nördlichen Ende, dort wo die „Ödenseetraun" entspringt, liegt in diesem sonst streng landschaftsgeschützten Gebiet der anheimelnde Holzbau der „Kohlröserlhütte"; ein wichtiger Stützpunkt für den „labebedürftigen" Skilangläufer! Der Parkplatz befindet sich entsprechend abseits des Hauses, so daß der hübsche Gesamteindruck des Platzes nicht beeinträchtigt wird.

Nun zur hier beginnenden Loipe selbst: Zuerst einmal umrunden wir den See, und dann wechselt immer wieder freies Wiesengelände mit Moorflächen ab. Reizend sind die weißen Stämme der Moorbirken, wenn sie sich gegen den blauen Himmel abheben und im Osten hinter ihnen der tief verschneite Fels des Grimmingstocks auftaucht. Auch verkrüppelte Moorkiefern ziehen unsere Aufmerksamkeit auf sich. Dann geht es schon wieder weiter, an Heuhütten und kleinen Waldinseln vorbei, und das grüne, kristallklare Wasser des Riedlbaches durchbricht an manchen Stellen seine Eisdecke.

Wir haben hier schon die an das Ödenseegebiet anschließende „Kainischmoorloipe" befahren und können die vier Kilometer lange „Kumitzloipe" südlich des Kumitzberges weiterlaufen. Auch sie bietet im „Knoppener Hochmoor" besonders lohnende naturkundliche Eindrücke. – Wenn wir wieder zum Ödensee zurücklaufen, dann sind wir schon gute zwei Stunden oder noch länger auf den Skiern gestanden, und es sei zum Auflockern der verspannten Muskeln ein anschließender Besuch im „Solebad" und in der Sauna von Bad Aussee als echter Genuß besonders zu empfehlen.

Wählt man sich den an das Ödenseer Gebiet direkt anschließenden Raum „Bad Mitterndorf/Bad Heilbrunn" zum Skilanglauf, dann kann man hier die aktive Wintersportbewegung sehr gut mit dem Bad in der Heilbrunner Therme verbinden. – Ein Votivstein aus der Römerzeit beweist, daß bereits um Christi Geburt am Standort des Kurmittelhauses thermalgebadet wurde. Das dort ursprünglich gestandene kleine Badehäuschen wurde in unserer Zeit durch moderne Kuranlagen ersetzt. Dieser großzügige Ausbau brachte auch einen erhöhten Bedarf an Thermalwasser mit sich, und so wurden 1970 zwei Bohrungen auf rund 600 Meter Tiefe niedergebracht. Die Therme schüttet nun fünf Sekundenliter bei einer Temperatur von 27 Grad.

Unser Hauptziel ist aber natürlich der Skilanglauf, ist doch die 15 Kilometer lange Strecke zwischen Tauplitz und Ödensee mit einem zusammenhängenden Loipennetz von derzeit 80 Kilometern Länge ideal für den Langläufer. Auch hier, im Heilbrunner Bereich, wechseln weite ebene Wiesen mit schützenden Waldrändern, kurzen Waldstücken, Mooren und leicht hügeligem Terrain; genügend Aus- und Einstiegsmöglichkeiten sind vorhanden. Die Loipen sind übrigens mit dem Gütesiegel ausgezeichnet.

Die „Heilbrunnerloipe" ist acht Kilometer lang und führt vorerst durch den romantischen, engen Taleinschnitt des Krunglbaches, dem klaren Gewässer entlang, dessen Bachsteine von Schneehauben bedeckt sind. Dann geht es ins freie Wiesengelände hinaus; die Weidegatterln sind überall geöffnet, und ein welliges Wiesengelände mit Waldstreifen nimmt uns auf. Die Bauernhöfe an den Loipen sind fast durchwegs in der anheimelnden, traditionellen Holzbauweise des Salzkammergutes errichtet und runden das Landschaftsbild auf harmonische Weise ab. Die prächtige Hintergrundkulisse sind aber die Felsfluchten des Grimmings. Im mäßigen Auf und Ab geht es durch die abwechslungsreich gegliederte Landschaft weiter in Richtung Krungl und Tauplitz sowie zurück nach Bad Mitterndorf.

Die „Kruglloipe" ist fünf Kilometer lang und verläuft über die Wiesen in Richtung Bad Mitterndorf. Krungl selbst, dieses noch sehr ursprüngliche

Bauerndorf, ist die wahrscheinlich älteste Niederlassung im Gebiet; hier wurde ein Gräberfeld aus dem 6. und 7. Jahrhundert freigelegt.

Dann wäre die siebeneinhalb Kilometer lange „Sonnenalmloipe" zu nennen: Sie bietet mehrere Einstiegsmöglichkeiten und führt über weite Wiesen südlich von Maria Kumitz in Richtung Westen und verbindet sich dort mit der schon vorhin erwähnten „Kumitzloipe" sowie mit der „Ödenseeloipe".

Eine weitere, vier Kilometer lange Loipe führt von Bad Mitterndorf über Neuhofen, vorbei am Schloß Grubegg, in Richtung Bad Heilbrunn. Das Schloß Grubegg wurde 1591 erbaut und steht an der alten „Paß Stein Straße". Nach der Jahrhundertwende war es im Besitz des k.k. Salinenärars und ist heute Sitz der Verwaltung der Bundesforste.

Nun fehlt noch die über fünf Kilometer lange „Kulmloipe": Sie zählt zu einer der schönsten des Gebietes und führt direkt an der imposanten Flugschanze am Kulm vorbei und rückt auch ganz nahe an den Grimming heran. Erste Pläne zur Errichtung einer Großschanze am Kulm gab es übrigens bereits 1925. In den Jahren 1948/49 wurde sie dann vom Skiverband Salzkammergut mit dem „kritischen Punkt" bei 100 Metern errichtet. 1951 gab es den bereits legendären Schanzenrekord von Sepp Bradl mit 115 Metern und 1953 nochmals „Bubi Bradl" mit 120 Metern. Nach mehrmaligem Umbau wurde die Schanze Austragungsort der Weltmeisterschaft im Skifliegen und von Weltcups. Der derzeitige Schanzenrekord liegt bei 191 Metern.

Wer allerdings im Vorwinter oder im Frühjahr langlaufen will, der sollte unbedingt hinauf auf die Tauplitzalm fahren, wo ein wunderschönes Loipengelände wartet: Mit ihren weiten Almböden und ihren lichtdurchfluteten Lärchen- und Fichtenwäldern ist die Loipenlandschaft auf der „Tauplitz" wie ein großer Naturpark. In 1600 Meter Seehöhe erstreckt sich hier eine zehn Kilometer lange und ein bis zwei Kilometer breite Sonnenterrasse, in die vier große Seen eingebettet liegen, die natürlich im Winter alle zugefroren und tief verschneit sind. Die Langlaufstrecken sind so gelegt, daß es keine größeren Steilstücke zu bewältigen gilt. Die „Tauplitz" ist übrigens ein echtes „Schneeloch". Sollte anderswo in der Steiermark noch gar kein Schnee liegen oder nur wenige Zentimeter, dann herrschen hier auf den Skipisten (Lawinenkogel, Schneiderkogel) und auf den Loipen schon beste Wintersportbedingungen. Die Loipenlänge auf der Tauplitzalm beträgt 15 Kilometer.

Almrauschblüte am Loser

Das beliebte Ausflugsziel im Ausseerland – steir. Salzkammergut

Schnell erreichbare 1600 m Seehöhe erschließen einen traumhaften Blick von oben! Über das dunkelblaue „Tintenfaß" des Altausseer Sees und die leuchtenden Gletscher des Dachsteins bis zur Firnkuppe des Großvenedigers!

Loser Bergrestaurant *mit gutbürgerlicher bodenständiger Küche und großer Sonnenterrasse. Paragleiter- und Drachenfliegerzentrum. Ausgangspunkt für Wanderungen in das Natur- und Landschaftsschutzgebiet des Toten Gebirges.*

Loser Bergrestaurant
Sonnenterrasse auf 1600 m Seehöhe

Auskünfte und Prospekte: Loserstraßen-Ges.m.b.H. · A-8992 Altaussee
Tel. Büro: (0 36 22) 71 3 15 · Telefax 72 1 15 · Loser Bergrestaurant Tel.: 71 6 69

☎ 03622/71252   **TRACHT & MODE G. Haselnus** *Ihr Schneidermeister* — Altaussee – Bad Aussee   ☎ 03622/71252

ISBN 3-7020-0674-5

Günther Frischenschlager/
Hilde und Willi Senft

**Wanderführer
OBERES MURTAL
Von Predlitz bis Bruck**

100 ausgewählte Wanderungen und Skitouren mit Routenskizzen

168 Seiten, brosch.

Vom gleichen Autorenteam sind ferner lieferbar:

✶ Wanderführer Oststeiermark – Weststeiermark

✶ Wanderführer Mürztaler Berge, Hochschwab

**Leopold Stocker Verlag
Graz–Stuttgart**

Öffnungszeiten:

Eishöhle:
1. Mai bis 15. Oktober

Mammuthöhle:
Mitte Mai bis 15. Oktober

Koppenbrüllerhöhle:
1. April bis 30. September
(im April einige Ruhetage!)

Sonder- und Abenteuerführungen gegen Anmeldung!

Ein Betrieb der Österreichischen Bundesforste

Auskünfte:
Salzbergwerk in Altaussee
8992 Altaussee
Telefon (0 36 22) 71 3 32
DW 51

Öffnungszeiten:
9. Mai – 24. September:
Montag – Samstag,
Feiertage geschlossen.
Vor 9. Mai und nach
24. September: Führungen
jeden Freitag um 14 Uhr
gegen Voranmeldung

ISBN 3-7020-0600-1

Hilde und Willi Senft

APFELLAND – THERMENLAND

Erlebte Oststeiermark

212 Textseiten, 24 Farbbildseiten mit über 70 Abbildungen, fünffarbiger cellophanierter Schutzumschlag. Ln.

Mit diesem Buch ist es den Autoren gelungen, die Leser in die Geheimnisse der Apfel-Kultur einzuweihen und das Thermenland als Besonderheit der Oststeiermark vorzustellen.
Die „Apfelstraße" zwischen Puch und Weiz lädt zu zahlreichen Wanderungen ein, aber auch zum Verkosten der wohlschmeckenden Produkte dieses Landstrichs. Die bekannten Orte des Thermenlandes sind nicht nur wegen des Badevergnügens, sondern auch aus klimatischen Gründen einen Besuch wert.
Vielfalt und Schönheit der oststeirischen Landschaft werden von den Autoren gebührend zur Geltung gebracht.

Leopold Stocker Verlag Graz – Stuttgart

Landkarten

In das Buch haben wir nur handgezeichnete Routenskizzen für die wichtigsten Touren aufgenommen. Für das Begehen der anspruchsvolleren Wanderungen – vor allem im Bereich des Toten Gebirges und an der Dachstein-Nordseite – ist aber unbedingt eine gute W*anderkarte* erforderlich. Obwohl die offizielle „österreichische Karte" im Maßstab 1:50.000 dieser Anforderung an sich gerecht wird, hat sie durch ihre schematische Einteilung den Nachteil, daß man oft für eine Tour zwei Blätter benötigt. Außerdem sind nicht alle Markierungen und keine Wegnummern in ihr eingezeichnet. Wir empfehlen daher die „Kompaß-Wanderkarten" 1:50.000, und zwar die Blätter: „Südliches Salzkammergut", „Dachstein und südliches Salzkammergut", „Ausseerland und Ennstal", „Dachstein – Tauerngebiet", „Almtal – Kremstal – Steyrtal" sowie die „Freytag & Berndt Wanderkarte": „Attersee – Traunsee – Höllengebirge – Mondsee – Wolfgangsee".

Für Bergsteiger, die sich ins unwegsame Gelände des Toten Gebirges wagen, sind die drei Blätter der „Alpenvereinskarte Totes Gebirge", im Maßstab 1:25.000, unentbehrlich.

Literaturverzeichnis

Ausseerland, Franz Stadler, Arbeitskreis f. Heimatpflege, 1981
Ausseerland mit Dachstein, Albert Rastl, 1958
Das Ausseer Gwand, F. C. Lipp, 1992
Das Ausseer Land, Franz Hollwöger, 1956
Das große österreichische Seenbuch, H. Noe, 1896
Das steyerische Raspelwerk, Konrad Mautner, Nachdruck 1977
Die Altausseer, F. v. Andrian, 1905
Die Flora von Bad Aussee, Lily Rechinger, 1965

Die Seen des Toten Gebirges, G. Müller, AV-Jahrbuch 1974
Erlebnis Dachstein – Tauern, Senft/Katschner, 1981
Salzbergbau im Toten Gebirge, H. Hanke, AV-Jahrbuch 1974
Salzerzeugung, Salinenorte und Salztransport, F. Stadler, 1988
Totes Gebirge, G. Prell, 1978
Unsere Almen, H. und W. Senft, 1986

Erläuterung der Abkürzungen

AP = Ausgangspunkt
HM = Höhenmeter
KW = „Kompaß – Wanderkarte"
WK = Wanderkarte